영화로 읽는 영미소설 1

사랑이야기

신아사

영화로 읽는 영미소설1 사랑이야기 • **차례**

『영화로 읽는 영미소설 1 사랑이야기』를 발간하며

한국근대영미소설학회는 대학에서 영미소설을 가르치고 연구하는 교수들의 연구공동체로써, 그동안 『18세기 영국소설 강의』, 『19세기 영국소설 강의』, 『19세기 미국소설 강의』를 통해 18, 19세기 영미의 주요 소설에 대한 개괄서를 출판하였고, 『영국소설사』, 『미국소설사』를 번역하여 영미소설의 역사에 대한 주요 평가를 제시한 바 있습니다. 또한 『영국소설 명장면 모음집』과 『미국소설 명장면 모음집』을 출판하여 영미소설의 명장면을 소개하여 영미소설을 쉽게 접근할 수 있는 길을 제시하기도 하였습니다. 이번에 출판하는 『영화로 읽는 영미소설 1 사랑이야기』는 한국근대영미소설학회가 그동안 주력해온 출판사업의 전통을 계승하여 영미소설에 대한 주제별 해설서를 기획한 데 따라 출판되는 책입니다.

오늘날 문자의 시대가 가고 영상의 시대가 되었다는 말을 흔히 합니다. 그러나 영상의 시대는 문자의 시대와 별개로 존재하는 것이 아니라, 근대에 크게 발전하여 인류의 사고와 문화에 엄청난 영향력을 발휘한 문자의 시대에 뿌리를 두고 거기에서 공급받는 자양분을 통해 잎을 기르고 꽃을 피우기 시작했다고 할 수 있습니다. 많은 영화들이 소설을 근거로 하고 있으며, 소설을 영화화하거나 소설의 상상력에 기대어 만들어지고 있음은 이를 잘 보여주는 예라고 할 수 있겠습니다.

<영화로 읽는 영미소설> 기획은 그런 의미에서 문자와 영상이 어떻게 교류하고 상호 보완하며 발전하고 있는지를 잘 보여주는 시의적 분석이 될 것입니다. 영화화된 소설들에 대한 분석을 통해 이 책

은 소설이 어떻게 영화에 컨텐츠를 제공하고 있는지를 보여줄 것이며, 또한 영화가 어떻게 소설에 대한 하나의 해석을 제공하고 있는지를 보여줄 것입니다. 영상시대에 오히려 더 진가를 발휘하고 있는 영미소설들에 대한 깊이 있는 분석을 제공할 이 기획은 이번에 출판되는『영화로 읽는 영미소설 1 사랑이야기』에 이은 두 번째 책이 준비중이며, 이를 통해 21세기 영미소설 분석에 또 하나의 방법론을 발전시켜 가게 될 것으로 기대됩니다.

기획과 출판에 참여해주신 교수님들께 심심한 감사를 드리며, 출판을 맡아주신 도서출판 신아사에도 특별한 감사를 드립니다.

2010년 3월

한국근대영미소설학회장

오정화

서론

이소영_이화여자대학교

영화와 문학 간에는 밀접한 관계가 있어 서로의 역할을 주고받으며 우리의 일상사 그리고 그 안에서 느끼는 우리의 감정들을 그리는 역할을 오랫동안 해왔다. 특히, 소설과 영화의 중심에는 "이야기" 즉, 서사가 자리 잡고 있어 두 매체는 서로를 많이 닮고 있으며 공유하는 것이 많다. 문학을 영화로 만든 작품은 영화의 역사 초기 때부터 있었으며 현재에도 두 매체는 서로에게 영감을 얻고 자극을 주며 함께 발전하고 있다. 수많은 요소로 이루어진 영화를 그 영감이 된 문학과 함께 병치해 분석하고 읽는 작업은 서로에게 깊이와 재미를 더해주기 때문에 의미 있는 작업이라 하겠다. 본 저서는 소설을 영화로 한 많은 영화작품 중에서 사랑이야기를 다룬 영화 9편을 소개하고자 한다. 사랑에 대한 이야기에 빠지고 싶을 때 우리가 가장 먼저 찾는 매체는 영화 아니면 소설이라 생각되어진다. 이 책에서 다룬 소설과 영화에 대한 보다 깊은 이해를 갖기 위해 먼저 서론에서는 서술 형태로서의 문학과 영화간의 관계를 살펴보며, 왜 소설과 영화는 사랑이야기를 다룰 수밖에 없는지, 그리고 사랑이야기를 다룬 영화를 더욱 깊이 이해하기 위해 영화의 요소들을 어떤 눈으로 보아야 하는지 소개한다.

I. 새로운 서술 형태로서의 영화

영화의 역사는 문학과의 갈등과 협상이라는 역동적인 대화를 통해 발달해 왔다. 영화와 소설은 매일 일상사의 삶의 의미를 읽어내고자 하는 리얼리즘이라는 장르로부터 기원한다는 데에서 유사점을 갖는다. 예를 들면, 여성 독자들에게 사회적 참여에 대한 환상을 심어준 것이 사실주의 소설이라면, 영화는 새로운 나라에서 통하지 않는 언어와 낯선 문화를 맞서게 된 미국의 이민자들에게 스크린 위, 그들 앞에 펼쳐지는 새로운 삶의 장과 동일시 할 수 있게 하였다(Mayne 80). 또한 빅토리아조 리얼리즘의 소설에서 보이는 개인을 규정하는 경험주의적 세계와 이로부터 벗어난 개인적, 감상적 영역에 대한 갈망 사이의 갈등은 두 가지 경향으로 나뉜 영화의 초기 역사에서 볼 수 있다. 뤼미에르Lumiere 형제들은 매일 일상사의 실제성을 기록할 수 있는 영화의 능력에 가치를 둔 반면, 마술사 출신인 메이에르Melies는 연속적인 이미지를 상상으로 재창조하여 환상의 세계를 만들어 나가는 것을 좋아했다. 뤼미에르 형제들은 영상의 사진적 기록성 자체에 강조를 두어 움직이는 영상을 한 번도 접하지 못한 관중 앞에 역으로 들어오는 기차의 모습을 선보여 놀라서 앉아 있던 자리로부터 뛰쳐나오게끔 하였다. 이에 반하여, 메이에르는 그의 작품 "달나라로의 여행"에서와 같이, 스크린 위의 환영에 현실성을 주기 위해 이야기와 드라마에 역점을 두었다. 이런 면에서 어떤 장면을 생생한 세부적 모습으로 그리거나 연속적인 이미지에 드라마를 부여해 하나의 이야기로 엮어 나가는 영화의 이 두 가지 특성을 볼 때 영화는 여러 문학 장르 중 소설과 가장 유사하다고 볼 수 있다.

영화는 이야기를 진행하는 것이 그 생명이기에 서술 형태인 소설과 제일 밀접한 관계를 가져왔다. 우리 대부분은 행위예술이라는 점에서 연극과 영화가 가장 흡사할 것으로 생각하지만, 연극은 대사 즉, 음성에 더 의존한 장르라고 볼 수 있다. 물론, 초기 영화는 고정된 자리에서 멀리 무대에서 펼쳐지는 연극을 바라보듯, 아니 오히려 음향도 없이 연기된 장면 사이사이에 대사와 해설을 읽어가며 무성

영화를 보았다. 그러나 카메라가 초기 영화의 고정적인 위치에서 벗어나면서 영화는 시공간의 유동성을 갖게 되어 소설의 서술적 역동성을 갖추게 되었다. 영화는 시공간의 제한을 넘어서며 연속된 이미지를 통해 이야기를 담아내게 되었다. 각기 다른 장소에서 같은 때에 일어난 장면을 연속해 보여 주는 크로스 커팅 등의 편집기술이 가능해졌으며 카메라의 각도나 거리를 달리하여 접근하며 다양한 시점의 이야기를 엮어 나갈 수 있게 되었다. 고정된 카메라와의 먼 거리 때문에 어쩔 수 없이 다소 과장되었던 행동들은 사라지고 카메라의 발전으로 이제 보다 섬세한 심리적인 깊이를 인물들에게 부여하게 됨에 따라 영화에는 또 다른 차원의 사실성이 더해졌다. 물론, 어떤 인물에 대해 읽어나가는 것보다 실제 사람에 의해 한 인물이 구현되면서 소설보다 더 강한 공감이 유발 되는 것은 당연하지만 무엇보다 사람의 형상을 보다 자연스럽게 담아내고 얼굴의 미묘한 표정마저 포착할 수 있는 기술의 발달이 관객의 동일시를 불러일으키는데 강한 원동력이 되었다. 이러한 카메라의 역동성에 의해 관객은 인물의 사적인 영역 안으로 들어갈 수 있게 되었는데, 이는 마치 소설을 읽는 은밀하고도 사적인 경험과 견줄 수 있겠다. 관객은 등장인물의 사적인 영역을 가까이에서 보게 되거나 등장인물의 사유와 움직임에 따라 한 시각에서 바라보다가 다른 각도에서도 바라볼 수 있는 등 시각에 유동성을 갖게 되고, 또 한 공간에서 다른 공간으로의 이동을 분명히 표현하거나 관객을 위한 하나의 시점을 명확히 취하는 카메라의 움직임 등은 영화가 소설과 비슷한 유동적인 동일시 기제를 갖추게 하여 결국, 새로운 서술 형태로 진화할 수 있게 하였다.

영화의 발전사에서도 소설은 큰 역할을 해왔다. 영화는 초기에는 하류계급이 보는 촌극의 새로운 형태로 등장하였지만, 관객이 더 세련된 수준을 요구해 오면서 영화는 그 소재를 문학에 의지하게 되었다. 이러한 움직임은 실용적인 효과 외에 영화와 그 관객의 문화적 위상을 높이는 효과도 가져왔다. 영화는 보다 위엄을 갖춘 문학과의 결합을 통해 하류계급을 위한 흥밋거리에 불과했던 과거의 위상에서 벗어나, 보다 높은 계급의 사람에게도 어울리는 더 예술적이며 점잖은 문화적 관습이 되었다. 문화적일 뿐만 아니라 상술적인 이 전략은 영화가 옛 관객을 잃지 않으면서도 새로운 층의 관객을 얻는데 일조하였다.

영화의 초기에 영화가 문학에 의존을 해야 했다면 영화가 보다 더 창의적인 생각을 담으면서 1920-30년대에는 이 두 분야 간에 보다 창의적인 교환이 일어났다. 과거에 대한 정치적, 사회적 재고가 일어나는 이 시기에, 전통적인 예술이 변화된 현대의 생각을 담기에는 역부족이라고 생각되었다. 문학이 이제 전통적인 사실주의의 관습들을 전복하고자 하며 영화의 영상적 에너지를 담고자 실험할 때 예술, 문학, 그리고 기술 사이에 서 있는 혼성적인 영화는 문화의 선두에 서서 새로운 생활사와 심리를 담는 매개가 되었다. 그 후 30-40년대 영화는 보다 다양한 카메라의 움직임과 편집 등, 기술적 발전에 힘입어 보다 사실적이며 깊이 있는 사실주의를 성취했다. 그 중 무성영화에서 벗어나 동시녹음을 통한 배우들의 대사가 가능해지자, 인물들은 자신의 행동과 표정을 수반하는 복잡한 감정과 동기를 설명할 수 있게 되었다. 40년대에서 80년대까지의 사회적 변혁기와 불안의 시대에서 실험적인 작가 정신을 통해 영화는 이제 문학으로부터의 독립을 선언하며 기존 문학작품에 대한 재해석, 재창조를 하거나 복잡한 세상을 담기에는 문학이 역부족하다며 영화의 우월성을 내세우기도 하였다. 20세기 말 이후에 찾아온 문학고전을 영화한 작품의 대유행을 티모시 코리건은 전통적인 플롯과 인물을 감소시키는 현 영화의 동향에 대한 반격과 보수적이거나 적어도 복잡한 문화기류로부터 벗어나고자 하는 치유적 의미로서의 전환에서 비롯되었다고 본다(67-77). 고전소설을 자주 영화로 재탄생시키는 경향은 표면적으로 스펙터클한 이미지만으로 우리를 현혹시키는 현대의 영화에서는 보기 힘든, 일관된 인물과 서술적 논리에 대한 그리움의 표시로 해석할 수 있다. 또한 현대의 관객의 삶에서 넘쳐나는, 이해할 수 없는 여러 이미지를 대체할 수 있는 대안으로서 보다 의미 있고 안정된 다른 시대, 그리고 진실한 인간관계와 사랑에 대한 향수로 볼 수 있다.

II. 사랑이야기를 담은 영화

영화가 문학의 전설적인 사랑 이야기를 다루게 된 것은 대립된 현실 세계와 환상 세계의 공존에 대한 열망의 너무나 당연한 귀결인 듯하다. 현실과 환상 사이의 갈등 가운데에 있는 영화와 사랑은 서로를 너무 많이 닮았다. 현실세계에서의 소외되고 지쳐 있는 사람이 사랑을 통하여 치유되고자 하듯이 관객은 보다 이상적인 세상을 너무나 현실성 있게 그린 영화를 보며 잠시라도 위안을 받고자 컴컴한 영화 극장으로 향하게 된다. 영사기가 돌아가면 우리를 구속하고 있던 현실의 문제를 멋지게 뛰어넘는 주인공들을 보게 되며 그들과의 동일시를 통해 우리는 여러 형태의 행복에 잠기게 된다. 가장 아름답거나 잘생긴 외모의 이성이 잠시나마 나만의 애인이 되어 그로부터 사랑을 받을 수 있으며, 평생에 있을까 말까 하는 위엄 있는 사랑의 주인공이 되거나, 적어도 주인공이 사랑을 이루는 순례를 쫓아가면서 그가 겪는 감정들을 간접적으로 체험할 수 있다.

사실, 현실에 국한되어 버린 우리가 보다 이상적인 세계를 열망하며 자신을 확장하고자 하는 사랑에 대한 욕망은 영화관 안의 관객이 영화에 몰입하는 심리와 많이 닮았다. 영화는 여러 프레임들을 눈의 착시 현상에 기인하여 연속성이 있는 한 통일체로 바라보게 되는 환영의 산물이다. 영화 스크린을 바라보면서 우리가 사는 똑같은 현실을 무대로, 현재 우리의 모습보다 더 이상적인 주인공과 동일시하는 즐거움을 누리는 동시에 그 주인공이 욕망하는 대상을 함께 바라다볼 수 있는 쾌감을 누린다. 특히, 사랑의 이야기가 진행되는 것을 응시하면서 느끼는 쾌감의 기제 저변에는 상대를 보고 소유하는 이기적이며 본능적인 쾌감 외에 부족한 자신을 잊고 보다 이상적인 주인공과 하나가 되면서 자신을 잃고 "이상적인 타자"와 하나가 되는 데에서 오는 자신의 초월 또한 포함한다(Baudry 294-5). 영화는 상대를 소유하며 바라보는 능동적인 주인공의 시선과 동일시할 수 있도록 카메라의 움직임을 조절하면서 우리의 욕망의 대상인 이성을 포착한 장면에서는 카메라는 멈추며 클로즈업을 하면서 모든 세부사항을 우리의 눈앞에 펼쳐준다. 사랑을 통해 우리가 현실의 상처를 잊고 위안을 얻고자 하듯이 현실을 우리 눈에서 차단시킨 어두운 극장 안에서 영화는 마치 거울을 보듯 스크린 위의 보다 이상적인 우리의 자아와 동일시하며 사랑을 하고 또 받는 더 완전한 통합체로 우리를 인도해 준다. 영화의 리얼리티와 환상의 두 요소는 현세적인 삶의 문제와 여건 안에서 심리적인 행복, 위안, 그리고 이상을 찾고자 하는 우리의 소망과 사랑을 잘 반영한다. 특히 영화는 응시의 쾌감과 동일시의 장치에 의해 우리의 본능적인 욕망뿐만 아니라 깊은 심리에 호소하고 있기에 사랑이야기는 이에 가장 어울리는 콘텐츠라 하겠다.

III. 사랑이야기의 영화를 읽기 위하여

이제 우리는 영화가 어떠한 작용을 통하여 시각과 청각에 호소한 쾌감을 우리에게 심어 넣는지 살펴보겠다. 영화는 여러 요소가 어우러져서 만들어지는 종합 예술이다. 영화는 결국 어느 누구 한 사람의 작품이라고 말할 수 없다. 아무리 감독이 계획을 많이 하여도 연기자에 따라 실제 나오는 작품은 다를 수 있으며 제작자의 결정, 사회적 분위기에 따른 검열 등으로 감독의 의도와는 전혀 다른 영화가 나오기도 하기 때문이다. 그러므로 영화를 분석할 때에는 여러 가지 요소와 작용을 염두 해두며 다방면에서 접근해야 한다.

픽션 영화를 분석할 때에는 글에 의한 픽션을 분석할 때와 마찬가지로 플롯, 인물(배역, 연기, 타 영화에서의 이미지), 장르, 역사, 정치적 사회적 맥락(마케팅, 자본, 검열, 등과 같은 사회적 관계)와 이데올로기 등을 분석할 수 있으며 특히 사랑을 주제로 한 문학을 영화한 작품을 꼼꼼히 읽기close reading, 즉 자세히 분석하기 위해서는 다음 몇 가지의 영화 고유의 형식적 특성을 염두에 두고 분석해야 한다.

1. 촬영기법

관객의 눈은 카메라와 동일시를 한다. 카메라의 눈은 투명해 보이나 우리의 시각을 조절하고 있다. 관객은 문학에서의 서술자의 시점처럼 영화 나름대로의 시점에 동일시한다. 전지적 시점이나 일인칭 시점이 카메라에 의해서 구축될 뿐만 아니라 우리의 시각의 방향과 화면을 대하는 감정 또한 구성된다. 무성희극 영화의 대가 찰리 채플린의 간단한 공식 "코미디에는 롱 쇼트, 비극에는 크로지업"은 우리의 감정 이입이 얼마나 카메라에 의해 좌우되는지 잘 보여 준다 (Giannetti 78).

a) 카메라 이동 Camera Movement

영화의 역사상 카메라가 고정된 위치에 있을 때에는 표현의 자유가 그만큼 없었다. 이전에는 영화는 하나의 연극 무대와 같이 배우의 과장된 외형적 움직임을 담아 이야기를 진행시켰으나 카메라가 자유로워지면서 인물의 사고의 폭과 내면적 상태를 드러내는 보다 다양한 쇼트가 가능해졌다.

팬 쇼트pan shot는 카메라가 하나의 고정된 점에서 스크린 한 쪽에서 다른 쪽으로 수평적으로 거쳐나가는 기법으로 시간을 두고 대상을 면밀히 바라볼 때 사용된다. 먼 거리에 촬영되는 익스트림 롱 쇼트extreme long shot의 경우 한 장소의 광활함을 표현해주는데 적합하며 미디엄 쇼트medium shot에서는 말하는 화자의 모습에서 청자의 반응을 포착하기 위해 이동하는 등 한 대상과 다른 대상과의 연계성을 나타낼 때 유효하게 사용될 수 있다. 한 쇼트에서 다른 쇼트로 급격히 넘어가는 것보다 팬 쇼트는 사람과 공간을 연결하고 통합하는 역할을 하는데 사용한다. 틸트 쇼트tilt shot는 팬 쇼트처럼 카메라는 고정되어 있지만 수직으로 살피는 기법으로 피사체의 연계성을 주어 공간적, 심리적 상황이나 관계를 강조하고 동시성을 암시하며 인과 관계를 강조하기 위하여 사용할 수 있다. 위나 아래를 살펴보거나 대상의 중요성을 강조하거나 축소하는 듯한 주관적 시점을 나타날 때에도 사용할 수 있다.

달리 쇼트dolly shot는 움직이는 이동차에 카메라를 설치하여 찍는 쇼트이다. 카메라의 움직임을 보다 부드럽게 하기 위해 궤도(트랙)를 설치할 때도 있는데 그래서 때로는 트래킹 쇼트tracking shot라 부르기도 한다. 한 장면으로 들어가고 나아가는 움직임의 느낌을 표현하고자 하는 시점을 드러내는 쇼트에서 달리를 효과적으로 사용할 수 있다. 시점의 목표를 표현하고 싶다면 바로 그 피사체로 커트를 하지만 그 움직임의 과정 자체를 강조하고 싶을 때, 예를 들면, 무엇을 찾으려는 그 과정에 강조를 둘 때에는 달리 쇼트를 한다. 풀백 달리 pull back dolly는 인물이나 관객에게 프레임 밖의 것을 서서히 드러내어 현장을 밀접하게 자세히 보는 장면과 멀리서 더 많은 것이 드러나는 장면 사이의 대조를 통해 우리를 놀라게 하거나 아이러니한 현실을 다시 보게 하는 역할을 한다(Giannetti 109-114).

b) 카메라 앵글 Camera Angle

대상물을 찍는 앵글은 감독이 관객으로 하여금 카메라에 의해 포착된 소재에 대해 어떠한 견해에서 바라봐야 하는지 일러주는 역할을 하며 문학작품의 시점과도 밀접한 관계가 있다. 피사체의 위치뿐만 아니라 카메라가 놓인 위치에 따라 앵글은 결정된다. 위에서 아래로 내려다보게 하는 하이 앵글high angle은 소재가 하찮은, 중요하지 않는 것으로 보이게 하는데 비해, 로우 앵글low angle은 소재의 중요성을 알리며 바라보는 이로 하여금 경외심 내지는 공포감을 갖게 한다. 문학의 전지적 시점을 하이 앵글로 처리하거나 상대방에 의해

사진 1

압도당하는 일인칭 시점의 감정을 로우 앵글로 처리할 수도 있다. 1944년 스티븐슨 감독의 <제인 에어>에서는 숙모의 집에서 멸시를 받는 어린 제인이 얼마나 공포스러운 생활을 했는지 표현하기 위해 어른들을 바라볼 때의 앵글을 로우 앵글로 처리하여 어른들이 기괴하기까지 묘사된다. | 사진 1 | 눈높이에서 촬영하는 앵글은 현실을 재확인시켜 주는 역할을 하며 또 특수하게 카메라를 위치시킨 앵글은 현실을 왜곡하여 감독의 의도가 강조되는 표현주의적인 도구가 될 수 있다.

c) 쇼트 Shots

카메라와 피사체 사이의 거리에 따라 구분되는 쇼트는 피사체에 대한 관객의 심리적 거리도 결정한다. 얼마만큼 화면에 담을 수 있는가에 따라 관객의 시점, 견해가 달라진다. 상당히 먼 거리에서 찍는 익스트림 롱 쇼트extreme long shot는 촬영 배경의 많은 부분을 보여주어 다른 쇼트들이 어떤 맥락에서 찍혔나를 밝혀주는 공간적인 준거 틀로 사용되기 때문에 구축 쇼트establishing shot로도 흔히 불린다. 익스트림 롱 쇼트는 서사적 스케일의 영화에서 주로 사용되며 인간은 이러한 쇼트에서는 광활하게 펼쳐진 배경에 대비하여 하나의 점으로 표현된다. 롱 쇼트가 연극에서 관객과 무대 사이의 거리에 해당되는데, 그 중 풀 쇼트full shot는 전신을 보여주면서도 다양한 표정을 읽을 수 있어 많이 사용된다. 미디엄 쇼트medium shot는 인물을 허리부터 잡는데 대화를 하거나 어떤 행동을 할 때 사용되어 2-3명을 함께 잡아 서로 대화가 오고 가는 것을 담을 수 있다. 이중 오버더 쇼울더 쇼트over-the-shoulder shot는 한 인물은 카메라를 향하게끔 하고 화자인 다른 사람은 등의 일부분만 보이도록 하여 상대를 바라보고 있는 것으로 처리하는데 이 쇼트는 이야기를 하는 화자의 시점을 나타날 때 자주 쓰인다. 또 하나, 중요하고도 친숙한 쇼트인 클로즈업 close up은 한 사물이나 얼굴 등을 확대하여 세세한 디테일을 다 보여줌으로써 그 중요성을 강조하거나 어떤 상징적인 의미를 부여시키기도 한다. 익스트림 클로즈업extreme close up은 눈이나 입만을 파편화시켜 보여줌으로써 관객의 시선과 욕망을 그 곳에 고정시키는 역할을 한다(Giannetti 10-11).

d) 색채 Color

색채는 상징적이며 감정적인 요소를 표현한다. 지아네티Giannetti는 "색채는 영화에 있어서 잠재적 요소가 되는 듯한 경향이 있다. 색조는 의식적, 지적이라기보다는 그 호소력에 있어서 정서적인 면이 강하며 표출성, 분위기와 관련된 것이다. 심리학자들은 사람들이 대부분 한 구도 안의 선들은 능동적으로 해석하려 하지만 반대로 피사체 자체보다 그 분위기를 나타내는 색조는 수동적으로 받아들인다는 사실을 발견하였다. 즉, 선은 명사와 대응될 수 있고 색조는 형용사에 대응된다"(24)고 할 수 있다. 일반적으로 차가운 색은 정적, 평화를 암시한다면 따뜻한 색조는 공격성, 폭력성, 자극을 표현한다. 예를 들면, 버즈 루어먼의 영화 <로미오와 줄리엣>에서 두 젊은이를 갈라놓는 어른들의 혼란스러운 세상은 붉은 계열로 처리된 것에 반하여 두 젊은이가 구축한 둘 만의 사랑의 영역은 평온한 푸른 계열로 처리되는 것을 볼 수 있다.

2. 미장센 Mise en scene

미장센mise en scene이란 희곡에서 유래한 말로 putting into scene 즉, 장면 안으로 집어넣기, 연출하기 등으로 해석할 수 있겠다. 다시 말하면, scene의 구성 요소, 즉 영화의 틀 안에 나타나는 요소에 대한 감독의 조절력 또는 카메라를 위한 staging, "연출하기"로도 표현할 수 있다. 영화의 시초는 사실주의적 기록과 더불어 환상을 표현하고자 하는 열망에서 이루어졌음을 앞서 보았다. 뤼미에르 형제가 기차가 역에 들어오는 장면을 사실적으로 기록하여 관객을 자리에서 달아나게 하는 효과를 얻었다면 메이에르는 <달나라로의 여행>에서와 같이 환상적 서사fantasty narrative를 구축하고자 하였다. 마술사로서 그의 과거를 살려 착시현상을 불러일으키는 무대 장치와 의상을 디자인하여 그가 만든 스튜디오 안에서 마술과 같은 효과를 통하여 영화를 연출하였다. 감독이 영화의 장면을 구성하는 요소를 어떻게 연출하느냐에 따라 전하는 의미가 사뭇 달라진다.

a) 프레임 Frames

프레임은 현실의 세계에 어떤 질서를 부여하는 경계의 장치라는 역할을 한다. 감독은 무엇을 영화의 틀에 집어넣을 것인지 선택을 하면서 의미를 결정하는데 무엇이 프레임 안으로 선택되어졌는지와 마찬가지로 무엇이 제외되었는지도 중요한 의미를 갖는다. 예를 들

사진 2

사진 3

면 <제인 에어>를 영화한 1944년도의 영화에서는 로체스터의 미치광이 아내를 제외시키거나 그림자로 처리하지만, 70년 대 이후의 <제인 에어> 영화에서는 로체스터의 아내를 형상화하고 그녀를 프레임 안에 등장시켜 그녀의 여태까지 소외된 삶과 제인의 또 다른 자아로서의 그녀의 상징적 의미에 대해 생각하게 한다. | 사진 2-3 | 프레임을 분석할 때에는 화면 안의 세계가 밖의 세계와 연결된 개방의 영역인지 아니면 단절된 갇힌 영역인지 보아야 하며, 화면 정 가운데에 무엇이 배치되어, 무엇이 지배적인 또는 중요한 의미를 갖는지 또 이와 반대로 무엇이 주변부로 밀려 나왔는지 살펴보아야 한다. 화면 상단의 영역은 권력, 권위 그리고 포부와 열망의 자리를 상징하는 자리인데, 여기에 배치된 인물이나 소재는 다른 화면의 요소보다는 우월한 위치를 갖게 되는 편이다(Giannetti 50). 프레임 안의 요소가 서로 어떤 관계를 갖고 있는지, 그들이 배치를 통해 어떤 위계질서를 만드는지에 따라 많은 의미와 역학관계가 결정지어진다.

b) 지배 공간 Territorial Space

인물 간 공간, 영상 안의 깊이가 다른 지점들, 프레임 안의 구도,

그리고 인물들이 카메라에게 향하는 방향 등을 활용하여 감독은 심리적이며 사회적인 뉘앙스를 표현 할 수 있다. 인물 간의 위계질서는 그대로 공간으로 표현되어 영화에서 중요한 위치를 갖거나 맥락 안에서 권력을 가진 자에게는 더욱 많은 공간이 허용되는 것을 볼 수 있다. 우리가 한 인물을 또 얼마만큼 볼 수 있는지도 그와의 친밀도에 영향을 준다. 배우의 얼굴을 더 많이 보면 볼수록 그와의 친밀감이 커지고 볼 수 있는 부분이 적을수록, 배우는 더 신비스럽거나 다가갈 수 없는 존재로 여겨진다. 인물이 정면을 바라보거나 혹은 측면이나 등만 관객에게 보여줄 수 있으며 또한 인물이 프레임 안에 작은 점으로 표현되거나 혹은 우리와 마주 대하듯 익스트림 클로즈 업으로 우리에게 다가올 수 있는 등 지배공간에 따라 관객과 여러 형태로 관계를 맺을 수 있다.

c) 접근 양식 Proxemic Patterns

사람들 사이의 거리를 해석하는 것은 문화마다 다르지만 주로 영화에서는 거리를 다음과 같이 해석한다. 친밀한 거리는 45cm 떨어진 거리를 두고 이야기 하는데, 이는 사랑, 안위, 다정함 등의 밀접한 육체적인 관계를 표현한다. 그러나 잘 모르는 사람이 이 거리로 다가오면 공격, 침입으로 느껴져 적의를 갖게 된다. 사적인 거리는 45cm-1.2m에 해당하는데, 사적인 거리는 개인 간의 사생활을 보장은하나, 친밀한 거리처럼 타자에 대한 배타성을 반드시 나타내지는 않는다. 사회적인 거리는 1.2-3.6m로 친밀하나 공적인 관계에서 일어난다. 보통 사회적인 거리는 세 사람 이상이 모일 때 필요하다. 공적인 거리는 3.5-7.5 m의 거리로 형식적이며 분리되어 있다. 거리에 따라 극중 인물들 간의 관계도 결정되듯이 영화 안의 한 인물과 관객과의 거리를 통해 관객과의 관계가 결정된다. 클로즈업은 친밀한 거리에 해당 될 것이며 사적인 거리는 미디엄 클로즈 쇼트, 사회적인 거리는 풀 쇼트, 그리고 공적인 거리는 롱 쇼트 또는 익스트림 롱 쇼트에 해당된다고 볼 수 있다(Giannetti 75-77). 우리는 클로즈업된 등장인물과 쉽게 동일시 할 수 있는 반면 적대적인 인물은 먼 거리에서 바라보며 그와 "거리를 둔 채" 비판적으로 볼 수 있게 된다. 또한 이러한 혐오스러운 인물이 갑자기 클로즈업이 되어 우리에게 다가서게 된다면 우리는 더욱 위협을 느끼며 경계하기에 이르기도 한다.

이 밖의 사랑 영화에서 우리가 눈 여겨 볼 필요가 있는 영화의 요소로는 등장인물과 밀접한 관련이 있는 세팅과 실내 장식, 의상과 분장이다. 풍경과 날씨는 영화 전체의 주제적 의미나 인물들의 내적 심리의 상태를 반영하며 실내와 이를 장식하고 있는 가구와 소품은 그 안에 살고 있는 인물을 반영한다. 의상과 화장은 계급, 문화, 성격, 젠더 그리고 나아가서는 심리적인 상태를 보여주는, 자신을 표현하는 가장 일상적인 언어체계이다. 와일러 감독의 <폭풍의 언덕>에서 캐더린이 사랑하는 야생적인 히스클리프트와 교양있는 젠틀맨인 에드거 사이에서 겪는 갈등은 누더기 같은 옷에서 공주 같은 옷 사이의 갈등으로 부각되며 그녀의 선택과정은 관객에게 시각적으로 분명히 표현된다. | 사진 4-5 |

또한 음악은 심리적이고 감정적인 효과를 영상에 더할 수 있는데, 영화의 오프닝 크레디트opening credits에 나오는 음악은 일종의 서곡으로 영화 전체 분위기나 주제를 암시한다(Giannetti 214). 음악은 하나의

사진 4

사진 5

모티프를 한 인물에게 부여해 주기도 한다. 예를 들면 와일러 감독의 <폭풍의 언덕>에서 캐더린과 히스클리프트가 그들만의 공간에서 함께 나누었던 음악이 결혼 후 장엄한 그래인지 대저택에서도 들려와 그녀가 아직도 히스클리프트를 가슴에 품고 있음을 암시하고, 이 음악은 그녀가 죽은 후에도 히스클리프트에게 들려 그녀의 존재가 그의 곁을 떠나지 못하고 있음을 상기시켜 준다. 마지막으로, 소도구는 인물의 성격이나 주제를 상징적으로 드러낼 수 있다. 제인 캠피언의 영화 <피아노>에서 애이다의 또 다른 자아로 그녀의 피아노가 등장하는데, 이는 그녀의 표현 수단이자 그녀 스스로가 자신의 확장으로 인식하기에 유럽에서 머나먼 호주의 땅으로 가져오는 수고를 마다하지 않는다. 그러나 계약에 의해 결혼한 남편 스튜어트는 그녀의 피아노를 거추장스럽다고 해변에 버려둔 채 그녀와의 결혼생활을 영위하고자 하나 이 피아노와 애이다의 끈을 이해한 베인즈는 그 피아노를 스튜어트로부터 사고 높은 지대로 가져옴에 따라 결국 애이다의 사랑을 얻게 된다.

앞서 살폈듯이 감독이 카메라나 미쟝센, 세팅, 의상, 소품 등을 비롯한 여러 요소들을 어떻게 사용했는지에 따라 영화의 의미가 형성되고 이를 해석하는 관객의 심리와 감정이 결정된다. 이렇듯, 영화에는 여러 다양한 기호체계가 존재하며 계속되는 여러 기술의 개발로 소설의 복잡한 서사와 묘사를 담아낼 수 있게 된다. 특히, 사랑에 관한 이야기는 관객의 다양한 카메라 이동과 앵글로 주관적이며 심리적인 개입을 불러들이며 클로즈업과 같은 쇼트를 통해 욕망이 형성될 수 있기에 영화에 성공적으로 담아내어진다. 음악과 색채 또한 관객의 마음을 영화의 사랑이야기 안으로 동참하게 하는데 지대한 몫을 한다. 눈앞에 사랑의 대상을 재현시킨 영상의 리얼리티와 다양한 기술과 요소로 사랑의 심리적인 개입을 재창조하는 사랑영화는 현실에 구속된 우리가 이를 뛰어넘는 사랑을 잠시라도 경험하고자 하는 우리의 그리움과 갈망을 가장 잘 표현해 주는 매체가 된다. 이 책에 담긴 사랑에 관한 소설과 이를 영화로 옮긴 작품을 함께 읽고 분석해 나가는 것은 우리의 사는 모습을 보다 깊이 있게, 감동 있게 읽고자 하는 우리의 노력에 꼭 보탬이 되리라 믿는다.

참고문헌

Baudry, Jean-Louis. "The Apparatus: Metapsychological Approaches to the Impression of Reality in Cinema."in ed. Philip Rosen. *Narrative, Appartus, Ideology: A Film Theory Reader*. New York: Columbia University Press, 1986. 299-318.

________. "Ideological Effects of the Basic Cinematographic Apparatus." in ed. Philip Rosen. *Narrative, Apparatus, Ideology: A Film Theory Reader*. New York: Columbia University Press,1986. 286-298.

Corrigan, Timothy. *Film and Literature: An Introduction and Reader*. New Jersey: Prentice-Hall, 1999.

Giannetti, Louis. *Understanding Movies*. New Jersey, Prentice Hall, 1999.

Mayne, Judith. *Private Novels, Public Films*. Athens, Georgia: The University of Georgia Press, 1988.

Mulvey, Laura. "Visual Pleasure and Narrative Cinema" in Mulvey, Laura. *Visual and Other Pleasures*. Bloomington: Indiana University Press, 1989. 14–28.

오만과 편견 *Pride and Prejudice*

이성 · 감성 · 섹슈얼리티 · 몸

고영란_수원대학교

I. 제인 오스틴의 『오만과 편견』

제인 오스틴Jane Austen이 작품 활동을 한 시대는 사회의 보편적인 가치가 중시되던 이성의 시대에서 개인의 주관이 강조되고 감정이 예찬되는 낭만주의 시대로 넘어가는 18세기 말엽이었다. 『오만과 편견』은 조지 왕조 시대에 해당하는 1796년과 1797년 사이에 집필되었지만 섭정기인 1813년에 출판되었다. 오스틴 스스로 "지나치게 가볍고 밝게 반짝거리며 그늘이 없다"[1]고 생각할 만큼 재기가 넘쳐흐르는 유쾌한 희극 형식을 갖고 있으면서도 그 안에 결혼을 둘러싼 진지한 문제의식을 담고 있다.

이 소설의 첫 두 문장은 다음과 같이 시작된다. "재산이 많은 독신 남자에게 아내가 꼭 필요하다는 것은 보편적으로 인정되는 진리이다. 이런 사람이 이웃이 되면 **그의 감정이나 관점이 거의 알려져 있지 않다 할지라도, 이 진리는 동네 사람들의 마음에 확고히 자리 잡고 있기 때문에** 그를 자기 딸 중 하나가 차지해야 할 재산으로 여기게 된다."[2] (필자 강조) 이 두 개의 문장을 유심히 살펴보면 "보편적으로 인정되는 진리"와 "감정이나 관점"이 대비되고 있음을 알 수 있다. 첫 문장에서 "보편적으로 인정되는 진리"에는 관례나 규범이 포함된다. 반면 두 번째 문장에서 언급된 "감정이나 관점"은 개인적인 감정 및 주관을 가리킨다. 다시 말하면 이 두 대립 항 사이의 관계는 사랑과 결혼의 문제에서 경제력 등 외적 조건을 중시하는 전통적인 규범과, 개인의 감정 및 견해를 중시하는 새로운 개인주의적 가치관 사이의

1) Letter to Cassandra Austen, Chawton, Tuesday 4 Feb. (1813). *Jane Austen Letters*. 299-300.

2) Jane Austen, *Pride and Prejudice* (New York: Norton, 1966). 1. 이후 인용 시에는 괄호 안에 면수만 표기한다.

충돌로 요약될 수 있다. 오스틴은 작품의 주제를 소설의 첫 문장에서부터 도입하여 이를 단계별로 전개시키고 있다.

제 1권 1장부터 15장에 해당되는 첫 번째 단계에서는 "보편적인 진리"와 개인적인 "감정" 사이의 관계와, "보편적인 진리"로 인정되는 집단적 견해 및 평판이 형성되는 과정이 탐색된 다음, 개인적 "감정"이 주목된다. 앞서 인용된바 병치된 두 문장에서는 "보편적 진리"가 개인의 "감정이나 관점"을 전혀 고려하지 않은 지극히 추상적이고 관념적인 것임이 암시된다. 두 관점 사이의 대립 및 충돌은 베넷Bennet씨와 베넷 부인의 대화를 통해 극화된다. 첫 장 첫 문장에서 언급된 "보편적으로 인정된 진리"에 대한 관심은 1, 2장을 거쳐 3장에까지 이어진다. "일반적으로 수용되는 진리"에 대한 관심은 3장에서 근거 없이 내용이 바뀌면서 빠른 속도로 떠돌아다니는 소문이나 평판에 대한 언급으로 이어진다. 루카스Lucas경이 전한 말을 루카스 부인이 베넷 부인과 그 딸들에게 전하는 이 부분에서는 최상급이나 과장된 표현 그리고 강조어 및 짧고 간결한 문장이 사용됨으로써, 점차 고조되는 분위기 즉 청자들이 빙리Bingley에 대해 점점 더 호감을 갖고 그의 마음을 사로잡아 볼 기대에 부푸는 과정이 생생하게 전달된다. 그런데 즐거운 기대에 부푼 여자들의 희열에 찬 어조 속에는 서술자의 아이러닉하고 회의적인 목소리가 뒤섞여 있다. 이를 통해 집단적인 평판이나 소문이 조롱된다. 집단의 평판이 형성되는 과정은 4장까지 주목되고 5장부터는 개인적인 "감정이나 관점"이 중요하게 부각된다. 베넷가의 여자들과 루카스네 사람들의 대화에서 다아시Darcy의 '오만'에 대한 새로운 시각이 도입된다. 집단적인 관점에서 '오만'을 혹평했던 이제까지와는 달리, 각 개인의 관점에서 '오만'은 새롭게 이해된다.

개인적인 "관점"은, 집단적인 평판에 의해 혐오스러운 것으로 낙인찍힌 다아시의 오만함이 다아시 자신의 입장에서 해석되는 11장에서 더욱 분명히 전면에 부상한다. 오만이란 진정으로 우월한 정신력의 소유자라면 절제할 수 있는 것이므로 약점이 아니라는 것이 다아시의 견해이다. 엘리자베스Elizabeth는 다아시와의 대화에서 그의 말을 일부러 왜곡하면서 비꼬는 듯한 말을 골라서 한다. 자신에게는 꽁한 면이 있다는 다아시의 고백에 엘리자베스는 앙심을 마음 속 깊이 간직하고 있는 것은 성격상 큰 결함인데 너무나 심각하므로 그것을 비꼬아줄 수는 없다고 응수한다. 그런데 이는 엘리자베스 자신의 결함이기도 하다는 데 아이러니가 있다. 그녀의 이 말은 다아시로 하여금 "다른 사람들의 말을 일부러 잘못 이해하는"(40) 그녀의 결점을 정확하게 꼬집어내게 한다. 이로써 개인적 "관점" 또한 편견에 빠지기 쉬운 것임이 드러나게 된다.

두 번째 단계는 제 1권 16장부터 제 2권 19장에 해당하는 것으로, 사회적 평판에 개인적인 편견을 더한 엘리자베스가 다아시와 위컴Wickam을 오판하는 실수를 저지르고 결국 그 잘못을 깨닫는다는 내용을 담고 있다. 위컴의 등장으로 그에 대한 무조건적인 호감이 커지면서 엘리자베스의 다아시에 대한 편견은 악화되는데, 편견이 심해질수록 엘리자베스는 독단적이고 독선적이 된다. 엘리자베스가 보이는 독선적인 태도는 여러 대화 장면 속에서 드러난다. 가령 위컴의 험담을 전해들은 제인Jane이 어떻게 생각해야 할지 모르겠다고 하자 엘리자베스는 위컴의 "얼굴에는 진실"이 있으니 "어떻게 생각해야 할지를 정확히 알겠다"면서 자신 있게 단언한다(60). 무도회에서 만나리라 기대한 위컴이 나타나지 않자 오히려 다아시에게 화가 난 엘리자베스는 다아시를 "미워하기로 작정한 사람"(63)이라고 단정적으로 지칭한다. 위컴을 향한 엘리자베스의 호감은 다아시에 대한 편견과 반비례의 상관관계에 있다.

그러던 중 전혀 예기치 않게 다아시의 청혼을 받은 엘리자베스는 "당신에 대한 나의 견해는 이미 정해져 있었다"고 말하며 "당신을 알게 된지 한 달이 되지 않아 누가 뭐라고 해도 당신 같은 사람과 결혼할 수는 없을 거라고 생각했다"는 단호한 입장을 보이면서 청혼을 거절한다(133). 그렇지만 다아시가 떠난 후 엘리자베스는 다아시 같은 대단한 인물이 자기에게 청혼했다는 놀라움에 휩싸인다.

외양에 기반하여 성급하게 갖게 된 엘리자베스의 감정적 편견을 송두리째 뒤흔든 것은 다아시의 편지이다. 다아시는 편지에서 엘리자베스가 청혼을 거절하면서 퍼부은 비난을 조목조목 반박하고 구체적인 증거를 대며 논리에 맞게 합리적으로 상황을 설명한다. 다아시의 편지는 "정의," "증언," "증인" 등 법적 용어를 사용하면서 논리적 어법에 맞게 차분하게 쓰인 것으로서 설득력을 갖고 있다. 다아시는 자신에게 가해진 두 개의 비난을 '하나는 이러하고, 다른 하나는 이러했다'는 식으로 요약한 다음 그 비난에 대해 차례로 자신을 변호한다. 우선 제인과 빙리를 떼어놓았다는 엘리자베스의 비난에 대해 다아시는 그것이 관찰과 이성에 입각한 판단이었다고 변명한다. 이어 위컴의 악행에 대해서는 그 진실성을 입증해줄 여러 명의 증인을 댈 수 있다고 공언한다. 자신을 옹호하는 다아시의 논리는 구체적인 증거, 객관적 관찰과 이성에 입각한 판단, 그리고 진실성을 입증해줄 증인에 기반하고 있다는 점에서, 외양에 입각한 감정적인 편견에 갇힌 엘리자베스의 근거 없이 확신에 찬 비난과 정반대되는 것이다.

다아시의 편지를 읽은 엘리자베스는 편견에 사로잡힌 자신의 잘

못을 깨닫고 자기인식에 이르게 된다. 다아시의 말이 예전에 들은 위컴의 말과 조응되자 위컴을 전혀 새로운 각도에서 객관적으로 바라볼 수 있게 된 엘리자베스는 그의 외양 즉 "표정, 목소리, 몸가짐만 보고" 그를 좋은 사람으로 "성급하게 단정"했음을 깨닫게 된다(142). 위컴이 미덕을 갖고 있다는 구체적 증거는 전혀 없고 단지 이웃들의 좋은 평판과 호감이 있었을 뿐이며 이 호감의 근거도 그의 외양 즉 "뛰어난 사교술"에 있었음을 새삼 깨닫는 것이다. 거기까지 생각이 미치자 다아시에 대한 위컴의 험담도 "처음 만난 사람에게 한 말로서는 부적절"(142)했고 그의 말과 행동 또한 일치하지 못했음을 알아차리게 된다(143). 일련의 생각을 거치면서 엘리자베스는 수치심 속에서 자기 잘못을 직시하게 된다.

엘리자베스는 맹목적으로 편파적이어서는 안 되고 편견에 사로잡혀서도 안 된다는 것을 깨닫게 된다. 그녀는 자신이 위트를 잘못 사용했음도 인정한다. "아무 근거도 없이" 그를 "단호하게 싫어하는 것으로 남다르게 똑똑하게 굴려고" 작정했음을 시인하고, "계속 비웃다보면 가끔씩은 재치 있는 말이 걸릴 때가 있다"면서 자신을 반성한다(155). 엘리자베스는 한 단계 더 나아가 아버지 베넷씨의 현실에 초연한 냉소주의가 무책임한 것이고 남편이나 아버지로서의 태도로 부적절한 것임을 솔직하게 인정하게 된다.

자기인식에 도달한 엘리자베스는 자신을 우월한 존재로 생각하던 자기만족으로부터도 벗어나 스스로를 조롱하며 유머러스해질 정도로 활력을 되찾는다. 그렇지만 엘리자베스가 "보편적인 진리"와 개인적 "감정" 사이의 변증법적 합에 도달하기 위해서는 또 하나의 과정을 넘어서야 한다. 개인의 주관적 감정에 과도하게 몰입하거나 감정에 탐닉하여 자신의 고통을 지나치게 과장하는 감상주의에서 벗어나야 한다. 이 단계가 제 3권 4장부터 12장에 해당된다.

엘리자베스는 리디아Lydia가 위컴과 도피 행각을 벌여 집안 망신을 시킨 후 이 때문에 다아시와의 결혼이 불가능해졌다고 추정하면서, 이루어질 수 없는 사랑이라는 식의 감상에 빠지게 된다. 다아시에게 리디아에 관한 불미스러운 소식을 엉겁결에 전한 후 엘리자베스는 다아시가 그녀와의 결혼을 체념했고 그래서 모든 사랑이 헛되게 되었다고 생각한다. 그를 결코 사랑할 수 없을 것 같았던 지난날과는 달리 이제 그를 사랑할 수 있을 것 같다고 느끼는 엘리자베스는 뒤바뀐 "감정의 짓궂음"(190)에 한숨지으며 자신의 처지를 낭만화한다.

제 3권 10장에서 리디아 문제를 나서서 해결해준 사람이 바로 다아시였음을 알게 된 후 지나친 감상에 젖는 엘리자베스가, 생각에 잠긴 듯 침묵하는 다아시의 태도를 지켜보면서 당혹감과 초조감에 휩싸이는 장면은 그 후에도 계속되어 제 3권 12장의 내용 전부를 차지한다. 엘리자베스가 조바심을 내며 안달하는 내용이 많은 분량을 차지한다는 사실 자체가 독자로 하여금 이 부분을 예사롭지 않게 취급하도록 만든다.

결국 다아시의 청혼을 다시 받게 된 후 엘리자베스는 예전의 활력과 여유를 되찾으며 훨씬 성숙해진다. 편견을 갖고 다른 사람들을 조롱하는 대신 그들의 감정을 배려하고 견해를 존중할 수 있게 된다. 다아시야말로 개선해야 할 점이 아직도 많아 남의 비웃음을 더 당해 보아야 하지만 지금부터 시작하기에는 너무 이르며 서서히 단계적으로 고쳐야 한다고 생각할 만큼 그녀는 사려 깊어졌다.

마지막 장인 제 3권 19장에서는 모든 갈등이 해결되고 화해에 도달한 모습이 펼쳐진다. 다아시가 변함에 따라 이제 펨버리Pemberley

에서는 계층이나 지위보다 개인의 미덕이 중시되고 인간적인 관계가 우선시 되는 듯하다. 이곳에서 다아시는 위엄을 잃지 않으면서도 공개적으로 엘리자베스로부터 조롱을 당할 만큼 두 사람은 자유롭고 행복한 결혼 생활을 영위한다.

그렇지만 엘리자베스와 다아시의 결혼 생활의 행복이 낭만적으로 미화되거나 이상화되어 있지는 않다. 주변 사람들의 태도가 겉보기와는 달리 실제로는 크게 개선되지 않았고 따라서 예전과 같은 걸림돌은 여전히 남아 있다는 냉정한 현실 인식이 기저에 깔려 있다. 가령 마지막 장의 첫 단락은 제 1권 첫 장과 마찬가지로 베넷씨 부부에 관한 내용인데, 그때와 비교해볼 때 베넷씨 부부는 크게 변하지 않았고 그 결과 "가정의 행복"을 찾지 못한다. 베넷 부인은 "지각 있고 상냥하고 유식한 여자"가 되는 "행복한 결말"을 맺지 못하고 여전히 신경 타령이나 하고 주책없으며, 베넷씨 또한 예나 지금이나 어리석은 아내를 조롱하며 그 재미로 살아간다. 위컴과 리디아의 성격도 크게 달라지지 않았다. 그들은 여전히 뻔뻔스럽게 남의 신세지는 것을 대수롭지 않게 여긴다. 엘리자베스를 싫어하던 빙리양과 캐서린 영부인Lady Catherine의 태도도 겉모습과는 달리 실제로는 크게 개선되지 않았다.

요컨대 이 소설에서 오스틴은 감상의 지나침을 경계하면서 "보편적 진리"와 개인적 "감정" 사이의 변증법적 합을 모색한다. 오스틴이 지향하는바, "보편적인 진리"인 사회 집단의 관례와 개인적 "감정" 사이의 변증법적 합은 다음과 같다. 일차적으로는 사회 집단의 보편적 견해를 단순히 쫓는 데 머무를 것이 아니라 개인적인 감정을 고려해야 한다. 이때 외양과 인상에 기반한 성급한 판단이나 자기만족을 위해 편의적으로 내리는 주관적인 편견을 넘어서서, 객관적이고 구체적인 관찰에 입각하고 '이성'에 부합하는 공정한 평가를 해야 한다. 베넷씨에게서 드러나는 냉소적이고 초연하며 무책임한 개인주의 또한 넘어서야 한다. 개인의 주관적 감정에 너무 탐닉하여 고통을 지나치게 과장하거나 자신을 다른 사람들보다 우월하다고 생각하는 자기만족적인 환상으로부터도 벗어나야 한다. 이 단계에 도달하면 자신도 남들과 똑같은 실수를 저지를 수 있다는 겸허한 자세로 남의 견해를 존중하고 감정을 배려하면서 상호이해와 교감 하에 인간관계를 맺을 수 있게 된다.

오스틴은 감상에 치우치는 것을 경계하며 이성과 감성 간의 균형을 추구한다고도 할 수 있다. 여기에서 감성은 감정적 자극에 대한 섬세한 감수성 즉 민감하게 느끼고 감정을 드러내는 것을 가리킨다고 할 때 오스틴은 따뜻한 감수성을 갖되 이성으로 감정을 절제해야 한다고 생각한 것이다.

II. 사이먼 랭튼Simon Langton의 1995년 드라마

『오만과 편견』은 영국 BBC에서 1938, 1952, 1958, 1967, 1980, 1995년 모두 여섯 번 드라마로 만들어졌는데 그 중에서 사이먼 랭튼의 감독, 앤드류 데이비스Andrew Davies의 각색으로 1995년에 만들어진 6부작 미니시리즈가 원작의 정신에 충실한 각색 작품의 고전으로 호평을 받고 있다. 이 드라마는 영국에서만 1100만 명이 시청하고 세계 45개국에서 방영되어 국가마다 대히트를 기록했다고 한다. 또한 1938년 흑백 영화를 시초로 올더스 헉슬리Aldous Huxley의 각색으로 1940년에 그리어 가슨Greer Garson과 로렌스 올리비에Lawrence

Olivier가 주연한 헐리우드 영화가 만들어진 이래 수차례 영화화되다가 2005년 65년 만에 신예 감독 조 라이트Joe Wright에 의해 다시 영화로 제작되었다.

오스틴은 단순히 남녀 간의 사랑과 결혼에 국한하거나 구애 플롯에 중점을 두지 않고 올바른 삶의 태도와 이상적인 결혼의 모델을 모색한다. 반면 랭튼의 드라마와 라이트의 영화는 원작을 충실하게 따르기 보다는 로맨스에 치중한다. 지성을 중시하며 눈부신 성장을 거듭해오던 20, 21세기 사람들은 그 반작용으로 감정을 드러내는 모습에서 인간미를 느끼며, 낭만적 사랑으로써 모든 역경을 이겨낼 수 있다는 환상을 심어주는 로맨스를 동경하게 되는데 그러한 당시 사람들의 요구에 부합하려 한 것이다. 그 결과 원작과는 달리 "보편적 진리"와 개인적 "감정" 사이의 관계가 주목을 받지 못한다. 랭튼의 드라마에서는 "보편적인 진리"에 관한 첫 문장만이 가족 간의 대화 속에서 엘리자베스의 대사로 잠깐 전해질 따름이고 "보편적 진리"와 개인적 "감정" 사이의 대립을 나타내는 두 번째 대사는 안 나타난다. 라이트의 영화에서는 "보편적 진리"에 대한 언급조차 없다. 두 각색 작품에서는 엘리자베스와 다아시의 만남이 이루어지는 파티 장면으로 곧바로 넘어가 두 인물의 로맨스에 집중한다.

랭튼의 드라마는 원작 속에 감춰진 이야기를 드러낸다. 당시 20세기 후반기의 사람들은 여권론의 영향을 받아 젠더의 역할을 엄격하게 구분하는 태도에 회의적이었다. 그들은 남성이 감정을 절제해야 한다고 생각하던 18세기 사람들과는 달리 남성도 여성처럼 감정을 자유롭게 표현해야 한다고 생각하며 감성의 주체로서의 남성을 원했다. 당대 사람들의 이러한 욕구에 맞춰 랭튼의 드라마는 남성인 다아시가 여러 감정 중에서도 특히 고통을 겪는 모습을 생생하게 포착해낸다. 점잖은 예법에 따라 육체나 성에 대한 언급이나 암시가 거의 없는 원작과는 달리, 랭튼의 드라마에서는 엘리자베스를 향한 다아시의 섹슈얼러티 즉 성적 욕망이 주목을 받는다.

원작에서 다아시는 접근하기 어려운 오만한 인물로서 감정이 분명하게 드러나지 않는 수수께끼 같은 인물이다. 물론 다아시의 속마음이 그의 관점에서 서술된 경우가 있기는 하다. 그로부터 받은 개인적 모욕 때문에 편견에 가득 차 그를 짓궂게 대하는 엘리자베스에 대해 다아시가 그녀의 친척들의 지위가 낮지 않았더라면 그가 상당한 위험에 처했으리라고 생각할 정도로 그녀에게 감정적으로 이끌리는 대목이 그러하다(35). 이 경우를 제외하고는 그저 다아시가 엘리자베스가 혼자 있을 때 목사관을 자주 방문한다거나 그녀의 산책길에 나타난다거나 하여, 그가 엘리자베스를 좋아하는 것 아닌가하고 샬럿Charlotte이 의심을 품게 되었다는 정도로만 그의 감정이 내비쳐진다. 샬럿은 다아시가 엘리자베스를 사랑하고 있음을 직감하고 자신의 직관이 정확한 것인지 확인해보려 하지만 그는 단지 "정신이 나간"(125) 상태로 보였다고 서술되는데 그친다. 다아시의 감정이 모호하게 나타나므로 엘리자베스가 그러하듯이 독자도 그의 감정을 확실히 알지 못한다.

엘리자베스를 향한 다아시의 이끌림이 잠시 언급될 뿐 청혼 때까지는 명확하게 밝혀지지 않은 원작에서와는 달리, 랭튼의 드라마에서는 다아시의 감정이 분명하게 드러날 뿐 아니라 한걸음 더 나아가 엘리자베스를 향한 성적 끌림으로 구체화된다. 목욕 후 유리창을 통해 밖에서 개와 장난을 치는 엘리자베스를 바라보는 그의 애틋한 눈길은 그가 그녀를 갈망하고 있음을 드러낸다. 그는 엘리자베스의 열등한 집안 배경과 교양 없는 가족 관계 때문에 욕망을 억누르려고 애쓰지만 그 욕망에서 벗어나지는 못한다. 이처럼 난처한 상황은 울적함이 드리워지고 불만족감이 뒤섞인 찌푸린 얼굴 표정과 울적함을 떨쳐버리기 위한 여러 신체 활동을 통해 표현된다. 네더필드 Netherfield에서 다아시가 당구치고 있는 방의 문을 엘리자베스가 실수로 열었다가 아무 말 없이 문을 닫고 사라져 버리자 실망한 그가 곧바로 당구공을 쳐서 탁 소리를 내며 울적한 기분과 실망감을 표출하는 장면이 그 하나의 예이다.

다아시는 엘리자베스를 향한 욕망을 억누르기가 어려워 고통 받고 자신이 처한 당혹스러운 상황에 울적해하며 이를 해소하려고 애쓰다가 엘리자베스에게 거부할 수 없을 만큼 이끌리게 되었을 때 그녀의 감정을 확신하지 못해 애타한다. 펨버리에서 빙리 양이 위컴을 언급하는 바람에 피아노를 치던 다아시의 여동생 조지아나Georgiana가 크게 동요할 때 엘리자베스는 이 상황을 침착하게 마무리한다. 여기에 안도한 다아시는 엘리자베스를 흐뭇한 눈길로 바라보고 엘리자베스 또한 그를 향해 미소 짓는다. 그날 밤에 다시 그 방을 찾은 다아시는 엘리자베스의 모습을 떠올리지만 이번에 그녀의 얼굴에서는 미소를 찾아볼 수 없다. 이 장면은 엘리자베스의 감정을 확신하지 못하고 애타하는 다아시의 마음을 함축적으로 전달해준다. 그런데 이러한 모습은 보통 남성이 아니라 여성에게서 찾아볼 수 있는 모습이다. 이처럼 여성화된 다아시에게서 여성 관객은 공감을 느끼고 그와 동일시하게 된다. 다아시의 눈길은 엘리자베스를 향하는데 그녀가 그의 시선의 대상이 될 때조차도 여성 관객이 시선을 던지는 대상은 엘리자베스가 아니라 다아시이다. 일반적으로 영화에서는 여성의 몸이 남성의 응시 대상인데 반해, 여기에서는 다아시의 몸에 여성 관객의 시선이 향한다(Hopkins 112).

다아시가 여성화된 데서 나타나듯이 랭튼의 드라마에서는 젠더의 역할 변화가 일어난다(Ellington 106-07). 밖에서 개와 노닐거나 자유롭게 산책하는 등 자연과 어울리는 인물은 여성 엘리자베스이고 안에 갇혀서 유리창 바깥을 내다보는 모습이 자주 포착되는 인물은 남성 다아시이다. 일반적으로 남성과 여성에게서 기대되는 성의 역할이 전도된 것이다.

또한 사회적 예법에 따라 남성의 감정 절제를 미덕으로 보았던 원작과는 달리, 랭튼의 드라마에서는 다아시의 감정이나 성적 욕망 그리고 그것의 좌절로 인한 고통 등을 시각적으로 형상화하는 여러 장면을 첨가한다. 엘리자베스에게 이끌리는 다아시의 내면과 그 고통을 시각적으로 형상화하는 것이다. 카메라는 다아시의 강렬한 눈빛을 좇아가며 그 눈빛에 담긴 고통을 포착해낸다. 엘리자베스를 향한 욕망과 그것을 억누르려 하는 복잡한 심리가 드러나는 다아시의 얼굴을 자주 클로즈업하는 것이다. 오만한 분위기를 물씬 풍기지만 실제 내면에서는 한 여성 때문에 애타하며 받는 고통, 충족되지 못한 채 억눌린 욕망과 그 욕망을 억누를 수밖에 없는 상황, 거기에서 비롯되는 불만과 우울함 등의 복잡한 심리 상태는, 목욕 후 유리창을 통해 바깥의 엘리자베스를 바라보는 장면, 받아들여질 것을 추호도 의심치 않은 청혼이 무참히 거절당한 후 당혹감과 분노 속에 거칠게 걸어 나오는 장면, 엘리자베스의 비난에 대해 자신을 변호하는 편지를 쓰다 말고 위컴과 얽힌 과거를 회상하다가 만감이 교차한 듯 어찌할 바를 모르고 유리창 쪽으로 왔다 갔다 하며 괴로워하면서 세수를 하는 장면, 마음속의 격정을 떨쳐버리려는 듯 셔츠를 풀어헤친 채 펜싱을 하고난 후 "이 상황을 극복할거야"라고 다짐하는 장면, 그리고 열정을 식히려는 듯이 말에서 내려 펨버리의 연못에 뛰어드는 장면 등에서 다아시 역을 맡은 콜린 퍼스Colin Firth의 풍부한 표정 연기를 통해 실감나게 전달된다.

랭튼의 드라마에서는 다아시가 청혼할 때의 광경을 장면으로 영상화함으로써 두 사람 사이의 격렬한 감정의 충돌을 보다 효과적으로 포착한다. 목사관에서 제인에게서 받은 편지를 되씹어 읽으며 제인과 빙리의 관계를 다아시가 방해했다고 오해하여 흥분 상태에 있던 엘리자베스는, 청혼이 마치 그녀에게 엄청난 은혜를 베푸는 것인 양 오로지 자기 관점에서만 얘기하는 다아시의 태도에 크게 분노한다. 격렬한 감정에 휩싸인 엘리자베스는 단호하게 그의 청혼을 일언지하에 거절해버리고 그의 과거의 행적을 맹렬히 비난한다. 이제까지 거부당해 본 적이 없었던 다아시는 전혀 예기치 않은 엘리자베스의 반응에 당혹감과 분노를 느낀다. 두 사람의 격정은 팽팽하게 얽히고 부딪치면서 폭발할 지경에 이른다. 이때 화면에 잡힌 꽉 막힌 방의 내부는, 좁은 공간에 갇혀서 감정을 발산할 분출구를 찾지 못한 그들의 팽팽한 긴장 상태를 생생하게 전달해준다. 언쟁이 끝난 후 분노에 찬 다아시는 거친 발걸음으로 걸어 나가고 격정에 휘말린 엘리자베스는 발을 구르며 눈물을 흘린다. 격앙된 엘리자베스의 심적 상태를 자유간접화법으로 전달하면서도 서술자가 차분하게 요약하고 정리하는 원작에서와는 달리, 이 드라마에서는 그들의 감정이 여과 없이 표현된다.

다아시의 편지를 받고 난 후 엘리자베스는 자기인식에 이르는데, 이는 다아시의 모습이 갇힌 내부가 아닌 낭만적인 교외 풍경을 배경으로 하여 그녀의 기억 속에서 회상 형식으로 클로즈업되는 장면을 통해 전달된다. 이 장면은 이제 엘리자베스가 사회의 관습이나 편견에서 벗어나 다아시를 한 개인 본연의 모습으로 보게 되었다는 의미를 함축한다. 그렇지만 엘리자베스의 자기인식은 원작에 비해 짤막하게 처리되어 그 비중이 줄어든다. 랭튼의 드라마에서 지성적이고 사색적인 엘리자베스의 모습을 찾아보기 어려운 것은 여기에 기인한 바 크다.

III. 조 라이트의 2005년 영화

라이트가 감독한 2005년 영화는 영국의 영화제작사인 워킹 타이틀Working Title, 미국 헐리우드의 포커스 피쳐스Focus Features의 지원하에 데보라 모가치Deborah Moggach의 각색을 바탕으로 만들어졌다. 라이트 감독은 난독증 때문에 정규 교육을 제대로 받지 못하고 미술을 공부했는데 이 영화를 맡기 전에는 오스틴의 소설을 한 권도 읽지 않았다고 한다. 로맨틱 코미디인 <브리짓 존스의 일기>*Bridget Jones's Diary*, <네 번의 결혼식과 한 번의 장례식> *Four Weddings and a Funeral*, <러브 액츄얼리> *Love Actually* 등을 만들어 영국 뿐 아니라 미국에서까지 흥행에 성공시킨 바 있는 워킹 타이틀이 이러한 특이한 이력의 소유자인 라이트에게 작품을 맡긴 것은 이전 각색 작품들과는 확연히 구별되는 원작에 대한 신선한 해석을 원했기 때문인 것으로 보인다. 라이트 감독은 시대적 배경을 섭정기가 아닌 1790년대로 잡음으로써 조지 왕조 시대의 원기 왕성하고 활력이 넘치며 거칠고 왁자지껄한 시골 분위기를 사실주의적으로 재현해내는가 하면 대담한 시각적 상징주의를 도입한다. 이 영화 제목은 *Pride & Prejudice*인데, 원작의 "and" 대신 "&"를 사용한데서 격식과 형식을 차리지 않겠다는 의도가 느껴진다. 원작과의 차별화를 함축한 것이다. "당신이 절대 같이 있고 싶지 않은 사람이 때로는 당신에게 없어서는 안 될 사람이다Sometimes the last person on earth you want to be with is the one you can't be without."라는 영화 포스터의 문구도 도발적이다. 이 영화는 오스틴 소설 특유의 질서정연함과 절제된 단아함 그리고 형식을 갖춘 예법을 파격적으로 무시했기 때문에 북미오스틴 학회와 오스틴 소설 팬들의 혹평을 받았다. 그렇지만 제 78회 아카데미 4개 부문(여우주연상, 미술상, 의상상, 음악상), 제 63회 골든 글로브 여우주연상과 작품상 후보에 오를 만큼 영화평론가들의 호평을 받았다.

라이트의 영화는 랭튼의 드라마와 마찬가지로 로맨스에 초점을 두지만 시대의 변화된 요구에 부응하는 가운데 약간의 차이를 보인다. 1995년은 이미 20여 년 전 절정에 달했던 여권론이 퇴조한 포스트페미니즘 시대가 되었지만 2005년에 이러한 경향이 더 두드러졌다. 여성은 성 해방으로 자유와 독립 그리고 평등을 얻었지만 오히려 성역할의 구분이 없어지고 선택의 폭이 넓어짐으로써 초래되는 불확실성 속에서 혼란을 느낀다. 따라서 이 시대의 여성들은 그러한 불안이 해소되는 환상적인 세계를 보고 싶어 한다. 사회를 포함하여 다른 요소들이 개입할 수 없는 사적인 공간에서 개인의 욕구와 필요가 모든 것을 우선하는 지극히 '개인적인' 로맨스를 원했던 것이다. 이에 따라 영화는 '개인' 내면의 감정적 드라마에 주목하는 시공을 초월한 보편적이고 일상적인 로맨스로 제작되었다. 이와 함께 19세기라는 특정한 시대에 여성이 처한 열악한 경제 상황을 둘러싼 현실 사회 인식이 덜 나타나고 계층 차이도 별다른 영향을 끼치지 못한다.

라이트의 영화는 다아시와 엘리자베스를 현대 관객들과 크게 다르지 않은 불안해하는 평범한 청춘남녀로 그려냄으로써 그들의 사랑 이야기를 현대의 일상사에서 쉽게 접할 수 있는 로맨스로 만들고 관객들이 편안하게 공감할 수 있게 한다. 두 인물은 랭튼의 드라마에 비해 훨씬 젊어졌다. 랭튼 드라마의 엘리자베스는 이야기가 어떻게 끝날지를 알고 있다는 듯이 약간은 노숙해 보이는 여유 만만한 모습을 자주 보인다. 이에 비해 라이트 영화의 엘리자베스는 말괄량이 같은 어린 처녀의 모습에 가깝다. 한편 다아시는 랭튼의 드라마에서보다 인간적으로 더 취약한 면을 보여준다. 수줍어하는 그는 사교활동에 서투르다. 겉으로 드러나는 오만이나 과묵함은 그 자신이 이러한 약점을 예민하게 의식하는데서 비롯되는 내면의 불안정성을 감추기 위함이다. 우수에 찬 낭만적인 면모가 두드러져 랭튼 드라마 속 다아시가 보여준 강렬한 카리스마를 풍기지 못한다. 이에 따라 그의 존재의 무게감이 줄어든다.

라이트의 영화에서는 엘리자베스를 향한 다아시의 감정이 일찍이 드러나는 랭튼의 드라마에서 한걸음 더 나아가, 두 인물이 처음부터 서로에게 매력을 느끼고 어쩔 수없이 사랑에 빠져든다는 사실이 관객에게 미리 다 밝혀진다. 두 인물이 처음부터 서로에게 은연중 이끌린다는 내용 설정 때문에 원작이나 랭튼의 드라마에서와는 달리, 엘리자베스가 다아시의 사랑을 전혀 예측하지 못하는 데서 초래되는 아이러니가 없다.

라이트의 영화에서는 엘리자베스를 향한 다아시의 욕망을 크게 부각시켰던 랭튼의 드라마와는 달리 욕망의 대상으로서의 엘리자베스에게 더 초점이 주어진다. 다아시와 카메라가 응시하는 대상은 엘리자베스이다. 다아시가 새벽에 안개를 배경으로 셔츠를 반쯤 열어 젖히고 코트를 흩날리며 걸어오는 장면에서조차도 성적 주체로서의 다아시에게 초점이 주어지는 것이 아니다. 대신 점차 다가오는 시선이 욕망하는 대상으로서의 엘리자베스를 부각한다(Camden 4). 엘리자베스는 점차로 욕망의 주체가 되어가는 즉 그녀의 성적 욕망이 서서히 일깨워지는 과정에서도 초점을 받는다. 이와 함께 시선의 교환, 손의 접촉, 제스처, 육체적인 아름다움을 내품는 조각상 등 '몸'을 포착하는 장면이 많아진다. 이는 '몸'에 부쩍 관심이 많아진 현대인들의 관심이 반영된 결과라 할 수 있다. 라이트 감독 스스로 그의 DVD평에서 "이 영화는 온통 몸에 관한 것이다"라고 정의한 바 있다(Gros 4).

'몸'의 사소한 접촉을 통하여 점차 일깨워지는 성적 욕망은 무의식적으로 표출된다. 퍼붓는 폭우 속에서 다아시가 청혼한 후 두 사람이 얼굴을 가까이 마주한 채 설전을 벌이다가 갑자기 묘한 긴장이 흐르는 분위기를 연출하는 장면이 그 예이다. 다아시에 대한 오해가 극에 달해 분노하고 있던 엘리자베스가 과거 다아시의 부당한 처사를 지적하기 위해 위컴을 언급하자 두 사람의 관계는 새로운 국면에 접어든다. 질투심에 휩싸인 다아시의 도전적인 태도는 초기 단계에 머물러 있던 그에 대한 엘리자베스의 성적 관심을 촉발한다(Stewart-Beer 5). 두 사람이 순간 무의식적으로 거의 키스할 뻔한 것은 바로 이 지점이다.

엘리자베스 내면에 잠복해 있던 성적 욕망이 더 분명하게 표면에 떠오르게 된 것은 펨버리에서 다아시의 조각 흉상을 볼 때이다. 원작에서 엘리자베스가 본 것은 다아시의 초상화였는데 초상화를 다아시의 조각 흉상으로 대체한 것은 '몸'에 대한 관심을 더 부각시키기 위해서라고 할 수 있다. 조각품 진열실의 천장은 통통한 나체 아이 천사와 거의 옷을 걸치지 않은 여자들의 그림으로 장식되어 관능적인 분위기를 조성한다. 조각품들이 품어내는 에로티시즘에 매료된 상태에서 그녀는 다아시의 조각 흉상을 바라본다. 그때 엘리자베스가 가디너Gardiner 숙모에게 다아시가 잘 생겼음을 처음으로 인정한다는 것은 한 여성으로서 다아시라는 남성을 바라보고 있다는 의미를 함축한다.

엘리자베스를 욕망의 시선을 던지는 주체로 만든 것은 원작과 랭튼 드라마에서의 시선의 문제를 새롭게 재해석한 경우이다. 원작과 랭튼의 드라마에서 엘리자베스는 남성이 던지는 시선의 특권에 도전한다. 다아시가 봐줄 만은 하지만 자신을 매혹시킬 만큼은 못 된다고 그녀를 평하자 엘리자베스는 남성 다아시의 시선을 일방적으로 받는 수동적인 대상에 머물지 않고, 다아시의 말을 친구들에게 전하면서 그를 은근히 우스꽝스러운 조롱의 대상으로 만든다. 여성인 자신도 다아시에게 시선을 던지며 평가할 수 있는 주체로서의 위상을 주장하는 것이다. 이때 그녀의 시선은 욕망의 차원이 아니라, 하나의 인격체로서 남성과 평등함을 주장한다는 의미를 갖는다.

라이트의 영화는 엘리자베스 내면의 감정적 드라마에 주목하여 욕망의 주체로서의 모습과 그녀가 성적으로 일깨워지는 과정을 포착하기 위해 여러 다양한 촬영법, 편집, 시각적 상징주의 등을 효과적으로 활용한다. 시각적 상징주의의 한 예로 들 수 있는 것은 '손'에 초점을 맞춘 장면이다. 네더필드를 떠나는 엘리자베스를 마차에 태워주는 다아시의 손이 그녀의 손과 닿을 때, 카메라는 동요하는 엘리자베스의 모습을 비추고 오므렸다 펴는 다아시의 '손'을 클로즈업하여 한 컷에 담아낸다. 이는 두 사람 사이의 교감이 둘 만의 사적인 공간인 마음 속 내부에서 은밀히 형성되고 있고 그들 사이에 성적 긴장감이 흐르고 있음을 시사한다. 펨버리에서 다시 만나 간단한 대화를 어색하게 나눈 후 엘리자베스가 황급히 걸어 가버릴 때 카메라는 다시 한 번 다아시의 '손'을 클로즈업한다 | 사진 1 |. 이 장면은

사진 1

다아시가 엘리자베스를 향해 '손'을 내밀지 못함 즉 욕망을 억누르고 있음을 시사한다고 할 수 있다. '손'을 통해 표현되는 '몸의 언어'는 두 번째 청혼 때도 발견된다. 다아시가 엘리자베스에게 육체와 영혼 면에서 매혹되었다며 열렬한 사랑을 고백할 때 그녀는 아무 말도 하지 않다가 그의 손에 키스하면서 손이 너무 차갑다고 한다. 그의 사랑을 받아들이겠다는 뜻을 말로 표현할 수 없이 강렬하고 애틋한 사랑의 감정을 담아 '손'의 만짐이라는 '몸의 언어'를 통해 전달한 것이다(Martin 4).

시각적 상징주의의 또 하나의 예로는 빛과 어두움의 대조나 거울을 들여다보기를 들 수 있다. 자신을 변호하는 다아시의 편지를 읽고 난 엘리자베스가 심적 변화를 거치면서 스스로를 재평가하게 되는 과정을 담은 일련의 장면에서 상징을 찾아볼 수 있다. 다아시가 편지를 주고 떠난 후 창문을 통해 들어온 불빛이 편지를 읽어 내려가다 밖을 내다보는 그녀를 희미하게 비춘다. 이때 빛과 어두움이 교차하는데 빛의 변화는 그녀가 다아시의 인물됨을 재해석하고 있음을 상징한다(Paquet-Deyris 4). 유리창에 눈을 고정시킨 엘리자베스가 생각에 몰입할 때 그녀의 얼굴이 클로즈업되는데, 이 장면은 그녀가 유리창 속에서 자기 자신을 들여다보며 내적 성찰을 하고 있음을 상징한다.

돌아가는 그네 속에 시간의 흐름을 함축하는 장면 또한 시각적 상징주의의 또 다른 예이다. 베넷가의 뒤뜰에서 엘리자베스가 서서히 그네를 돌릴 때 배경을 이루는 장면 속 계절이 빠르게 변하는데 이를 통해 세월의 흐름이 표현된다. 군인들의 행진 중에 키티Kitty와 엘리자베스가 던진 손수건을 다른 군인들과는 달리 위컴만이 집어 드는 장면도 상징적 의미를 함축한다. 그는 손수건을 던지는 여자의 속마음을 읽어낼 수 있고 그렇기에 여자의 감정과 욕망을 조정할 수 있다.

시각적 상징주의와 함께 라이트의 영화에서 눈에 띄는 것은 촬영법이다. 엘리자베스가 성적으로 일깨워짐을 그녀 내면의 감정적 동요를 담아 '몸'의 차원에서 표현하기 위해서 파격적이고 대담한 촬영법이 구사된다. 엘리자베스와 다아시의 주변 세계를 사실적으로 보여주던 이제까지의 방식과는 달리, 펨버리 장면에서는 엘리자베스라는 한 개인의 감정적 드라마에 집중하기 위해서 '낯설게 하기'를 시도한다. 클로즈업과 끊임없는 카메라의 움직임으로 연속성을 깨뜨림으로써 부자연스럽게 만들어 이제까지와는 다른 방식으로 이야기를 전개하는 것이다. 엘리자베스가 펨버리를 방문하여 그 내부

를 감상하는 일련의 과정은 크레인 위의 카메라를 사용하여 집 안으로 들어오는 엘리자베스와 그 일행을 내려다보며 촬영한다 | 사진 2 |. 다른 나체 조각상들을 감상하다가 마침내 다가서게 된 다아시의 조각 흉상은 엘리자베스를 성적으로 일깨운다. 카메라는 그녀를 확대 촬영하고, 이로써 관객은 다아시를 향해 강렬하게 솟아오르는 엘리자베스의 감정을 주목하게 된다. 이때부터 카메라의 눈은 엘리자베스의 내적 시점과 합쳐지고, 관객은 그녀의 감정 상태를 알게 된다.

인물 내면에서 펼쳐지는 감정적 드라마에 주목하기 위해 '낯설게 하기'를 시도한 예는 그 이전에도 찾아볼 수 있다. 네더필드에서의 춤 장면에서 무도회장의 정경을 스펙터클하게 비추던 카메라는 두 사람이 춤을 출 때가 되자 그들의 춤을 따라 가다가 180도 이상 위치를 바꾼다. 그 결과 인물들의 위치가 좌우로 뒤바뀌게 되고 관객

사진 2

은 일순간 혼돈에 빠진다. 이와 함께 영화를 보고 있다는 사실을 잊은 채 편안하게 그 세계에 빠져있던 관객은 갑작스러운 낯설음에 시간과 장소에 대한 인식을 새롭게 하게 된다. 관객의 시선을 무도회장의 장관에서부터 두 사람만의 낭만적 이야기로 돌리는 것이다(Durgan 6). 이어 엘리자베스와 다아시가 춤을 추다가 위컴에 대한 언쟁이 절정에 이르자 갑자기 주변 사람들이 모두 사라진 채로 두 사람만이 계속 상대를 뚫어지게 바라보면서 화면에 남는다. 이로써 관객은 주위배경이 아니라 두 인물 내면의 감정적 상호작용에 관심을 두게 된다 | 사진 3 |.

'낯설게 하기'가 사용된 몇 개의 경우를 제외한다면 라이트 감독이 일반적으로 사용하는 촬영 방식은 멀리 떨어져 오랫동안 길게 잡는 롱테이크 혹은 롱 트레킹 숏과 근접촬영이다. 전자는 책을 읽으며 걸어가는 엘리자베스를 따라 집으로 들어가면서 길게 잡는 영화의 시작 장면, 그리고 두 개의 주요 댄스 장면의 도입부를 촬영하는데 사용된다. 엘리자베스가 네더필드로 걸어가는 장면에서 시골 풍

사진 3

경은 익스트림 롱숏으로 촬영된다. 줌 렌즈나 손으로 잡고 이동하는 카메라를 통한 클로즈업은 인물의 눈과 표정을 포착하고 인물 내면의 감정을 전달하는데 활용된다.

자연배경이 인물의 감정 상태를 상징하기도 한다. 그 대표적인 예가 다아시에 대해 성적으로 일깨워진 엘리자베스가 펨버리의 배경이 된 채트워쓰Chatsworth의 피크 지역Peak District의 높은 절벽을 배경으로 서서 아래의 장관을 내려다보는 모습을 담은 장면이다. 여기에서 카메라는 높은 절벽과 그 아래에 펼쳐지는 가슴 뭉클한 장관을 배경으로 하여 그녀의 뒷모습을 멀리서 보여주다가 서서히 그녀를 감싸듯이 앞 쪽으로 가깝게 다가가면서 그녀의 얼굴을 클로즈업하여 감정의 출렁임을 포착해낸다. 이렇듯 자연은 그녀의 격렬한 감정적 동요를 상징하는 의미를 갖는다. 이는 엘리자베스가 겉으로 드러나는 조건이나 신분, 외양이 아닌 실제의 자연스러운 본성 즉 다아시의 꾸밈없이 솔직하고 진실한 성품을 깨닫고 그 가치를 인정하게 되는 곳이 아름답게 조화를 이룬 펨버리라는 자연 배경임이 강조된 원작이나 랭튼의 드라마와 다른 점이다. 또한 청혼 때 퍼붓는 폭우는 표면에 드러나지 않은 채 긴장 속에 잠복해 있던 엘리자베스와 다아시 내부의 성적 욕망이 갑작스럽게 격렬하게 분출되는 상징적 배경으로 적합하다고 할 수 있다. 엘리자베스가 다아시의 두 번째 청혼을 받아들이고 둘의 사랑을 확인할 때 배경을 이루는 것은 햇살이 안개를 뚫고 나오는 광경이다. 두 사람은 잠을 못 이루다가 안개 낀 새벽 산책길에서 만났던 것인데 이때 햇빛이 찬란하게 비추는 광경은 두 사람이 마침내 어려움을 극복하고 결합이라는 밝은 미래를 맞이하게 되었음을 상징한다고 할 수 있다.

로맨스 형식에 걸맞게 엘리자베스와 다아시, 제인과 빙리의 공동 결혼식이라는 동화 같은 결말로 끝나는 랭튼의 드라마에서 한 걸음 더 나아가 라이트의 영화에서는 사회 전반의 개입이 배제된 채 엘리자베스와 다아시의 열정만을 충족시키기 위한 듯한 낭만적이고 사적인 공간을 보여주면서 끝맺는다. 횃불이 밝혀진 펨버리의 정원을 배경으로 하여 결혼 후 두 사람만의 낭만적인 공간이 멜로드라마 같이 재현된다. 이 장면은 영국판을 제외한 해외판에서만 나온다. 나중 해외판에 이 장면을 첨가한 것이 아니라 이것이 애초 영화의 엔딩 장면이었는데, 영화 시사회를 본 영국인들의 요청에 의해 영국판에서는 이 장면이 삭제되었다고 한다(Camden 6). 오스틴의 소설 세계에 상대적으로 더 익숙한 영국인들은 오스틴의 소설이 지나치게 개인적인 로맨스로 해석되는 것을 받아들이기 어려웠으리라 짐작된다. 영국판의 영화는 베넷씨가 다아시에게 결혼 승낙을 한 후 지금 한가하니 키티나 메리Mary의 구혼자도 들여보내라고 코믹하게 말하는 장면으로 끝난다.

제인 오스틴의『오만과 편견』과 두 편의 각색 작품인 랭튼의 BBC 미니시리즈와 라이트의 영화를 구별하는 세 개의 주요어는 감성, 섹슈얼러티, 몸이라고 할 수 있다. 감정의 절제, 이성과 감성 간의 균형을 바람직한 것으로 생각한 원작에 비해, 랭튼의 드라마와 라이트의 영화는 여성 뿐 아니라 남성도 감정을 자연스럽게 드러내는 모습을 보여주며 관객의 감성에 호소한다. 성적인 언급을 피하던 원작과는 달리 랭튼의 드라마는 남성 다아시의 성적 욕망을, 라이트의 영화는 여기에서 더 나아가 여성 엘리자베스가 성적으로 일깨워져 욕망의 주체가 되는 과정을 보여준다. 라이트의 영화에서 엘리자베스와 다아시 상호간의 무의식적인 이끌림이나 이로 인한 성적 긴장 그리고 엘리자베스의 성적인 일깨워짐은 '몸'의 차원에서 포착된다.

두 편의 각색 작품이 원작에서 드러내기를 삼가고 있는 '섹슈얼러티'나 '몸'을 표면에 부상시키고 관객의 감성에 호소하는 로맨스로 만들어낸 것은 시대적 요구 때문이라고 할 수 있다.

랭튼의 드라마는 다아시의 고통과 '섹슈얼러티'를 직접적이고 명시적으로 다룬 점에서는 원작과 차이를 보이지만 그 밖의 경우에는 대체로 원작에 충실한 작품이라고 할 수 있다. 영국의 우아하고 아름다운 경관 뿐 아니라 과거 시대의 화려한 의상이나 우아한 내부 장식을 배경으로 시골 젠트리 계층의 풍요롭고 여유로운 생활을 보여주는 전통적인 헤리티지 영화[3]의 틀을 크게 벗어나지 않는다. 그러나 라이트의 영화는 부분적으로는 그러한 전통을 수용하지만 다른 한편으로는 파격적으로 그 전통을 거부한다. 영국의 유산을 이상화해서 묘사하기보다는 사실적이고 거칠며 가능한 한 솔직한 작품으로 만들려고 했다는[4] 라이트 감독의 의도대로 이 영화는 19세기 초반의 사회라는 문맥에서 벗어나 현대의 평범한 남녀의 소박한 로맨스로 만드는 가운데 시골 마을의 투박하고 소란스러운 일상을 있는 그대로 사실적으로 보여준다.

3) 코스튬costume 드라마라고 불리기도 한다.
4) "*Pride & Prejudice* Companion Book". Dole 4 재인용.

참고문헌

Austen, Jane. *Pride and Prejudice*. Ed. Donald J. Gray. New York: Norton, 1966.

Camden, Jen: "Sex and the Scullery: The New *Pride & Prejudice*." *Persuasions On-line* 27: 2 (2007).

Chapman, R. W. Ed. *Jane Austen's Letters to her Sister Cassandra and Others*. Oxford: Oxford UP, 1952.

Dole, Carol M.: "Jane Austen and Mud: *Pride & Prejudice* (2005), British Realism, and the Heritage Film." *Persuasions On-line* 27: 2 (2007).

Durgan, Jessica: "Framing Heritage: The Role of Cinematography in *Pride & Prejudice*." *Persuasions On-line* 27: 2 (2007).

Ellington, Elisabeth H. "A Correct Taste in Landscape: Pemberley as Fetish and Commodity." *Jane Austen in Hollywood*. Eds. Linda Troost & Sayre Greenfield. Lexington: UP of Kentucky, 2001: 90-110.

Gros, Emmeline: "Fidelity to Jane Austen's Narrator in Joe Wright's *Pride & Prejudice*." *Persuasions On-line* 27: 2 (2007).

Hopkins, Lisa. "Mr. Darcy's Body: Privileging the Female Gaze." *Jane Austen in Hollywood*. Eds. Linda Troost & Sayre Greenfield. Lexington: UP of Kentucky, 2001: 111-21.

Martin, Lydia. "Joe Wright's *Pride & Prejudice*: From Classicism to Romanticism." *Persuasions On-line* 27: 2 (2007).

Paquet-Deyris, Anne-Marie: "Staging Intimacy and Interiority in Joe Wright's *Pride & Prejudice* (2005)." *Persuasions On-line* 27: 2 (2007).

Stewart-Beer, Catherine: "Style over Substance? *Pride & Prejudice*(2005) Itself a Film for Our Time." *Persuasions On-line* 27: 2 (2007).

Pride and Prejudice. Dir. Simon Langton. BBC/A&E, 1995.

Pride & Prejudice. Dir. Joe Wright. Focus Features, 2005.

지성과 감성 *Sense & Sensibility*

지성과 감성의 조화

한애경_한국기술교육대학교

I. 들어가며

제인 오스틴Jane Austen의 『지성과 감성』*Sense & Sensibility* (1811)은 1795년과 1797년 사이에 쓰여 1811년까지 출판되지 않았지만, 오스틴의 작품 중 처음으로 출판된 작품이다. 이 소설의 제목이 암시하듯, 각기 지성과 감성을 대변하는 두 여주인공 엘리너Elinor와 마리앤Marianne은 심장보다 머리를 사용하거나 모든 감정과 느낌을 허용하는 등 서로 다른 방식으로 사랑하며 로맨스의 희망이 사라질 때도 각기 다른 방식으로 절망에 대처한다. 따라서 이 작품의 핵심 주제는 지성과 감성에 대한 오스틴의 의견개진이라 할 수 있으며, 작가는 두 여주인공을 통해 지나친 감성을 경계하면서 감성보다 지성이 더 중요하다는 사실을 역설한다. 그렇다고 해서 인간 생활에 감성이 전혀 필요 없으며 이성만이 전부이자 바람직한 가치라고 말하는 것은 아니며, 이상적인 결합 내지 성공적인 로맨스를 위해서는 감성과 지성이 적절히 조화되어야 한다고 주장한다. 즉 지성과 감성을 조화시킬 때 원작에서는 전반적으로 지성에 감성이 더해져야 함을 역설하고 있다는 것이다.

그러나 영화에서는 이런 원작의 초점이 다소 달라진다. 왜냐하면 종종 이성보다 감성이 강조되거나 감성이 오히려 더 바람직한 가치로 제시되는 듯하기 때문이다. 이 문제를 본격적으로 논의하기 전에 영화에 관한 배경 지식을 잠시 살펴보자. 이 영화는 1995년 대만의 이안 리Ang Lee 감독에 의해 영화화되었으며, 영국 캠브리지 대학 영문과 출신의 재원이자 지성파 여배우인 엠마 톰슨Emma Thompson이 각색하였다. 제작은 린지 도란Lindsay Doran, 기획은 시드니 폴랙Sydney Pollack, 편집은 팀 스퀴어즈Tim Squyres가 맡았다. 이외에 푸른 잔디에서 한가롭고 평화롭게 풀을 뜯는 양들의 모습 등 아름다운 영국 풍경을 보여주는 마이클 쿨터Michael Coulter의 촬영술, 19세기 초 영국을 상기시켜 주는 프로덕션 디자이너 루치아나 아리기Luciana Arrighi의 미술, 패트릭 도일Patrick Doyle의 아름답고 감미로운 음악을 배경으로 19세기 초 영국 상류 사회의 아름다운 전원과 저택, 의상이 재현된다. 이 영화의 최고 부분은 많은 영화에서 고전복식을 제작한 바 있는 제니 비번Jenny Beavan과 존 브라이트의 의상일 것이다. 수많은 시대물과 현대 영화에서 같이 일한 바 있는 비번과 브라이트는 화려한 세팅과 훌륭한 의상을 보여준다. 나폴레옹 집정 시대와 제1제정시대(1799-1815)의 복식은 귀족적인 로코코rococo 스타일 대신 고전적인 스타일로서, 영화에서는 프랑스의 영향을 받은 영국 섭정기(1811-20)의 멋진 의상과 세팅이 등장한다http://www.wol.hompy.com. 이안 리가 처음으로 스튜디오에서 찍은 이 할리우드(Hollywood, 컬럼비아사) 영화의 상영시간은 약 2시간 15분(136분)으로서, 1996년에 아카데미상 7개 부문(최우수 작품상, 촬영상, 여우주연상, 음악상, 의상상, 여우조연상, 각색상)에 지명되었고, 그 중에서 엠마 톰슨이 각색상을 수상하였다. 이외에도 '96년 골든 글로브 최우수 작품상, 최우수 각본상, '96년 베를린 영화제의 최우수 작품상인 골든 베어상, '96년 전미 비평가 협회 여우주연상 등을 수상했으며, '96년에는 영국 아카데미 12개 부문에 지명되기도 했다. 이외에도 뉴욕 영화 비평가들이 선정한 1995년 탑 텐top ten에 100회도 넘게 선정되었다.

이안 감독은 할리우드에서 비평과 흥행의 양면에서 성공한 아시아 감독이다. 공동으로 각본을 쓰고 감독을 맡은 중국 가정의 세대간 갈등을 신랄하게 꼬집은 코미디물인 첫 세 작품 — <추수>(1992)와 <결혼 피로연> *The Wedding Banguet* (1993), 그리고 <음식남녀> *Eat Drink Man Woman*(1994) — 에서의 감성적인 연출로 그는 이미 세계적인 명성을 얻은 바 있다. 그는 타이완 예술 아카데미에 입학했고, 1978년 미국으로 이주하여 일리노이 대학과 뉴욕 대학에서 각기 연극과 영화를 공부했으며 졸업 작품인 <파인 라인>*Fine Line*으로 최우수 영화상과 최우수 감독상을 받았다. 1983년 타이완 골든 하비스트 최우수작품상Best Narrative Award을 수상하였고, 뉴욕 대학교 재학시절 제작한 45분짜리 영화(Chazz Palminteri 주연)로 뉴욕 대학 영화제에서 감독상과 작품상을 수상했고, 타이완의 영화 각본 공모전에 시나리오 2편을 출품하여 1·2등을 차지했다. 그는 초기의 중국 영화로부터 영어권 영화에 이르기까지 다양한 장르와 시대를 넘나들며 매번 전작과 다른 영화를 만들었다. 특이하게도 그는 아시아계 대만 감독으로서 외국자본과 배우를 동원해 서양 고전, 즉 18세기 영국소설을 영화화했던 것이다(http://voice21.com). 그는 영국 『타임』*Time*지(96. 1. 29)와의 인터뷰에서 다음과 같이 말한 바 있다.

> "어머니는 저를 임신하셨을 때 두 가지 일만 하셨다고 합니다. 사탕수수를 씹고 매일 영화를 보았답니다. 그래서 전 영화밖에 모르는 사람이 되었죠. 가족과 남녀 간의 따뜻한 사랑과 갈등, 풍자와 유머가 얽힌 제인 오스틴의 이야기는 많은 부분 바로 제 얘기기도 했습니다. 19세기 영국이라는 배경만 빼면 제가 하려고 했던 데 대해 그녀(제인 오스틴)가 바로 해답이었습니다. 그녀가 바로 제 최후 대상이었죠. 제가 바라보는 삶은 조화로운 것입니다. 마치 지성과 감성의 완벽한 조화를 보는 것처럼..."

이안 감독과 톰슨의 각색은 대체로 호의적인 평가를 받았다. 이안 감독은 시간과 장소 외에 인물에도 세심한 주의를 기울였으며 진분홍과 짙은 마호가니색 등 현란한 색채와 조명으로 화려하고 아름다운 영상을 만들었다. 그는 또한 빛과 색깔을 통해 인물의 감정을 반영하는데, 예컨대 한 자매가 어려운 상황에 있거나 희망이 없을 때마다 회색 풍경을 보여준다. 그뿐 아니라 도처에 삽입된 독서하는 엘리너와 피아노를 연주하는 마리앤의 모습 덕분에 두 자매의 지성과 감성이 자연스럽게 대비된다. 이렇듯 그의 놀라운 연출력 덕분에 아름다운 의상과 풍경 자체가 작품의 분위기를 가볍게 알려준다. 제작자인 린지 도란은 "별로 유명하지도 않은 배우가 각색한 별로 유명하지도 않은 제인 오스틴 소설을 왜 영화화해야 합니까?"(Stone)라는 애초의 시큰둥한 반응을 시나리오의 서문에서 밝히고 있지만, 5년에 걸쳐 오스틴의 복잡한 플롯을 간단하게 줄인 톰슨의 각색은 그저 여배우의 외도 정도로 가볍게 볼 수 없다.

거의 모든 배역의 연기가 훌륭하다는(Hicks) 평가를 받고 있다.[1)] 우선 엠마 톰슨은 이 영화에서 지성과 분별력의 화신인 엘리너 역을 잘 소화해 내었다.[2)] 엘리너의 구애자인 에드워드 역의 휴 그랜트는 이 영화에서 그의 코믹한 바보 역할에서 벗어나 핸섬한 귀족 역할로 돌아갔다. 그의 말 더듬기와 당황한 모습, 불확실한 몸짓과 제스처가 에드워드 역에 맞는다는 칭찬(Steelman)과 뭔가 어색하다는 비판을 아울러 받고 있다. 알란 릭만은 마리앤과 결혼하는 너그럽고 신비한 인물인 브랜든 대령을 연민과 인내를 지닌 사색적 인물로 그려내었다. 오스틴은 브랜든 대령에게서 다정한 인물을 창조하였지만,

1) 특히 케이트 윈슬렛Marianne Dashwod, Kate Winslet, 엠마 톰슨Elinor Dashwood, Emma Thompson, 휴 그랜트Edward Ferras, Hugh Grant, 그레그 와이즈John Willoughby, Greg Wise, 알란 릭만Colonel Brandon, Alan Rickman의 연기가 주목할 만하다.

2) 톰슨의 주요 작품으로는 셰익스피어의 역사극 <헨리 5세>*Henry V*(1989) 외에 앤소니 홉킨스Anthony Hopkins와 공연하여 원숙한 연기력을 보여준 <하워즈 엔드>와 <남아 있는 나날들> *Remains of the Day*(1993) 등이 있으며, <하워즈 엔드>로 '93년 아카데미 여우주연상을 수상했다.

<다이 하드>에서 악당 역을 맡았던 릭만은 미국 관객에게 다정해 보이기 어렵다. 당시 무명이던 윌러비 역의 그렉 와이즈는 매력적이지만 위험한 윌러비 역을 잘 소화해 냈다. 후에 <타이태닉> *Titanic* (1997)으로 유명해진 케이트 윈슬렛Kate Winslet은 낭만과 감수성의 대명사인 마리앤 역을 열연하였다.

그런데 최근 오스틴의 여섯 편의 장편 소설이 거의 모두 영화화되었다는 사실에 각별히 주목할 수 있다. <오만과 편견> *Pride and Prejudice* (BBC TV), <설득> *Persuasion* (1995), <클루리스> *Clueless* (1995), <엠마> *Emma*, <노생거 애비> *Northanger Abbey* 등이 그것이며, <지성>[3]은 1995년 <클루리스>와 <설득>에 이어 가장 늦게 영화화되었다. 제인 오스틴 붐은 "제인 오스틴 리바이벌", "오스틴 고전들의 르네상스"(Delapp), "제인 오스틴 부활"(Hicks), "카메라 앞에서 제인 오스틴의 해"(Steelman) 등 다양하게 표현되는데, 이처럼 1995년의 영화계에서 가장 인기 있는 작가는 제인 오스틴(McAlister)이라 해도 과언이 아니다.

왜 이처럼 제인 오스틴의 작품이 모두 영화화되었는지 다소 이상과열된 오스틴 열풍을 생각해 보자. 어떤 평자는 이 영화가 시대를 초월한 재미있고 비극적이며 놀라운 로맨스라고 하며, 제작자 린지 도란은 이 영화에는 영화에 필요한 모든 요소, 즉 "훌륭한 인물들과 강력한 러브 스토리..., 놀라운 플롯의 급진전twists과 재미있는 농담, 적절한 주제와 그리고 예상치 못한 놀라운 결말" 등이 있다고 언급했다. 이런 논평은 제인 오스틴의 두 영화 <설득>과 <지성>이 성공한 이유를 일부 암시해준다. 이밖에 20·21세기의 혼란스런 세대와 비교해 볼 때 18세기의 정태적인 세계와 화려한 의상과 배경 등은

3) 이제부터 <지성과 감성>은 편의상 <지성>으로 줄여 언급하기로 한다.

안정에 대한 향수와 상류사회에 대한 동경, 그리고 훌륭한 매너와 안정된 세계에 대한 갈망을 불러일으킨다. 즉 세상을 관조하는 태도와 결코 감상에 빠지지 않는 냉철함, 그리고 엄격한 인물묘사라는 장점을 지닌 '오스틴 영화'는 선정적이며 자극적인 할리우드 영화에 질린 관객들을 순화시켜 준다는 것이다. 어떻게 보면 작지만 명료한 오스틴의 세계는 단순한 해독제 이상이라는 것이다"(my.netian.com/~chrhan/austen.htm). 이러한 여러 가지 해석에도 불구하고 실제 이유는 더 복잡해 보인다. 어쨌거나 이 영화에 21세기 관객을 끄는 그 무엇이 있다는 사실만큼은 분명하다.

이제 본격적인 논의에 들어가기에 앞서 19세기 초와 21세기에 지성과 감성이 갖는 의미를 간략하게 살펴보자. "지성과 감성"은 칸트의 "이성과 열정"Reason & Passion과도 같은 것으로, 단지 지성에 감성을 굴복시키는 게 아니라 둘을 화해시키는 것이 목표였다. 원작에서 오스틴은 열정이 이성에 의해 길들어져야 한다, 즉 마리앤의 감성이 엘리너의 지성으로 길들여져야 한다는 칸트의 입장을 취한 듯하다. 열정이 결여된 이성은 이성이 결여된 열정처럼 문제가 있다는 것이다. 또한 감성을 여성의 미덕으로 옹호한 칸트의 노력에도 불구하고, 당대에 지나치게 감성적인 여성은 경계하고 통제할 대상이었다. 간단히 말해 오스틴이 이 작품을 쓴 19세기 초기에 지나친 감성, 특히 여성의 지나친 감성은 위험한 것으로 경계되었으며, 이런 연유로 마리앤의 감성은 억제되어야 했다. 이것이 원작의 정서적 배경이지만, 영화에서는 종종 감성이 더 중요하고 바람직한 가치로 제시된다. 이 논문에서는 이러한 이성과 감성론에 입각하여 영화에서 원작과 달라진 점이 무엇인지, 또한 이렇게 달라진 이유가 무엇인지 검토해 보기로 한다.

II. 소설 『지성과 감성』 vs. 이안 리 감독의 영화 <지성과 감성>(1995년)

사진 1 <지성과 감성> 포스터

먼저 원작의 스토리를 보자. 앞부분에서는 상속 얘기가 지나칠 만큼 상세하게 묘사되지만, 이 상속이 두 자매의 운명을 결정짓기 때문에 이 앞부분은 매우 중요하다.

원작은 한마디로 지참금 없이 결혼해야 하는 두 자매의 이야기다(Hart) | 사진1 |. 구체적으로 아버지 헨리 대쉬우드Henry Dashwood를 매개로 연결된 두 가족 중 당시 남성 위주의 장자 상속법primogeniture 때문에 헨리 대쉬우드의 법적 상속자이자 첫째 부인과의 사이에서 나은 장자 존John에게 모든 놀랜드 재산Norland estate이 상속된다. 이로써 존 대쉬우드 부인Mrs. Dashwood이 "놀랜드Norland의 여주인"(4)이 되는 반면, 장자에 비해 아무 재산권이나 법적 권리가 없는 대쉬우드 부인Mrs. Henry Dashwood과 세 딸들은 4,000 파운드 외에 아무 것도 상속받지 못한다. 하루아침에 여유있는 상류 여성에서 무일푼의 "손님 처지로 전락"(4)한 대쉬우드 부인과 세 딸은 탐욕스런 존 부부에게 살던 집과 쓰던 은식기까지 다 내주고 6개월간 더부살이하던 서섹스Sussex의 놀랜드에서 멀리 떨어진 사촌인 존 미들톤 경Sir John Middleton이 사는 데본셔Devonshire의 작은 시골집인 바톤 코티지Barton

Cottage를 임대하여 약 30명의 하인에서 세 명(영화에서는 두 명)으로 살림을 줄여야 한다. 귀부인gentle women인 이들이 수입을 얻을 수 있는 일이란 가정교사 외에 당시 거의 없었기 때문이다. 존은 이런 곤경을 예측하여 임종시 계모와 세 이복누이를 잘 돌봐 달라고 신신당부한 아버지 대쉬우드에게 선뜻 자기 힘으로 "할 수 있는 모든 것을 하겠다고"[4] 약속하지만, 교활한 아내 패니Fanny의 방해로 아버지와의 약속을 이행하지 못한다. 그는 아버님이 "할 수만 있었다면 이 세상 모든 것을 그들에게 남겼을 거"(8)라는 아내의 말에 마음이 완악해져서 원래 계모와 세 이복누이들에게 3,000파운드씩 주려다 2,000파운드, 1,000, 500, 100파운드로 점점 줄이며, 결국은 아무것도 주지 않고 가끔 선물이나 주기로 결심한다. 그가 이렇게 약속을 지키지 않는 것은 그의 원래 이기심에 사회적 신분 상승욕에 불타는 "더 편협하고 더 이기적인"(3)패니의 탐욕이 결합된 결과지만, 영화에서는 주로 패니의 탐욕이 부각된다. 이 과정에서 첫째로, 돈으로 모든 것을 판단하는 세속적인 존 부부의 끝없는 탐욕과 이기심이 드러난다. 이들 부부는 어머니의 재산과 패니와의 결혼, 그리고 아버지에게 상속받은 넉넉한 재산 위에 곧 상속받을 친정어머니의 재산으로 더욱 부자가 될 것이지만, 이렇듯 끝없이 욕심을 부린다. 둘째로, 존의 구두 약속이 아무런 법적 효력을 발휘하지 못하는 사회 현실을 통해 여성에게 부당한 제도(Smith 11), 즉 남성을 통한 장자상속법의 구조적 결함이 더 근본적인 문제로 대두된다. 이런 맥락에서 1권 시작 부분에서 패니와 존 간의 유명한 장면은 장자 상속과 부동산의 상속인 한정으로 인한 여성의 불행을 드러낸다(Smith, 5). 아버지의 임

4) Austen, Jane. *Sense and Sensibility.* New York: Dover Publication, Inc, 1996. 이제부터 나오는 본문의 인용은 이 판에 의거하여 면수만 표기하기로 한다. p. 2.

종시 했던 존의 구두 약속 불이행은 도덕적 양심 외에 법적으로나 사회적으로는 아무 문제가 되지 않는다. 이런 맥락에서 그의 약속이 무가 되는 것이 그의 이기적 욕심 뿐 아니라 그 최후 약속에 아무런 법적 효과가 없기 때문이라는 지적(Cottom 118)은 타당하다. 패니는 말이나 마차, 하인 등의 재산이나 손님이 없어 돈들 일이 없는 여자 네 명의 살림에 대쉬우드가 여성들의 연 500파운드 이자수입이 전혀 부족하지 않다고 남편을 설득할 뿐더러, 그들에게 돈을 주려는 남편에게 사랑하는 어린 외아들 해리Harry에게서 "그렇게 많은 금액을 강탈"(5)할 셈이냐고 억지까지 부린다. 이 인색한 존 부부가 영화의 앞부분에서 계모와 이복누이들에게 나눠줄 몫을 마차에서 얘기하는 인색한 대화 장면은 지나가는 아름다운 시골의 풍경과 극심한 대조를 이룬다(Kauffmann).

이런 상황에서 돈 없는 혼기의 두 여성이 어떻게 적당한 신랑감을 찾는가 하는 것이 중요한 문제다. 다시 말해 이 영화의 대략적 줄거리는 지성을 대변하는 맏딸 엘리너와 감성을 대변하는 마리앤이 각기 수줍은 에드워드 페라스Edward Ferrars와 존 윌러비John Willougbby를 사랑하게 되며, 각기 청혼하려 할 때 공교롭게도 떠난 두 남성을 런던에서 만나 에드워드의 비밀약혼과 윌러비의 배신 등 그들이 처한 진실을 대면하는 우여곡절을 겪고 나서 지성과 감성을 조화시키는 법을 배우게 된다는 것이다. 당시 상황을 도식적으로 표현하자면, 여성의 일이란 남편 찾기이며 남성의 일이란 단지 유산을 상속받거나 돈 많은 여성과 결혼하는 것처럼 보인다. 톰슨은 오스틴의 사회 코미디 social comedy를 각색하면서 이 앞부분에서 19세기 남성 위주의 장자상속법이나 부동산의 상속인 한정 등 페미니즘의 문제를 가볍게 건드린다. 톰슨의 이런 페미니즘적 경향은 소설에서 거의 목소리가 없는 마가렛의 비중이 커진 데서도 찾아볼 수 있다. 가령 마가렛은 장자상속법으로 그들 모녀가 살던 놀랜드가 존에게 상속되어 존 부부가 살러온다고 하자 런던에 집이 있는데 왜 오냐고 물음으로써 상속에서 소외된 여성 문제를 제기한다. 또한 해적이 되겠다는 마가렛의 말은 매우 코믹하지만, 가정교사 외에 전혀 돈 벌 방도가 없는 당대 여성들의 상황을 매우 극단적으로 시사해준다. 그러나 톰슨은 이런 억압적인 법을 만들어낸 잔인한 당시 사회를 공격하기보다 대쉬우드가의 여성을 영국 지배계급의 무고한 희생자로 그리는데 머물고 만다(DeLapp). 이는 19세기 초 대부분의 영국 여성들이 당한 곤경과 불공평한 처사(McAlister)를 상기할 때 다소 아쉬운 점이라 하겠다.

영화에서도 원작처럼 두 자매가 각기 지성과 감성을 대변한다는 사실에는 변함이 없지만, 마리앤과 브랜든 대령의 얘기에서 감성으로의 치중이 더욱 분명하게 드러난다. 우선 마리앤의 경우를 살펴보자. 원작에서 낭만적이며 고집 센 마리앤은 여러 가지 사건을 계기로 지나친 감성에서 벗어나 지성을 갖고 17세인 마리앤에 비해 35세로 나이는 많지만 재산과 명예, 인격을 갖춘 중후한 브랜든 대령과 결혼한다. 그 여러 가지 일이란 폭풍우 속에서 다친 그녀를 구해준 윌러비—낭만적인 로맨스의 영웅이자 백마 탄 기사처럼 보이는—와 단번에 사랑에 빠지지만 그가 기대와는 달리 돈 때문에 다른 여성과 결혼하는 현실적이며 이기적인 인물임을 깨닫는 일과, 언니가 자신과 비슷한 상황에서 얼마나 훌륭하게 처신했는가, 즉 네 달간이나 자기처럼 실연의 고통을 겪으면서도 주변 사람이 전혀 눈치 채지 못하게 고통을 감춘 언니 엘리너의 인내심을 알게 되는 것, 그리고 그녀의 지나친 감성에 대한 상징적 벌이라 할 수 있는 죽을 뻔한

사진 2

병 등이 그것이다. 마리앤이 아플 때 침대에 홀로 누워있는 모습을 위에서 내려다본 카메라 앵글은 | 사진 2 | 그녀가 걸린 병의 심각성뿐 아니라 그녀의 고독과 외로움을 부각시킨다. 마리앤은 그러한 언니와의 비교를 통해 지나치게 감성에 치우쳤던 자신의 과거 행동을 각성하고 브랜든과 결혼한다.

그러나 영화에서는 종종 마리앤의 감성이 엘리너의 지성보다 더 바람직한 미덕으로 제시된다. 즉 영화에서는 마리앤의 이런 지나친 감성이 경계되기보다 연민을 자아낸다는 것이다. 가령 마리앤은 윌러비를 만나자마자 그와 급격히 가까워지는데, 이를 경계하는 언니에게 사람이 친해지는 데는 시간이 문제가 아니라고 하면서 오히려 반박한다. 그 뿐 아니라 감성적인 어머니까지 가세하여 윌러비에 대해 꺼림직해하는 엘리너에게 너무 신중하다고 야단을 친다. 19세기 여성의 행동지침서conduct-book나 당시 범람하던 로맨스 소설 및 감상소설 남독의 폐해를 모른다면, 엘리너보다 마리앤과 어머니의 태도가 더 설득력 있게 보일 수도 있다. 또한 셰익스피어의 소넷을 낭송하면서 마리앤이 에드워드에 대한 언니의 미적지근한 태도를 비난하고 사랑은 불타는 것이라 선언하는 마리앤의 열정적인 태도가 현대 관객에게는 더 마음에 든다. 또한 마리앤이 셰익스피어의 책을 밋밋하게 읽는 에드워드에게 열정이 부족하다고 안타까워하면서 다시 열정적으로 읽을 때도, 마리앤이 자연스럽고 정상이며 에드워드가 뭔가 모자라는 인물처럼 보인다. 마리앤과 윌러비가 열정적으로 셰익스피어 소넷을 함께 읽는 장면이 에드워드의 낭송 장면보다 훨씬 더 멋져 보이는 것도 열정적인 윌러비에게 반한 마리앤에게 동조하는 앵글로 처리된다. 원작에서 마리앤의 지나친 감성이 치유되는 가장 중요한 계기인 마리앤이 병에 걸리는 과정도 지나친 감성 때문에 받는 벌이라기보다 주로 윌러비에 대한 실연의 상심에서 비롯된 것으로 제시된다.

영화에서는 브랜든 대령 역시 원작보다 훨씬 감성적인 인물로 표현된다. 소설에서는 브랜든 대령이 변화해서라기보다 지성을 갖추게 된 마리앤 덕분에 두 사람이 결합되는 반면, 영화에서는 별로 변하지 않은 마리앤에 비해 더 적극적이며 감성적인 연인으로 변한 브랜든 대령 덕분에 그들이 결합하는 것처럼 보인다. 일라이저와의 과거 때문에 "조용하고 우울"(22)하며 활기도 없는 "노총각"(22)인 브랜든 대령이 여러 사람과 저녁식사한 뒤 마리앤의 연주를 주의깊게 듣긴 하지만 "황홀경에 빠지지 않고"(23) 덤덤한 반응을 보이는 원작과는 달리, 영화에서는 미들톤 경의 집에서 마리앤의 피아노 연주를 듣고 첫눈에 반하는 것으로 그의 감성적 면이 강조되며, 이러한 사랑은 그의 눈빛을 지켜본 엘리너에 의해 확인된다. 뿐만 아니라 브랜든의 구애장면은 윌러비와 의도적으로 대조된다. 일례로 마리앤이 다리를 다쳐 눕게 되자 차례로 병문안을 오는 두 남성이 들고 온 꽃다발은 매우 상징적이다. 이 점에 관한 닉슨Nixon의 지적을 보자. 먼저 온 브랜든 대령이 가져온 꽃은 재빨리 엘리너에게 넘겨져 멀리 보이지 않는 꽃병에 놓이는 반면, 윌러비가 가져온 꽃은 그녀가 계속 바라볼 수 있도록 바로 옆 선반에 놓인다. 물론 마리앤은 브랜든 대령이 가져온 온실의 꽃보다 윌러비의 들꽃을 좋아하며, 윌러비가 꽃을 건네줄 때 온실 꽃이 아님에 감탄하면서 평소 야생화를 좋아했다고 외친다. 이처럼 윌러비의 애정은 그가 가져온 들꽃처럼 자연스럽고 개방적이며 야생적인 매력이 있어 보이는 반면, 브랜든 대령의 애정은 마치 숨막히는 온실에서 자란 꽃처럼 부자연스러워 보인다(Nixon 40). 따라서 브랜든 대령이 어울리지 않게도 윌러비와 같이 정열적이며 낭만적인 연인의 역할을 해야 하며 윌러비와 비슷한 인물이 되도록 강요된다는 지적(Nixon 40)은 이런 맥락에서 타당하다. 톰슨이 만들어낸 이 재미있는 꽃다발 장면은 감성적이며 열정적인 윌러비를 더 멋진 인물로 보이게 만들어 그에게 호감을 갖는 마리앤의 태도를 당연한 것으로 정당화한다.

이와 유사하게 시작 부분에서 윌러비가 발목을 다친 마리앤을 안고 들어오듯 브랜든 대령은 나중에 폭우 속에서 비에 젖은 마리앤을 안고 들어오는데, 이 두 장면은 의도적인 대조를 염두에 두고 그려진 것이다. 구체적으로 원작에서 마리앤이 걸린 "극심한 감기"(209)는 해질 녘 무분별하게 산책한 결과이다. 영화에서 팔머Palmer의 집에 도착한 마리앤은 산책하고 싶다는 욕망에 사로잡혀 소설에서는 지리적으로 멀어 볼 수 없는 윌러비의 집인 콤베 마그나Combe Magna를 내려다보는 언덕에 올라가 셰익스피어의 소넷 116번을 암송한 뒤 애처롭게 윌러비의 이름을 부르다가 비를 맞는다. 마리앤을 찾아 나선 브랜든 대령이 비에 흠뻑 젖은 그녀를 찾아 팔에 안고 돌아올 때, 감정을 억제하는 침착한 노구의 브랜든 대령은 젊고 활발한 감상적인 윌러비의 로맨스 주인공 역할을 대신 하는 것이다.

사진 3

이렇게 브랜든 대령이 열정적인 윌러비 역할을 하게 된다는 사실은 영화의 뒷부분에서 브랜든 대령이 마리앤에게 시를 읽어주는 장면, 즉 듀엣처럼 셰익스피어의 소넷을 함께 암송했던 윌러비와 마리앤의 첫 만남을 의도적으로 대조시키는 장면에서 더욱 분명하다. 영화 끝에서 브랜든은 병에서 회복 중인 마리앤에게 『페어리 퀸』*The Faerie Queene* 5권 중 "잃을 게 아무 것도 없다, 그러나 그렇기 때문에, 찾는다면, 찾을 수도 있을 것이다(For there is nothing lost, but, may be found, if sought.)"라고 읽어준다. 그의 낭송은 윌러비만큼 열정적이지는 않지만 에드워드의 낭송보다는 나아 보인다. 영화에서 카메라를 등진 브랜든이 윌러비인지 브랜든인지 알 수 없는 관객은 일단 윌러비와 브랜든을 동일시하게 된다 | 사진 3 |.

마리앤이 내일 다시 와서 책을 읽어줄 것인지, 오래 떠나있지는 않을 것인지 재차 물어보는 장면에서 연상의 노총각에게 전혀 관심 없던 이전과 다른 마리앤의 친밀감이 암시된다. 이런 일련의 장면들에서 우울하고 활기 없는 브랜든 대령이 점점 더 윌러비처럼 열정적인 로맨스의 주인공으로 변화되어(Nixon 40-41) 마리앤을 얻게 된다는 사실이 확인된다. 관점을 바꿔 말하자면, 마리앤은 윌러비에게서 잃어버린 낭만적 영웅을 브랜든에게서 다시 발견한다는 것이다.

이제 엘리너가 영화에서 어떻게 그려졌는지 살펴보자. 그녀는 집안

사진 4

의 금전적·사회적 위기 상황에서 온 가족의 생활을 책임지는 가족의 구심점이자 작가의 대변인으로서, 감성적인 마리앤과 어머니에 반해 집안의 균형을 잡아주는 지성적 인물이다. 가령 윌러비가 갑자기 떠난 뒤 마리앤과 엄마가 각기 자기 방에 들어간 뒤 엘리너가 계단에 앉아 차를 마시는 장면을 위에서 잡은 앵글은 | 사진 4 | 마리앤과 자신의 곤경에 대해 홀로 고민하는 그녀의 외로움을 부각시킨다.

그러나 영화에서는 엘리너의 경우에도 감성이 다소 부각된다. 우선 원작에서 에드워드가 패니의 종용으로 런던으로 떠난 뒤 상심한 엘리너는 런던에서 5년 전 에드워드와 스틸 양이 비밀 약혼에 더욱 절망하지만, 스틸 양과의 약속 때문에 어머니와 마리앤에게 내색하지 않고 끝까지 혼자 고통을 감수한다. 한편 영화에서는 에드워드의 비밀 약혼을 전혀 몰랐던 마리앤이 어쩌면 그렇게 감쪽같이 숨겼느냐고 비난할 때, 엘리너는 마리앤에게 자신의 심장에 대해 뭘 아느냐고 벌컥 화를 내는 등 감정을 폭발시킨다. 이는 원작과는 달리 엘리너의 감성적인 면을 보여주는 예이다. 가장 대표적인 예는 영화의 마지막 부분에서 스틸 양과 헤어진 에드워드가 그녀에게 청혼할 때 너무 기뻐 감정을 감추지 못하고 그의 앞에서 울음을 터뜨리는 장면이다. 원작에서는 이 장면이 "엘리너가 방을 뛰쳐나가 문이 닫히자마자 기쁨의 눈물을 터뜨리는"(246) 것으로 묘사된다. 그러나 황급히 방을 뛰쳐나가 우는 원작과는 달리, 영화에서는 어머니와 마리앤이 자리를 비켜주며 엘리너는 그의 앞에서 "기쁨의 눈물"(372)을 흘린다. 엘리너의 냉정한 지성이 무너지며 동시에 그녀의 억제된 감성이 좀 더 자연스럽게 드러나는 이 순간은 상당히 의미 있는 변화로 보인다. 그러나 21세기 관객은 이런 엘리너의 반응을 불쾌하다거나 작품에 치명적인 흠으로 보기보다, 차가운 엘리너에게 감추어졌던 따뜻한 인간미의 발현으로 환영하는 반응을 보인다.

이런 검토과정에서 원작과는 달리 영화에서는 감성이 지성보다 위에 있다는 결론을 내리지 않을 수 없다. 오스틴 자신이 당대 사회에서 보았던 논쟁, 즉 사적인 것과 공적인 것, 개인적인 것과 사회적인 것, 물질적인 것과 정신적인 것, 표현과 억제 사이의 논쟁은 오늘날 감정적인 것이 우세하며 오스틴이 반대한 전자의 자질(개인적·물질적·감정적·감상적·표현)이 영화에서 후자와 구별이 없어진다는 닉슨의 지적은(Nixon 42) 매우 타당해 보인다.

III. 나오며

앞에서 본 바와 같이 영화에서는 지성보다 감성의 비중이 커져 감성이 이성에 지배된다기보다 감성의 자연스런 표현에 초점이 맞춰졌다. 이것은 결정적인 결함이 될 수도 있다. 그러나 이성과 감성의 결합을 중시하며 이성에 감성을 결합해야 한다는 기본 입장을 지켰기 때문에, 이런 변화가 큰 흠이 되지는 않는다. 다시 말해 큰 테두리 안에서 감성의 비중이 다소 커졌을 뿐 지성이 필요 없다거나 감성이 더 중요하다는 등 전체 노선을 바꾸지는 않았다는 것이다. 예컨대 마리앤의 감성이 다소 지나쳐 보이고 가끔 "지성" 때문에 억압된 태도를 보이던 엘리너가 작품 후반부에서 감성적 면모를 어느 정도 보이며 브랜든 대령이 윌러비처럼 감성적 인물이 되었지만, 이런 변화는 다소 지루할 수도 있는 원작을 극적으로 만들려는 노력의 일환일 따름이다. 그러므로 영화는 대체로 오스틴이 중시하던 지성과 감성의 문제를 감성을 보다 강조하는 쪽으로 현대 관객의 취향에 맞춰 조금 바뀌었다고 할 수 있다.

왜 이런 차이가 생기게 되었을까? 다시 말해 지성과 감성의 비중이 이렇게 바뀐 이유가 무엇일까? 가장 큰 요인은 사회적 배경의 변화, 즉 시대에 따른 취향의 변화를 생각해 볼 수 있다. 물론 톰슨의 각색은 현대인의 정서와 취향에 맞아 떨어져 더 많은 관객을 유치하게 되었다. 이 영화가 상영된 1996년, 즉 20세기 말과 21세기 초에 지성과 감성은 19세기와는 다른 의미를 갖게 되었다. 크게 보아 17세기 '이성의 시대'와 18세기 '감성의 시대', 그리고 19세기 '상상력'을 중시한 낭만주의 시대를 거쳐, 20·21세기는 지나친 감성에 대한 반작용으로 과학과 합리주의를 신봉하는 이성의 시대이며 아직도 감성보다 이성을 선호하는 경향이 있다. 그러나 이처럼 지성 일변도로 달린 결과, 한편으로는 최첨단 컴퓨터와 디지털, 사이버 보그 등 과학문명 시대에 오히려 인간들은 순수하고 감성적인 것에 향수와 동경을 느끼게 되었다. 즉 지나친 지성의 폐해를 경험하고 지성에 염증이 난 나머지 IQ보다 EQ, 착실함보다 창의성, 즉 지성보다 감성을 선호하는 시대가 될 거라는 예언대로, 이미 사회의 일부에서는 이런 예언이 실현되었다. 이런 사회·문화적 배경에서 이성을 강조하는 원작대로 재현되었다면, 원작에는 충실한 고전 영화가 되었겠지만 현대 관객에게 많은 공감을 이끌어내지는 못 했을 것이다. 이런 전반적인 정서가 톰슨의 각색 배경이다. 따라서 톰슨의 아카데미 각색상 수상은 이런 각색이 현대인의 정서에 더 맞는다는 사실을 입증한 셈이다.

이 시대적 변화 외에 이 영화가 성공한 이유는 무엇일까? 첫째로, 톰슨이 이 영화를 각색하면서 희극적 재능을 발휘하여 로맨틱 코미디로 만들어 크게 성공했다는 점을 생각해 볼 수 있다(Williamson). 다시 말해 코미디에 재능이 있는 톰슨의 각색이 현대 관객을 끌어들이는 흡인력으로 작용했다는 것이다. 종종 인물들의 심리적 깊이와 폭넓은 사회와의 연관성 등 여러 가지 점에서 부족하지만, 오스틴에게 문학적 명성을 얻게 해준 것은 순진하고 세상 물정 모르는 여주인공들이 아니라 바로 화자다. 독자에게 인물들의 장단점을 일러주며 때로 아이러니컬한 통찰력으로 웃음을 주는 위트와 지혜를 겸비한 원숙한 화자(오스틴 자신) 때문에 오스틴의 작품은 높이 평가받고 있다. 그런데 오스틴의 작품에서 이처럼 중요한 역할을 하는 화자가 이 영화에서는 빠졌지만, 톰슨은 어리석은 실수와 오해에 의존하게 하는 등 <몬티 피손 촌극> *Monty Python skits*처럼 웃기는 코미디로 각색하여 이 화자의 생략을 보상했다(Stone). 흔히 결말에서 다른 인물로 밝혀져 웃음을 주는 셰익스피어 희극의 사람 잘못 보기mistaken identity처럼, 톰슨의 각색에서는 엘리너와 그녀의 가족이 모두 에드워드가 루시 스틸 양과 결혼한 것으로 굳게 믿을 때, 스틸 양이 에드워드 대신 남동생인 로버트와 결혼한 것으로 밝혀지는 놀라운 결말surprise ending을 보여준다. 아울러 종종 심술궂은 화자는 로버트와 결혼한 루시를 묘사할 때, "루시의 모든 행동은... 자기 이익을 위해

쉬지 않고 관심을 기울이면, ... 시간과 양심만 빼고 별로 희생하지 않고 재산상의 이익을 모두 얻을 수 있음을 입증"(258)한다고 묘사한다. 이런 묘사는 신분상승을 위해서라면 무엇이든 불사하는 루시의 비열함과 교활함을 암시하면서 동시에 비아냥거리는 것이다. 영화는 가끔 파스farce가 되기도 한다. 가령 이기적인 목적으로 서로 이용하던 루시가 패니의 남동생 에드워드와의 비밀 약혼을 패니에게 털어놓자 화난 패니가 루시의 코를 비트는 장면은 원작에는 없지만 거의 코미디와 같은 소동을 연출한다.

둘째로, 36세의 엠마 톰슨이 외모나 과거 경력, 그 무엇으로도 할 수 없는 아름답고 현명한 19세 소녀인 엘리너 역을 성공적으로 해낼 수 있었던 것은 개성은 있지만 매우 여윈 그녀가 "섬세한 안색과 균형 잡힌 몸매, 그리고 매우 아름다운 모습"을 실감나게 표현했기 때문이 아니라, 앞에서 언급한 화자의 역할을 일부 해냈기 때문이다. 엘리너는 가끔 오스틴처럼 신랄하고 철학적 어조로 말하는 객관적인 화자 역할을 함으로써 영화에서 치명적인 약점이 될 수도 있었을 화자의 생략을 보상해준다. 몇몇 장면에서 언니라기보다 엄마처럼 보이는 톰슨의 외모상의 약점은 엘리너가 소설의 제 3인칭 목소리 역할을 함으로써 감추어진다는 것이다. 아울러 나이 많은 톰슨에 맞추어 다른 인물들의 나이도 바뀌어 각기 19세, 17세, 13세인 대쉬우드 자매의 나이가 엘리너는 혼기 놓친 노처녀로, 마가렛은 19세로 바뀌었으며, 채 형성되지 못한 성격에 걸맞게 옥스포드 대학생이었던 에드워드와 40세의 대쉬우드 부인은 더 나이가 많게 설정되었다. 이런 연유로 실제로 19세로서 17세의 마리앤역을 맡은 케이트 윈슬렛보다 훨씬 나이 많은 톰슨이 엘리너 역을 하면서 소설의 제목처럼 지성과 감성을 동등하게 나타내는 두 자매의 균형이 영화에서는 다소 깨졌지만, 나이 많은 톰슨이 항상 믿음직한 연장자처럼 행동함으로써 자매의 균형을 유지하려 애쓴다.

셋째로, 이 영화에서 원작의 미묘함, 즉 오스틴 특유의 작고 섬세함은 많이 사라졌지만, 영화가 원작보다 더 극적으로 만들어졌다는 점을 고려할 수 있다. 이는 각 장르의 특성상 더 섬세할 수 있는 소설과 더 극적인 영화의 특성을 잘 살렸다는 뜻이다. 일례로 "영화가 변화무쌍하면서도 그 자체로 신선한 생명력을 지닌 영상과 음향의 흐름, 영상과 음향과 움직임의 유연한 혼합을 통해 일정한 시간 동안 간단없이 움직이는 그림"(조셉 보그스 103)이라는 정의를 상기할 때, 엘리너와 에드워드가 승마를 하면서 할 일 없는 게 얼마나 괴롭고 무료한 줄 아느냐고 대화를 나누는 장면은 | 사진 5 | 상류 유한 여성의 무료하고 무능한 일상과 관련하여 페미니즘에서 중요한 발언인데, 승마라는 동적 장면을 활용하여 원작의 단조로운 대사에 생기를 불어넣은 대표적인 예라 할 것이다.

또한 윌러비의 배신 이후 윌러비의 변명을 삭제하고 곧장 마리앤의 병으로 옮겨지며, 다른 주제를 대폭 가지치고 두 자매의 로맨스에 집중하여 얘기가 더 짜임새 있게 되었을 뿐 아니라 에드워드와

사진 5

브랜든이 처음부터 엘리너와 마리앤의 배우자감으로 등장하여 두 쌍의 사랑 애기가 몇몇 에피소드를 통해 거의 완벽히 재현되었다. 이밖에 윌러비에게 버림받은 뒤 심한 인사불성 상태가 된 동생을 밤새 간호하던 엘리너가 동생의 손에 키스하며 죽지 말라고 애원하는 장면은 톰슨의 각본에 새로 들어간 것으로, 그들의 자매애를 잘 전달해 준다.

거듭 강조하지만 극적인 효과를 위해 등장인물의 성격은 간결하게 압축되고, 등장인물들의 행동이나 성격도 더 분명해졌다. 예컨대 마리앤의 행동은 원작보다 훨씬 무례하게 재현되었다. 특히 남성 인물들이 더욱 극적인 인물로 변화되었다. 원작에서 에드워드가 군인이나 정치가 등 상류 사교계의 유명 인사가 되길 바라는 야심만만한 어머니와 누나의 기대와 달리, 그의 소망은 간섭받지 않고 "편안한 가정생활과 조용한 개인생활"(10)이 전부라면서 조그만 시골 교구 목사나 되길 바라는 우유부단한 인물이다. 톰슨은 이런 에드워드를 말괄량이 셋째 딸 마가렛에게 지도를 보내주고 놀아주는 등 원작에 없는 에피소드를 삽입하여 욕심 많고 이기적인 그의 가족, 특히 고약한 패니와는 달리 남을 배려하는 마음씨 따뜻한 인물로 만들었다. 브랜든 대령 역시 더 적극적으로 구애하는 인물이 되었음은 앞에서 살펴본 바와 같다. 영화에서 이 남성들의 적극적인 감정 표현이 오스틴의 조심스런 구애 애기를 바꾸어 주인공이 더 이상 사회적 제약의 대변자가 아니라 감정적 표현의 화신이 된다는 지적(Nixon 39-42, 41)은 이런 맥락에서 중요한 지적이다. 또한 경제적인 인물 이용으로 이런 극적인 진행이 가능해졌다. 미들턴 경의 부인과 팔머 부부Mr. and Mrs. Palmer를 과감히 없애고 패니와 루시는 각기 어머니인 페라스 부인과 원래 두 명인 스틸 자매 역을 한다. 이밖에 '산문의 셰익스피어'나 '언어의 연금술사'라 불리는 오스틴의 문학적 재능이 톰슨의 현대적 감수성에 합해져 중요한 대사는 거의 대부분 영화 대사 속에 녹아 들어가 오스틴 원작의 묘미를 맛보게 해준다.

한 가지 아쉬운 점은 원작에서 상당한 비중을 갖고 등장하는 일라이저의 얘기가 영화에서는 브랜든 대령의 과거와 관련하여 간단히 처리된다는 점이다. 이러한 축소는 브랜든 대령이 왜 이렇게 우울한 인물이 되었는지, 또한 일라이저와의 과거가 작품의 배경 설정과 관련하여 원작에서 차지하는 커다란 비중과 역할을 고려할 때 매우 치명적인 손상으로 보인다. 또한 일라이저 얘기에서 페미니즘과 탈식민 담론과 관련하여 논의할 것이 많겠지만, 지성과 감성을 축으로 두 자매의 로맨스를 그린 이 영화에서 일라이저 얘기까지 심도있게 다루기는 무리였을 것이다.

이런 검토과정에서 고전 소설을 바탕으로 제작한 영화의 판단 기준이 원작이 좋은 영화로 만들어졌는가, 각색이 원작에 충실한가, 원작의 정신을 보존하고 있는가라는 점이라 볼 때, 이 영화는 원작의 정신을 보존하고 있다는 점에서 대체로 훌륭한 성공작이라 평가할 수 있을 것이다.

참고문헌

DeLapp. Bill. Syracuse New Times - http://newtimes.rway.com/films/sensible.htm

Hart, John. Film.com - http://www.film.com/film-review/ 1995/9391/109/default-review.html

Hicks, Chris. Deseret News - http://www.desnews.com/movies/view/1,1257, 1619,00.html

Kauftmann, Stanley. The New Republic - http://www.thenewrepublic.com/magazines/tnr/archive/1996/01/010896/kauffmann010896.html

McAlister, Linda Lopez. "The Women's Show", WMNF-FM(88.5), Tampa, FL. December.16, 1995-http://www.inform.umd.edu/EdRes/Topic/ Womens Studies/FilmReviews/sense+sensibility-mcalister

Steelman, Ben .Wilmington Morning Star - http://starnews.wilmington.net/reviews/s/sense.html

Stone, Alan A. Boston Review.- http://bostonreview.mit.edu/BR21.1/stone.html

Williamson, Kim. Boxoffice Magazine Review- http://www.boxoff.com/cgi/getreview.pl?where=Name&filename=All&terms=SENSE+AND+SENSIBILITY

영화정보제공 "필름스" - http ://www.film.co.kr/home/index.htm.

http://my.netian.com/~chrhan/austen.htm

http://w01.hompy.com/come2me/sense0.html-

http://www.wol.hompy.com

루이스 자네티, 김진해 옮김. 『영화의 이해 :이론과 실제』. 서울: 현암사, 1996.

보그스 조셉, 이용관 역. 『영화분석론: 영화보기와 영화 읽기』. 서울: 제 3문화사, 1995.

요아힘 패히, 임정택 옮김.『영화와 문학에 대하여』. 서울: 민음사, 1997.

Cartmell, Deborah & Whelehan, Imelda eds. *Adaptations: From Text to Screen, screen to text*. London and New York: Routledge, 1999.

Cottom, Daniel. *The Civilized Imagination: A Study of Ann Radcliffe, Jane Austen, & Sir Walter Scott*. Cambridge, New York, Melbourne: Cambridge U. P., 1985.

Nixon, Cheryl L. "Balancing the Courtship Hero: Masculine Emotional Display in Film Adaptations of Austen's Novels." Troost, Linda & Greenfield, Sayre. eds. *Jane Austen in Hollywood*. The U. P. of Kentucky, 1998.

제인 에어 *Jane Eyre*
사랑을 넘어 가족을 향한 여정*

김순원_경원대학교

* 본 글은 2009년 12월 31일 발간된 『근대영미소설』 16권 3호에 게재된 「영상에 의한 문학의 보수화 : TV연속물 <제인에어>의 경우」라는 제목의 필자의 글을 원용하여 재구성하여 쓴 글이다.

I. 들어가며

자네티Louis Giannetti는 한 예술 작품이 한 가지 형식에서 예술적인 표현의 정점에 다다랐다면 그것을 다른 형식으로 바꾸었을 때는 원작에 못 미치는 것이 될 수밖에 없다는 한 평자의 주장을 들면서, 문학작품이 좋은 것일수록 이를 영화로 각색하기는 더욱 어렵다고 말한 바 있다(399). 그럼에도 불구하고 이미 고전의 반열에 들고 시간과 장소를 초월하여 수많은 독자가 애독하는 문학작품은 심심치 않게 영상물로 각색되고 있다. 이는 가장 단순화시켜 말하면 그 플롯이 이미 널리 알려진 것이라 일반 대중에게 친숙하다는 이점이 있고 또한 검증된 탄탄한 구성이나 감동적인 스토리가 일정 관객을 확보할 수 있다는 믿음이 있어서이기 때문일 것이다. 조금 더 깊게 들어가 보면, 20세기 마지막 10년과 21세기 초를 전후하여 눈에 띄게 급증한 고전문학의 영화화에 대하여 코리건Timothy Corrigan은 그 원인을 다음과 같이 진단한다. 70년대 이래 주류영화조차도 전통적인 플롯과 인물(성격)을 최소화하여 심리적 깊이가 없는 표면 이미지로만 구성된 인물을 등장시켜 종종 아무 동기도 없는 행동을 하게 함으로써 역동적인 퍼포먼스를 창출하는 데에만 주력하는 경향이 있었던 반면, 1980~90년대에는 이에 대한 반작용으로서 고전문학을 개작하여 영화화함으로써 복합적이며 일관성 있는 인물들과 고전적인 서사 논리를 제시하려는 경향이 대두되었다는 것이다. 플롯과 인물을 당대사회로부터 떼어내 과거에 놓는 이러한 경향은 일관성, 로맨스, 모험, 어느 정도의 심리적·사회적 질서가 있는 과거 세계에 대한 향수를 반영한다(72-3). 다시 말하면, 고전문학을 기반으로 만들어진 영화는 무한한 시뮬라크르의 홍수 속에 표류한 현대인이 신과 사랑,

중심과 질서, 그리고 의미와 목적을 추구하는 여러 징후들 중의 하나다.

그러나 전통과 의미로 회귀하는 이와 같은 경향이 반드시 과거 그대로의 전통과 의미를 답습하는 것만은 아닐 것이다. 과거의 문학작품이 현대의 영화로 각색되어 재탄생될 때 새롭게 거듭나는 것은 비단 문자를 대체한 영상이라는 매체만이 아니라 감독에 의해 재해석된 가치와 의미의 영역이다. 다르게 말하면, 고전문학작품에서 은밀하게 의심된 가치는 오히려 물적 조건이 다른 현대의 영상 각색물에서 유보 없이 추구되기도 한다. 샬롯 브론테Charlotte Brontë가 일반 독자에게 널리 알려져 있는 『제인 에어』*Jane Eyre*(1847)를 통해 유통시킨 가치와 의미는 20세기 후반 이 소설을 각색한 여러 감독들에 의해 각각 다르게 굴절된다.

현대의 영화감독이 19세기 중엽에 쓰인 『제인 에어』에서 포착한 가치와 의미는 무엇일까? 감독이 소설 『제인 에어』에서 읽어낸 가장 의미심장한 이야기의 핵심은 무엇인가? 신분과 연령 등과 같은 사회적 조건과 통념을 뛰어넘은 남녀 주인공의 낭만적 사랑 이야기인가? 말쑥하고 그럴듯한 외양 속 깊이 감추어져 있는 이성적으로 도저히 설명되지 않는 인간의 어둡고 사악한 본성의 발견인가? 여성에게 이성, 성적 본능, 재산과 같은 권리를 허락하지 않는 적대적인 환경에서 한 여성이 독립을 쟁취해 나가는 성장 이야기인가? 또는 단순히 가족을 박탈당했던 한 사람이 자신의 가족을 형성하는 가족 이야기인가?

이 글은 소설을 TV 연속물TV-miniseries로 각색한 세 개의 다른 버전의 비교를 통해 브론테의 원작이 어떻게 변화하여 왔는지, 특히 원작을 가장 탄력적으로 각색한 2006년 버전의 경우 원작에서 양가적으로 접근된 '가족'의 가치가 어떻게 새롭게 재해석 되는지를 중점적으로 살펴볼 것이다.

II. 소설『제인 에어』

이름이 조금씩 다를 수 있지만 "여성과 영문학"이라는 과목은 대개의 대학 영어영문학과 커리큘럼 중에서 쉽게 발견되는 과목이다. 또한 "여성과 영문학"의 강의 계획서에 주 단골손님으로 등장하는 텍스트가『제인 에어』이다.[1] 영문과 강의실에서『제인 에어』가 제기하는 중요한 논의거리들로는 1) (교과서적인 여성주의 담론의 텍스트로서) 가부장제 사회에서의 여성의 자유와 권리 복원, 낭만적 사랑과 결혼의 의미, 여성의 성, 여성과 직업, 여성적 글쓰기, 2) (빅토리아조 대영제국의 식민주의 담론의 텍스트로서) 본국(영국)과 식민지(서인도제도의 자메이카)의 관계, 크레올인 버싸 메이슨Bertha Mason의 비밀, 영국 국가주의, 기독교의 기능 등이 있다.『제인 에어』에 대한 비판적 읽기를 훈련받은 학생이라면, 이 소설을 단지 로체스터Rochester 개인과 제인 개인의 열렬한 사랑이야기로만 읽지는 않을 것이다. 그는 "가난하고 비천하며, 작고 못생긴"(poor and obscure, and small and plain, 224)[2], 즉 전형적인 소설의 여주인공이라고 하기엔

1) 오정화 교수는 다른 어떤 텍스트보다도『제인 에어』가 풍부한 여성주의적 함의를 가지고 있어서 수업 시간에 그 의의들을 분석하는 것을 통해 다양한 여성문제를 논의할 수 있을 뿐 아니라, 많은 여성주의 비평들이『제인 에어』를 핵심 텍스트로 하여 발전해 왔으므로 여성주의 비평의 논점들도 자연스럽게 배울 수 있는 텍스트라고 말한다 (158).

2) 원 소설은 Richard J. Dunn이 편집한 Norton Critical Edition을 이용하였으며, 앞으로 본문의 직접 인용은 괄호 안에 페이지 수만 기입하기로 한다.

사뭇 다른 제인이 어떻게 가부장 사회의 전범인 게이츠헤드Gateshead와 여학생들을 가부장 사회에서 요구되는 여성상으로 거듭나도록 교육시키는 기독교 자선학교 로우드Lowood Institution에서 양육되고 교육받았는지, 그리고 왜 결혼하지 않은 중산층 여성으로서 가정교사라는 직업을 택할 수밖에 없는지, 쏜필드Thornfield에서 로체스터에게 강한 사랑을 느끼면서도 여성을 독립적인 존재라기보다 남성의 소유물로 간주하며 자신을 돈과 권위로 매몰시키려는 로체스터를 어떻게 벗어나는지, 또 무어하우스Moor House에서 기독교에 귀의하여 신이 부여한 운명에 모든 것을 맡기고 싶은 유혹을 받으면서도 기독교 신Father의 권위를 내세워 인간 본연의 감정을 억압하고 선교의 노동에 자신을 복무시키려는 또 다른 가부장 센 존 리버스St. John Rivers로부터 어떻게 벗어나는지, 그리고 마침내 경제적으로나 신체적으로 위축된 로체스터와 어떻게 평등한 결혼을 이룩하는지를 눈여겨 볼 것이다. 조금 더 세련된 독자라면, 일인칭 고백의 시점에서 서술되는 소설의 구성에 착안하여 결혼 후 10년 만에 다시 펜을 든—당시 여성이 글쓰기를 통하여 대담하게 자신을 대중 앞에 드러내는 행위는 대단히 여성적이지 못한 일로 간주되었다—로체스터 부인Mrs. Rochester이 "나는 말로 형언할 수 없을 정도로 최고로 축복받았다고 생각한다. 그가 완전히 나의 삶인 것처럼 나도 완전히 그의 삶이기 때문이다"(I hold myself supremely blest—blest beyond what language can express; because I am my husband's life as fully as he is mine, 396)라고 진술할 때 진정 한 치의 거짓도 없이 행복한 것인지, 진정 남편과 "완벽한 조화"(perfect concord, 397)의 삶을 살고 있는 것인지, 나아가 작가는 정말 결혼을 모든 여성들의 삶의 완성으로 보고 있는 것인지 의심해 볼 것이며, 소설을 읽을 때 겉으로 드러난 텍스트 뿐 아니라 해석되기를 기다리며 감춰져 있는 서브텍스트도 읽어야 함을 알게 될 것이다. 한편 이제는 더 이상 새로운 이야기도 아니지만, 비평적인 독자라면 다락방에 갇혀 있는 로체스터의 전 부인 버싸 메이슨을 주목할 것이다. 예컨대 그녀가 제인의 성장과 어떤 관계가 있는지, 즉, 제인의 분신으로서 가부장사회에 대한 제인의 용광로처럼 타오르는 숨은 분노를 표출하는 존재[3]인지, 또는/그래서 백인 여성인 제인의 독립 쟁취를 위해 희생되어야 하는 어두운 피부를 지닌 여성[4]인지 주목할 것이고, 나아가 그녀가 본국의 신사들이 버젓한 신사의 삶을 살 수 있게 해주는 부의 원천이지만 그 부를 빼앗긴 채 비인간적인 처지에 내몰려있는 식민지인을 대표한다는 것을 간파할 것이다. 그는 또한 이와 관련하여 제인이/작가가 당시 영국의 적대국이었던 프랑스 및 독일과 이탈리아와 같은 경쟁 제국들에 대해 어떤 영국우월주의를 드러내는지 등도 읽어낼 것이다.

III. BBC 제작 TV 미니시리즈 <제인 에어>

헤이틀리Erica Hateley에 의하면, 『제인 에어』는 1847년 첫 출판 이래 절판된 적이 없이 꾸준히 잘 팔리며 적어도 29개 영화의 원천이

3) 이와 같은 관점을 보려면 길버트Sandra M. Gilbert와 구버Susan Gubar 공저의 *The Madwoman in the Attic* (1979) 참조. 그들에 따르면, 버싸는 "가장 진실되고도 어두운 제인의 분신이요, 그 분노한 고아, 제인이 억누르려 애써왔던 사나운 비밀스러운 자아" (Bertha,.., is Jane's truest and darkest double: she is the angry aspect of the orphan child, the ferocious secret self Jane has been trying to repress, 360)이다.

4) 1985년 스피박Gayatri Chakravorty Spivak이 「세 여성의 텍스트와 제국주의 비판」Three Women's Texts and a Critique of Imperialism이라는 글에서 이 소설을 대표적인 제국주의적 텍스트로 보는 관점을 개진한 이래, 『제인 에어』는 탈식민주의 관점에서 가장 비판 받는 텍스트 중의 하나가 되었다.

되었다고 한다(1022). 로체스터에 의해 쏜필드의 다락방에 갇혀 있는 자메이카 출생 버싸의 관점에서 진 리스Jean Rhys가 다시 쓴 『광막한 사가소 바다』(*Wide Sargasso Sea*, 1966)와 그렇게 완성도가 높은 작품이라고 할 수는 없지만 프랑스 오페라 댄서가 낳은 사생아 아델Adelè의 관점에서 에마 테넌트Emma Tennant가 다시 쓴 『아델: 제인 에어의 숨겨진 이야기』(*Adelè: Jane Eyre's Hidden Story*, 2003)는 소설 『제인 에어』가 문자의 영역에서 여전히 누리고 있는 여생이 얼마나 끈질긴지 증명한다.

영상물로 각색된 수많은 <제인 에어> 들 중에서 이 글에서는 특히 TV 미니시리즈로 제작된 영상물을 중점적으로 살펴보려고 한다. 이는 극장용으로 만들어진 대표적인 영화들—예컨대 오손 웰즈Orson Wells와 조안 폰테인Joan Fontaine이 주연한 1944년 영화, 조지 스콧George C. Scott과 수잔나 요크Susannah York가 주연한 1970년 영화, 그리고 윌리엄 허트William Hurt와 샬롯 갱스부르Charlotte Gainsbourg가 주연하고 프랑코 제피렐리Franco Zeffirelli 감독이 메가폰을 잡은 1996년 영화 등—은 이미 다른 글들에서 여러 번 언급되었기에 중복을 피하고자 함이기도 하거니와, '고전'이 된 문학작품을 원전삼아 만든 영상물이 관객에게 어떤 감동을 주며, 나아가 그 감동의 정도가 그 원전에 대한 관객의 사전지식과 얼마만큼 상관관계가 있는지 살펴보는 것도 흥미로울 것이기 때문이다. 소설 『제인 에어』를 잘 알고 있는 것이 영화 <제인 에어>를 감상하는데 보탬이 되는지, 아니면 역으로 그 즐거움을 삭감하는지 따져보는 데에는 각색의 정도가 상대적으로 심한 극장용 영화보다 우선 적어도 네 시간 이상의 길이에서부터 원작에의 충실성을 공약하는 미니시리즈물[5]이 더 적절할

5) 스톤만Patsy Stoneman은 BBC라는 이름 자체가 높은 수준과 고전과의 공명에 대한 보증서가 되며, 이는 곧 영국이 가장 좋아하는 이야기들을 영상으로 다룸에 있어 원전에

것으로 여겨진다.

『제인 에어』를 TV 미니시리즈물로 각색한 대표적인 것들로는 BBC가 제작한 1973년 <제인 에어>와 1983년의 <제인 에어>, 그리고 특히 "명작 극장"Masterpiece Theatre[6] 시리즈로 만들어진 2006년의 <제인 에어>를 꼽을 수 있다.

<제인 에어 1973>은 로빈 채프만Robin Chapman이 극본을 썼고 조안 크래프트Joan Craft가 감독하였다. 제인과 로체스터 역은 각각 소챠 쿠색Sorcha Cusack과 마이클 제이스튼Michael Jayston이 맡았다. 이 미니시리즈의 DVD 타이틀 커버에 쓰여 있는 평에 따르면, <제인 에어 1973>은 많은 평자들에 의해 브론테 원작의 가장 훌륭한 각색으로 인정받고 있는데, 아마 여기서 "훌륭하다"best는 기준은 원작에 대한 충실함인 듯하다. 플롯 전개가 철저하게 원작을 따르고 있으며, 주인공들은 소설을 읽어 본 독자라면 쉽게 식별할 수 있는 대화들로 말한다. 이와 같은 맥락에서, 셰파드Richard F. Shepard는 1982년 7월 21일자 뉴욕 타임즈*The New York Times*에서 미국 안방극장에서 방영되는 이 미니시리즈를 놓고 사람들이 앞으로 브론테가 쓴 원작을 읽을는지 의문이 든다고 말했다. 즉 이 미니시리즈가 시청자들로 하여금 선반에서 『제인 에어』를 새삼 꺼내 읽게 할 수도 있지만, 역으로 너무나 원본에 충실한 개작이기 때문에 책을 읽지 않았다는 죄책감을

대한 충실성fidelity을 기대하도록 한다고 주장한다(White 136, 재인용).

6) "명작극장"이란 1971년 1월 10일 PBS에서 첫 방연을 한 장수 프로그램으로, 대개 BBC 또는 다양한 ITV가 미국 방송용으로 제작한 극장용 영화나 TV 연속물 수상작들을 방영한다. 이 프로그램은 고전소설을 여러 개의 에피소드로 된 TV 연속물로 각색한 각색물로 유명하며, 또 전기물이나 창작드라마로도 유명하다. 2008년부터 겨울과 봄에 방영되는 "고전명작극장"Masterpiece Classic, 여름에 방영되는 "미스테리명작극장"Masterpiece Mystery, 그리고 가을에 방영되는 "현대명작극장"Masterpiece Contemporary으로 나누어져 있다.(http://knowledgerush.com/kr/encyclopedia/Masterpiece_Theatre/, http://en.wikipedia.org/wiki/Masterpiece_Theatre)

없애줄 수도 있다는 것이다.

알렉산더 배런Alexander Baron이 극본을 쓰고 줄리안 에이미어즈Julian Amyes가 감독한 <제인 에어 1983>은 1973년 미니시리즈만큼 호평을 받지는 못하는 듯하다. 남녀 주인공 역은 각각 "007 시리즈"의 역대 제임스 본드 중의 하나로 유명한 티모시 달튼Timothy Dalton과 젤라 클락Zelah Clarke이 맡았다. 이 미니시리즈의 DVD는 각 25~30분 분량의 에피소드 11개(총 311분)로 이루어져 있는데, 전체적인 플롯의 구성이나 대화 구성에 있어 1973년의 것과 크게 다르지 않고, 10년의 간극이 무색할 정도로 촬영기법에 있어서도 진화의 자취를 찾아보기 어렵다. 예를 들면, 장소가 세트장이라는 것이 확연히 드러나는 경우도 빈번하며, 미장센, 조명, 카메라 쇼트 등에 있어 대담한 실험적 시도가 거의 없다. 한편 캐스팅에 있어서, 건장한 티모시 달튼과 키가 상대역의 가슴에 겨우 닿는 젤라 클락 커플은 소위 남성미가 넘치는 로체스터와 그의 "여학생 아내"School-girl bride이미지에 딱 어울리는 듯하다. 그러나 지나치게 연극적인 연기를 하며 마치 러시아인이 영어를 말하는 것 같은 억양의 티모시 달튼이 다른 미니시리즈에 등장하는 로체스터들에 비해 귀족적인 영국 신사처럼 보이지 않으며 또한 내면의 분열된 심리를 섬세하게 연기하지 못하는 것이 아쉽다.

샌디 웰치Sandy Welch가 각본을 쓰고 수잔나 와이트Susanna White가 감독을 맡아 2006년 가을에 4부작(각 약 한 시간 분량) 미니시리즈로 방송되어 인기몰이에 성공했던 <제인 에어 2006>는 여러 면에서 비약적인 발전을 보여준다. 이후에 자세히 살펴보겠지만, 스튜디오 안에 설치된 세트장에서 주로 대화 위주로 구성되는 TV용 드라마라고 하기엔 우선 극장용 영화 못지않은 화려하고 웅장한 스케일이 돋보인다. 1973년과 1983년의 <제인 에어>는 세트장 분위기가 역력한 무대에서 롱 테이크[7]로 찍은 미디엄 쇼트[8]나 오버 더 숄더 쇼트[9]의 카메라웍이 대부분이어서 단조로운 느낌을 떨칠 수 없다. 일례로, <제인 에어 1973>의 경우 약 46분 분량의 에피소드 2는 대략 그 절반이 응접실에서 제인과 로체스터 두 사람이 나누는 대화로 이루어진 두 개의 씬—각각 10분과 15분—이다. 반면 <제인 에어 2006>은 카메라웍에 있어서 익스트림 클로즈업에서 익스트림 롱 쇼트[10]까지 쇼트에 다양한 변화를 주어 역동적인 느낌을 주고, 실내에서 대화에만 의존하여 지루해 질 수 있는 장면은 간결하게 처리하였으며, 또한 상징적인 소도구들을 효과적으로 사용했다. 대사에 있어서도 기존의 미니시리즈가 원작소설 속의 대화를 상당 부분 그대로 사용하여 과연 사람들이 실제 생활에서 사용하는 말일까 의심되는 면이 있었다면, <제인 에어 2006>은 소설의 대화를 그대로 사용하기보다는 짧은 문장으로 바꾸어 자연스럽게 수정하였다. 즉, 로체스터가 제인에게 결혼 신청하는 유명한 장면의 유명한 웅변적인 제인의 대사 정도를 예외로 하면 대부분의 장면에서 인물들이 나누는 대화는 내용은 원작과 같되 표현은 간결하고 자연스럽게 처리되었다.

특히 필자가 살펴본 대부분의 영화 <제인 에어>는 일인칭 고백 시점으로 서술되는 원작의 서술기법을 의식해서인지 대개 제인의 보이스 오버[11]가 곳곳에서 사용되어 주인공의 심리상태나 사건의

7) 한 쇼트를 카메라 이동 없이 오랜 시간 촬영하는 것을 말한다(자네티 235).

8) 비교적 근접 쇼트로 꽤 세밀한 부분까지 포착한다. 인물의 미디엄 쇼트는 무릎 또는 허리 위의 신체를 잡는 것을 말한다(자네티 518).

9) 대화 장면에서 주로 사용되는 미디엄 쇼트로 한 배우의 어깨 너머로 상대 배우의 얼굴이 찍힌다(자네티 522).

10) 예를 들면, 제인이 쏜필드를 떠나 황무지를 헤맬 때 이를 익스트림 롱 쇼트로 잡아서 제인을 넓은 화면에서 아주 작게 나타나게 하였는데, 이는 세상천지에 아는 이 하나 없는 제인의 혈혈단신의 처지를 잘 나타낸다.

11) 자네티의 설명에 따르면 영상과 일치되지 않는 대사로서 등장인물의 생각이나 기억

인과관계 등을 설명해 주고 있는데, <제인 에어 2006>은 보이스 오버를 전혀 사용하지 않은 점이 매우 색다른 인상을 준다. 주인공의 심리 상태나 사건의 추이를 지나치게 친절하게 설명해주는 보이스 오버가 남발될 때, 시청자는 눈앞에 펼쳐지는 영상의 내용을 이해하려고 적극적으로 개입하기보다 그저 옛날이야기를 듣는 것처럼 귀만 열어놓은 채 수동적으로 이야기를 따라가게 될 가능성이 크다. 반면 주인공의 보이스 오버는 물론이고 나아가 장면과 장면 사이의 인과관계를 파악할 단초들 또한 과감히 삭제된 채 상징적인 몇 개의 씬이 스피디하게 전개되는 <제인 에어 2006>의 초반부는 관객의 강한 호기심을 유발시키며 생략된 인과관계나 심리상태를 알아내려는 관객 측의 적극적인 개입을 유발하는 효과가 있다.

조명 또한 더욱 강렬한 대비와 함께 주인공의 심리상태를 성공적으로 전달한다. 즉, 유명한 '붉은 방'Red room 장면에서, 기존의 대부분의 영화들이 소설의 묘사에 근거하여 커튼이나 카펫, 침대의 휘장 등을 붉은 색으로 처리하였지만 원작의 해석에 정통해 있지 않은 관객에게는 별다른 느낌을 주지 못하는 것과 달리, 아예 카메라에 붉은 색 필터를 부착하여 스크린 전면을 모두 붉게 처리함으로써 어린 제인의 공포심과 불길한 느낌을 효과적으로 전달하였다. 또한 제인이 처음 로우드에 도착하여 낯설고 불안한 마음으로 주변을 살필 때에는 제인의 심리상태와 어울리는 서늘하고 섬뜩한 느낌을 주는 푸르스름한 조명을 사용하고, 반면 제인이 헬렌과 따듯한 교류를 느낄 때에는 다소 부드러운 갈색 톤의 조명을 사용하는 등 상징적인 장면연출에 성공하였다.

등을 전달할 때 종종 사용되는 기법이다(자네티 519).

IV. 각색과 이데올로기

1. 여성 문제

1) 여성 인권 선언서

원작을 비교적 잘 알고 있는 관객이라면 아마도 1944, 1970, 1996년에 영화로 만들어진 <제인 에어>를 감상하면서 한 의문점을 갖게 될 것이다. 그것은 제인이 쏜필드에서 어느 정도 자리를 잡고 안정된 삶을 살다가 버싸가 감금되어 있는 3층 위 지붕에 올라가 한정된 여성의 삶에는 허락되지 않는 행동과 능력발휘의 기회를 갈망하며 내뱉는 유명한 독백이 스크린에서는 희석된 형태로나마 흔적을 남기지 않았다는 사실이다. 소위 여성주의 비평에서 여성인권선언서 정도로 칭송받는, "내가 다음과 같이 말을 덧붙일 때 탓하고 싶은 사람은 마음대로 탓해도 좋다. . ."(Anybody may blame me who likes when I add further that. . , 95)로 시작하는 유명한 구절의 핵심적인 부분을 인용하면 다음과 같다.

> 사람이란 평온한 생활에 만족해야 하는 법이라고 말하는 것은 부질없다. 사람이란 활동을 해야 하고 활동을 찾아내지 못하는 경우엔 만들어내기라도 할 것이다. 수백만 명의 사람들이 나보다도 평온한 삶에 운명 지워져 있고 또 수백만의 사람들이 그 운명에 말없이 항거하고 있다. 정치적 반란을 제외하고서도 얼마나 많은 반란이 지상에 살고 있는 사람들 사이에서 격동하고 있는지 아무도 모른다. 여성은 대체로 조용한 존재라고 흔히들 생각한다. 그러나 여성도 남성과 똑같은 감정을 가지고 있고 그들의 오빠나 동생들과 똑같이 자기의 능력과 노력을 발휘할 터전을 필요로 한다.

너무도 가혹한 속박, 너무나 절대적인 정체에 괴로워한다는 점에선 여성도 남성과 하등의 차이가 없다. 여성들이란 집안에 처박혀서 푸딩이나 만들고 양말이나 짜고 피아노나 치고 가방에 수나 놓아야 한다고 말하는 것은 보다 많은 특권을 누리고 있는 남성들로 볼 때 너무 째째한 생각이다. 관습이 여성에게 필요하다고 선고한 일 이상의 것을 하고 또 배우려는 하는 여성을 탓하거나 비웃는 것은 사려 깊지 못하다.

It is in vain to say human beings ought to be satisfied with tranquility: they must have action; and they will make it if they cannot find it. Millions are condemned to a stiller doom than mine, and millions are in silent revolt against their lot. Nobody knows how many rebellions besides political rebellions ferment in the masses of life which people earth. Women are supposed to be very calm generally: but women feel just as men feel; they need exercise for their faculties and a field for their efforts as much as their brothers do; they suffer from too rigid a restraint, too absolute a stagnation, precisely as men would suffer; and it is narrow-minded in their more privileged fellow-creatures to say that they ought to confine themselves to making puddings and knitting stockings, to playing on the piano and embroidering bags. It is thoughtless to condemn them or laugh at them if they seek to do more or learn more than custom has pronounced necessary for their sex. (96)

물론 이렇게 긴 지문을 영화에서 그대로 독백 처리하는 것이 같은 메시지를 전달하는 유일한 방법은 아닐 것이다. 그러나 브론테가 이 긴 지문을 빌어 강변하고 있는 것처럼, 오빠나 남동생 옆에서 푸딩을 만들거나 양말을 떠야하는, 또는 남성들의 여흥을 도우려고 피아노를 치거나 가방에 수를 놓는 행위가 얼마나 많은 겉으로 얌전하고 조용한 여성의 가슴에 반항심을 키우는 지, 얼마나 많은 여성들이 더 배우고 세상에 나가 활동을 하고 싶어 하는 지는 감독이 마음만 먹으면 어느 장면에서건—예컨대 아델에게 그와 같은 교육을 시킨다든지—대사를 만들어 넣을 수 있었을 것이다. 그런데 상영시간 상 원작을 대폭 압축해야 하는 극장용 영화에서는 이 장면이 빠지게 된 것이 그나마 이해된다 하여도, 최소 네 시간 이상의 분량으로 만들어진 긴 TV 미니시리즈들 중에서도 위 독백을 각색해 넣은 유일한 경우는 <제인 에어 1983> 뿐이라는 사실은 조금 의외다. <제인 에어 1983> 에피소드 3에서 제인은 쏜필드 지붕에 올라가 먼 곳을 바라보며, “나 같은 사람, 행동을 해야만 하는 수백만의 사람이 있을 것이다. 특히 여성, 자신들의 협소한 운명 그 이상을 원하는 여성들 말이다”(There must be millions like me, I thought, who must have action. Women especially, who wish for more than their narrow lot.)라고 독백한다. 그러나 이 장면에서 조차 “안주하지 못하고”(restless) 더 많은 행동을 원하는 제인의 문제를 여성에게 행동할 기회를 허락하지 않는 사회가 야기하는 여성 전반의 문제로 끌어올리기보다, “안주하지 못하는 성질이 내 본성에 있다”(Restlessness was in my nature.)라는 제인의 대사를 원작의 문맥에서 떼어내 말하게 함으로써 이것이 마치 제인 개인의 문제인 것처럼 처리한 아쉬움이 있다.

2) 여성 관계

여성 간의 긴밀한 관계는 남녀 간의 이성애적 사랑 못지않게, 어쩌면 그보다 더, 여성의 삶에서 정서적 위안을 주는 버팀목이 된다. 많은 남성 중심적인 소설들이 여성들을 서로의 적으로 그리고, 나아가 여성들의 관계를 바람직한 신랑감을 놓고 벌이는 경쟁구도로 설정해 왔다. 반면 여성주의를 표방하는 소설들은 경쟁적이고 억압적인 가부장제사회에 대한 대안으로서 여성들의 우정의 토대 위에 여성들끼리 구축하는 평화적이고 평등한 공동체사회를 제안하기도 한다. 특히 아버지로부터 아들로 가문의 이름과 재산이 계승되는 가부장 사회에서 어머니로부터 딸로 이어지는 모녀관계는 대항적 힘이 될 수 있다. 『제인 에어』에서도 여성관계 및 모녀관계가 주요 모티프로 사용된다. 즉 로우드에서 제인에게 힘이 되어주는 것은 다름 아닌 헬렌 번즈Helen Burns와 템플 선생님Miss Temple과의 우정의 관계이며, 쏜필드에서 절체절명의 위기의 순간에 유혹으로부터 제인을 구한 것은 달로 형상화된 어머니다.

<제인 에어 1973>과 <제인 에어 1983>은 모두 템플 선생님이 가부장의 화신 브로클허스트Brockehurst에 의해 거짓말쟁이로 낙인찍힌 제인을 공개적으로 사면해주는 장면을 삽입하고 있으며, 헬렌과 제인을 방으로 불러와 먹을 것을 나누어주는 장면을 포함함으로써 비록 한시적이기는 하지만 일종의 여성공동체의 환영을 언뜻 보여준다.

그러나 특이하게도 결혼식이 중단된 후 제인이 로체스터의 동거 제안을 받고 떠나느냐 남느냐 고민하며 고통의 하룻밤을 보내는 장면에서 제인이 꾸는 꿈은 모든 미니시리즈에서 지워져 있다. 원작은 이 장면을 달이 하얀 인간의 형상으로 바뀌어 "내 딸아, 유혹으로부터 도망가거라"(My daughter, flee temptation! 281)라고 말하고, 이에 제인이 "어머니, 그럴게요"(Mother I will, 281)라고 대답을 하는 일종의 계시적인 순간으로 처리하고 있다. 이와 같은 초현실적인 장면은 그렇지 않아도 다양한 고딕적 장치들이 두드러진 소설을 개작한 영상물에

서 신빙성이 없어 보이기는커녕 오히려 매우 적절하다고 할 수 있다. 그러나 이상하게도 세 TV 미니시리즈는 물론 필자가 그간 본 어떤 영화에서도 이 장면은 그려져 있지 않았다. 이는 제인을 부르는 텔레파시와도 같은 로체스터의 절규가 센 존의 유혹으로부터 제인을 구하는 장면이 예외 없이 그려져 있는 것과 대조된다. 결과적으로 영상물들에서 남성과의 낭만적 사랑의 플롯은 어김없이 유지된 반면 남녀관계 못지않게 고아인 제인의 삶에서 중요한 의미가 될 수 있는 여성 간 관계가 평가절하되었다는 인상을 지울 수 없다.

3) 버싸

쏜필드 3층의 다락방에 갇혀 있는 버싸는 제인이 변덕스럽고 수수께끼 같은 로체스터를 이해하려면 꼭 필요한 열쇠를 쥐고 있는 존재이다. 나아가 제인이 자신의 말처럼 진정 "독립의지를 지닌 자유로운 인간"(a free human being with an independent will, 223)이 되기 위해 반드시 통과해야하는 문을 지키고 있는 존재이기도 하다. 이미 수많은 평자들이 버싸의 인종을 둘러싸고 왈가왈부해왔다. 원작에서 버싸의 아버지는 영국인이고 어머니는 크레올인이라 언급되어 있는데, 우선 크레올이라는 용어는 식민지(서인도제도)에서 태어난 유럽인이라는 사전적 의미가 있지만 실제로는 다양하게 사용되어 버싸의 인종을 정확히 단정하는데 어려움이 있는 것이 사실이다. 소설에서 제인은 "변색된 얼굴(a discolored face)", "야만적인 얼굴(a savage face)", "보라 빛 안색(purple)", "부풀고 검은 입술(the lips were swelled and dark, 249)"과 같은 용어로 버싸를 묘사한다. 따라서 평자들 중에는 버싸를 흑인이라고 보는 의견[12]도 있으며, 반대로 제인의 묘사가 버싸를 흑인처럼 그리고 있다 하더라도 그것은 오랜 감금 및 음주습관으로 인한 후천적인 결과일 뿐 유서 깊은 가문의 로체스터가 결혼한 상대임을 고려하면 그래도 버싸는 백인이라는 의견이 보편적이다.

여기서 흥미롭게 볼 점은 각각 다른 영화감독들이 어떤 외모의 배우를 버싸 역으로 캐스팅 했으며, 버싸에게 어떤 대사를 부여하고 있느냐이다. 어떤 인종적 특색이 두드러진 배우가 버싸의 역을 맡았으며 나아가 그녀가 관객으로부터 어떤 감정—공감과 연민의 감정인지 아니면 낯설음과 혐오감의 감정인지—을 불러일으키도록 의도되었는지는 바로 감독이 소설의 버싸를 읽어낸 방식, 나아가 『제인 에어』를 둘러싼 (탈)식민주의 논의와 직결되어 있기 때문이다. 세 편의 TV 미니시리즈는 모두 이국적이며 혼혈의 인상이 짙은 배우를 캐스팅하였다. 버싸가 시청자 눈앞에 직접 등장하는 중요한 장면으로는 버싸가 제인의 결혼식 전전날밤 제인의 방에 나타나 베일을 찢는 장면, 결혼식이 무산된 후 로체스터가 제인과 목사에게 버싸를 최초로 공개하는 장면, 그리고 버싸가 쏜필드에 불을 지르고 쏜필드의 지붕에서 뛰어내리는 장면 등을 꼽을 수 있다.

우선 <제인 에어 1973>을 살펴보면, 매우 흥미로운 점이 눈에 띤다. 제인이 로우드에 입학한 후, 여러 그룹으로 나누어진 학생들이 한 교실에서 수업을 받는 장면이 있다. 이 때 한 그룹의 학생들은 지구본을 놓고 선생님과 함께 지리를 공부하고 있다. 그런데 선생님은 원작에는 전혀 언급된 바 없는 '사가소 바다'라는 지명을 거론하며, 조류가 거의 없는 그 바다의 지형적 특성을 가르친다. 백인 중간계층의 여성인 제인의 관점에서 기록된 『제인 에어』를 영국의 식

12) 메이어Susan L. Meyer는 브론테가 『제인 에어』에서 모든 종류의 억압을 타자(the other)의 속성으로 돌려서 그린 전략을 논하는 글에서 버싸를 "실제적인 자메이카의 흑인 여성"(an actual Jamaican black woman)이라고 언급했다(149).

사진 1 <제인 에어 1973>의 버싸, 다소 슬퍼 보임

민지인 자메이카 크레올 여성의 관점에서 다시 쓴 리스의 『광막한 사가소 바다』가 1966년에 출판된 것을 감안하면, 1973년에 미니시리즈를 감독한 크래프트는 버싸를 단지 "음주벽에 정숙치 못한"(intemperate and unchaste, 270)미친 여자로만 보고 있지 않음을 짐작할 수 있다. <제인 에어 1973>에서 버싸는 베일을 찢는 장면에서 어딘지 슬퍼 보이고 | 사진 1 |, 『광막한 사가소 바다』의 앙뚜와넷Antoinette처럼 거울 속에 비친 자신의 모습을 보고 흠칫 놀라기도 한다. 결혼식이 중단되고 버싸가 사람들에게 정식으로 소개될 때에도 버싸는 동물 같은 소리를 내며 네발로 기어 다니는 원작의 묘사대로가 아니라 예쁜 얼굴을 지녔으며 "당신 날 집으로 데려다 준다고 했잖아"(You say you take me home.)라고 의미 있는 말도 한다. 다만 아쉬운 것은 마지막 버싸가 쏜필드에 불을 지르고 뛰어 내리는 장면은 영상으로 보여주는 대신 제 3자에 의해 이야기로 전해지도록 처리해 버림으로써 왜 쏜필드를 잿더미로 만들어버렸어야 했는지 그 진정한 동기가 묻힌 채 그저 미친 여자의 방화로만 여겨질 수 있다는 점이다.

사진 2 <제인 에어 1983>의 버싸, 느닷없이 달려드는 모습이 소위 "옷 입은 하이에나" 같아 보임

<제인 에어 1983>의 버

싸는 어떻게 그려져 있는가? 여기서도 버싸의 외모는 비교적 아름다우면서도 흑인의 분위기를 보인다. 버싸의 오빠인 리처드 메이슨Richard Mason도 검은색 곱슬머리를 지닌 혼혈인의 인상을 보인다. 전체적으로 볼 때, 이 미니시리즈에서는 1973년 판과 비교하여 버싸가 덜 동정적으로 그려져 있다. 예를 들면, 결혼식이 중단되고 로체스터가 목사와 제인에게 버싸를 처음으로 소개하는 장면에서 버싸는 가만히 앉아 있다가 갑자기 로체스터를 뒤에서 공격 | 사진 2 | 하는 등 명실상부하게 미친 것처럼 보이며, 따라서 관객의 동정심을 유발하기보다 공포심을 유발하도록 그려져 있다. 자신의 뿌리, 즉 따듯한 서인도제도의 고향으로 돌아가고 싶은 심정을 표출했던 1973년의 버싸와 달리 1983년의 버싸는 원작처럼 아무 말도 부여받지 못했다. 소설에서 묘사된 것과 가장 유사한 방—창문이 없으며 천장으로부터 매달려 있는 등이 하나 있을 뿐 영락없이 감옥 같은—에 갇혀 있는 버싸는 동물과 같이 으르렁거리기만 한다. 관객의 동정심을 얻는 것은 오히려 로체스터이다. 그가 모든 사람들을 내보내면서 "아내를 좀 돌봐야 겠네"(I must attend to my wife.)라고 말할 때, 관객은 감옥에 갇혀 동물과 같이 변한 아내가 왜 그렇게 되었는지를 궁금해하기 보다 동물과 같은 아내에게 동정심을 베푸는 로체스터를 더 동정한다. 버싸의 죽음 장면은 구체적인 영상으로 처리되었지만 그녀 행동의 동기나 처지를 이해할 만한 다른 상징적인 장치는 제공되지 않았다. 버싸는 그녀를 구하려는 로체스터에게 "난 당신을 증오해"(I hate you.)라는 말을 하고 그저 지붕에서 뛰어내리기 때문에 여기서도 버싸는 심리적 깊이를 지닌 인물로 그려지지는 못하였다.

버싸가 플롯의 전개와 가장 의미 있게 연결되어 그려진 것은 바로

사진 3 붉은 옷은 제인의 숨은 정열을 상징하지만 동시에 동양여성의 의상은 그녀가 앞으로 로체스터의 성적 노예가 될 수 있음을 미리 알려주기도 한다.

<제인 에어 2006>이다. 이 미니시리즈의 오프닝 씬[13])은 어린 제인이 인도인을 연상시키는 붉은 스카프를 두르고 사막을 걸어가며 | 사진 3 | 지평선에 닿아 있는 해를 바라보는 장면으로 시작된다. 그런데 제인의 정체성을 상징적으로 보여주는 이 붉은 스카프는 버싸가 실제로 그 모습을 드러내기 전에 그 존재를 암시하는 장면 | 사진 4 | 에서 매번 사용되는 장치이기도 하다. 다른 미니시리즈에서 제인은 버싸의 숨은 존재를 불길한 웃음소리로 처음 경험한다. 따라서 관객도 그 불길한 웃음소리를 듣는 제인과 함께 버싸의 존재를 청각적으로 먼저 경험한다. 그러나 2006년의 버

사진 4 쏜필드 3층, 버싸의 방 창문에서 펄럭이는 붉은 스카프

13) 와이트는 원작에서 '불'과 '얼음'의 이중성에서 갈등하는 제인을 오직 뜨거운 사막으로 표현한 <제인 에어 2006>의 오프닝 씬이 제인의 심리적 깊이를 단순화시켰으며(138), 또한 웰치가 여성주의 및 탈식민주의 비평과 일반 독자들이 버싸에 대해 가지고 있는 통념 사이에서 버싸를 모순되게 형상화했다고 주장한다. 다시 말하면 버싸가 기존의 영상물에서 거친 배경음악과 함께 그려진 것과 달리 관능적이며 화음이 맞는 그녀만의 배경음악과 함께 그려지는 등 독립적인 인간성을 부여받았지만 다른 한편 로체스터가 서술하는 신혼 초 모습에서는 단지 성적으로 탐욕스러운 여성으로 부정적으로 그려졌다는 것이다(144–45). 이렇게 버싸의 섹슈얼리티를 부정적으로 그리면서 동시에 로체스터에 대한 제인의 섹슈얼리티를 긍정적으로 그린 것은 근본적으로 문제(145)라는 와이트의 지적은 옳다고 여겨진다.

사진 5 화재 사건으로 사랑의 감정이 일깨워진 다음 날 붉은 스카프를 두르고 거울을 보는 제인

싸는 바람결에 나부끼는 붉은 스카프로 자신의 존재를 처음 드러낸다. 쏜필드에 도착한 다음 날 아침, 정원을 산책하던 제인의 눈길을 사로잡은 것은 북쪽 탑 3층에서 너울대는 붉은 스카프다. 한편 로체스터가 이미 결혼하였으며 아직 아내가 살아있다는 것을 알고 제인이 쏜필드를 떠날 때 마치 그 결단이 잘한 것이며 쏜필드를 떠나 자유롭게 살라고 손 흔들며 배웅하듯 버싸의 방 밖에서 붉은 스카프가 펄럭인다. 그런데 흥미롭게도 제인은 침실 화재사건에서 로체스터를 구하고 그 결과 두 사람 사이에 미묘한 감정의 유대가 처음 생긴 다음날 아침 난데없이 붉은 스카프를 목에 두르고 나타난다 | 사진 5 |. 이 붉은 스카프는 제인이 처음 경험하는 사랑의 감정을 상징하는 사물임이 분명하다. 그렇다면 붉은 스카프로 대변되는 버싸의 본질은 사랑, 조금 더 비약시키면, 가부장 사회에서 여성에게 금지한 강렬한 정열임이 암시된다. 순결하고 청초한 제인의 사랑과 욕정에 가까운 버싸의 정열은 정형화된 이미지로 여성을 규정하는 관습이 그렇게 선을 그어놓은 것일 뿐 로체스터가 바라는 대로 그렇게 이질적인 것만은 아니다.

제인과 버싸가 그렇게 다르지 않음은 두 사람 모두 새와 관계되어 있다는 사실에서도 드러난다. 로체스터는 곳곳에서 제인을 새로 지칭한다. 죽어가는 외숙모를 방문했다가 쏜필드로 돌아오는 제인은 강남 갔다 돌아오는 '제비'이며, 거짓 청혼으로 자신을 조롱한다고 여겨 로체스터의 포옹에서 벗어나려는 제인은 "미친 듯 날뛰는

사진 6 로체스터의 서재를 장식한 박제된 나비와 곤충 등

새"(a frantic bird)다. 2006년의 로체스터는 원작과 달리 유난히 곤충과 새 등에 관심이 많으며, 그의 서재는 수집되어 있는 나비들의 표본 | 사진 6 | 과 박제되어 있는 새들로 장식되어 있다. 즉 로체스터는 자유로운 의지를 가지고 날아 갈 수 있는 새들을 박제하여 꼼짝 못하게 만들어 옆에 두는 취미가 있다고 할 수 있다. 와이트는 다른 영화 버전—예를 들면 강력한 오손 웰즈가 가녀린 조안 폰테인은 물론 전 화면을 압도적으로 지배하는 1944년의 영화—과 달리 <제인 에어 2006>에서 제인과 로체스터를 연결시켜주는 평등의 정신을 찾을 수 있다고 주장하면서, 그 예로 제인과 로체스터가 공유하는 자연사natural history에 대한 공동의 관심을 증거로 든다(141). 그러나 본래적 자유를 상징하는 날짐승을 매개로 제인이 연결되는 것은 로체스터와라기 보다는 버싸와라고 말하는 것이 더욱 타당하다. 왜냐하면 세상을 두루 돌아다니면서 자유로운 나비나 새등을 사로잡을 수 있는 로체스터의 남성으로서의 특권은 실내/집에 한정되어 남아 있어야 하는 제인과 같은 여성에게 허락된 것이 아니기 때문이다.

사진 7 쏜필드 지붕 위에서 새처럼 날아가기 위해 두 팔을 활짝 펼친 버싸

이런 맥락에서 버싸의 죽음의 장면은 매우 상징적이다. 버싸는 제인이 두

고 간 웨딩드레스에 불을 붙여 쏜필드를 태움으로써 여성억압적인 가부장사회의 결혼제도를 화장하고, 지붕에 올라가 훨훨 자유롭게 날아가는 새를 바라본다. 그리고 마치 새처럼 날아가려는 듯 두 팔을 활짝 뻗고 허공을 가른다 | 사진 7 | . 그 결과는 참혹한 추락사이지만, 적어도 버싸는 로체스터에 의해 박제된 삶을 거부하고 자유를 추구하는 몸짓을 웅변적으로 보여주는 것이다.

<제인 에어 2006>은 또 다른 장치를 사용하여 한 몸과 같은 제인과 버싸의 관계를 드러낸다. 로체스터에게 연정을 느끼기 시작한 제인은 격자무늬 창문을 통해 잉그램 양과 함께 있는 로체스터를 내려다 본다. 버싸 또한 마찬가지로 제인이 다정하게 로체스터와 정원을 산책하는 것을 내려다본다. 물론 버싸의 모습 자체는 스크린에서 감춰져 있지만, 유사한 시점, 유사한 창문의 모양, 배경 음악으로 사용된 유사한 음악 등은 곧 제인과 버싸가 더블의 관계에 있음을 강하게 시사한다. 2006년 9월 23일자 가디언*The Guardian*에 실린 논평은 제인의 역을 맡은 루쓰 윌슨Ruth Wilson이 "장난기 있고, 강하며 신경증적이지 않다"(quizzical, strong and un-neurotic)고 말하며 "우리는 더 이상 1979년 산드라 길버트와 수잔 구버의 『다락방의 광녀』라는 페미니즘 비평서에 예시된 것처럼 광녀를 제인의 도플갱어로 만드는 유행에 속박되지 않는다"(We are no longer, it seems, in thrall to the fashion for making the madwoman her doppelgänger, which was exemplified in Sandra Gilbert and Susan Gubar's 1979's work of feminist criticism, *The Madwoman in the Attic*.)고 말했는데, 정말 이 미니시리즈를 찬찬히 보고 한 평인지 의심스럽다. 제인의 경우, 붉은 방에 감금되는 경험과 로우드에서 거지말쟁이로 낙인 찍혀 소외되는 벌을 받음으로써 내면의 분노와 정열이 순화되었다면, 버싸는 15년 동안이나 벽걸이로 입구가 감춰진 감옥 안에 감금되어 있

으면서도 여전히 붉은 스카프를 펄럭대며 가부장제 사회가 여성에게 허락하지 않는 성적 열정은 물론 그런 가부장제 사회를 향한 다스려지지 않는 분노를 강하게 드러내고 있다.

그러나 이렇게 버싸를 제인의 더블로 그려내고 있는 <제인 에어 2006>은 버싸가 다른 미니시리즈들에 비해 더 부각되는 성과가 있음에도 불구하고, 버싸와 제인의 동질성을 강조했다는 점에서 인종이나 계급과 같은 여타 인자들을 배제한 채 모든 여성의 문제를 동일한 원인에서 찾는 본질주의적 시각이 의심된다. 즉 버싸의 문제가 그녀의 복잡한 인종의 문제, 또 본국/영국과 식민지/서인도제도의 관계 등과 같은 맥락에서 떼내어져 그려진 아쉬움이 남는다.

2. 가족

'충실한' 개작이라 할 수 있는 1973년과 1983년의 미니시리즈와 비교했을 때, <제인 에어 2006>은 한 여성이 독립적인 주체성을 형성해가고 나아가 (동화에서나) 가능한 낭만적 사랑을 (사회 안에서 실현된) 평등한 결혼으로 완결시켜나가는 과정보다 '가족'이라는 주제를 더 전경화하고 있는 인상을 준다. 일견 새로워 보이는, 아니 소위 19세기 부르주아 '가족이데올로기'의 해체를 은밀히 꾀하는 브론테 원작과 정면으로 맞서는 듯한 이 주제의 등장은 '충실한' 개작의 포기와 맞물려 있다. 우선 원작의 사건들을 과감하게 취사선택한 전반부를 살펴보자. 소설에서 거의 1/5을 차지하는 게이츠헤드와 로우드 이야기는 채 20분 방송 분량도 되지 않으니 미니시리즈 전체의 1/10도 되지 않는다고 할 수 있다. 이는 다른 두 <제인 에어> 미니시리즈가 이 부분을 각각 5부작 중 1부와 11부작 중 1~2부에서 다루고 있는 것과 비교하면 확연히 짧다고 할 수 있다. 따라서 왜 제인이 존John을 포함한 이집 아이들에게 천대받는지, 왜 붉은 방을 무서워하는지, 그곳에서 무슨 일이 있었는지, 하인 베씨Bessie가 어떻게 제인을 돌보아 주었는지, 약제사 로이드Lloyd가 어떻게 제인이 학교에 갈 수 있는 길을 마련해 주었는지 등은 완전히 생략되어 있다. 그 대신에 존이 책을 읽고 있던 제인을 때려서 이에 대들던 제인이 붉은 방에 갇히는 짧은 장면 직후 감독은 원작에 없는 장면—한 화가가 리드Reed 가족의 초상화를 그리는—을 삽입한다. 이후 매우 짧게 처리된 브로클허스트 씨의 방문 장면이 게이츠헤드 이야기에 해당하는 전부다. 압축되기는 로우드 부분도 마찬가지이다. 앞서 언급했듯이, 제인에게 중요한 영향을 미치는 템플 선생님은 아예 등장하지도 않으며, 이곳에서 일어나는 중요한 사건은 제인이 "거짓말쟁이"Liar라는 커다란 명찰을 목에 걸고 의자 위에서 벌을 서는 것과 헬렌의 죽음 정도이다. 제인이 템플 선생님의 도움으로 거짓말쟁이라는 불명예를 벗게 되는 것, 자신의 딸들은 사교계에 진출하도록 한껏 치장하게 하면서도 육체의 허영을 다스리는 것이 기독교인의 의무라며 곱슬머리 여학생들의 머리를 잘라버리는 브로클허스트의 위선, 스캐처드 선생님Miss Scatcherd의 잘못된 교육, 불결하고 최소한의 영양 공급에도 인색한 열악한 학교의 환경 때문에 수많은 학생들이 장티프스로 죽는 것—병상에 누운 많은 아이들과 수많은 하얀 관들, 또 새로 만들어진 검은 무덤들로 암시되기는 하지만—등은 전혀 언급되지 않는다.

이렇게 원인과 결과의 자세한 연결고리 없이 나열된 상징적인 몇몇 장면들은 그렇기 때문에 더욱 그 공통점을 부각시킨다. 감독이 어린 시절 이 두 장소에서 제인에게 일종의 트라우마가 된 사건으로 고른 장면들의 공통점은 바로 '가족'으로부터의 '배제' 또는 '축출'의 경험이다. 붉은 방에서 기절한 후 바로 이어지는 장면에서, 제인은 혼자 창가에서 책을 읽고 있고, 숙모와 사촌들은 가족 초상화를 그리기 위해 화가 앞에서 포즈를 취하고 있다. 가부장의 권위를 나타내는 듯, 사촌 존은 사냥용 장총을 들고 있다. 제인도 가족 초상화에 들어가야 하지 않겠냐는 화가의 말에 제인이 같이 포즈를 취하려고 일어서지만, 이 때 여자 사촌 중의 한 명이 "게는 우리 가족이 아니에요"(She is not part of the family.)라고 말을 하자 제인은 풀이 죽어 묵묵히 창가로 간다. 앞서 언급하였듯이, 이는 원작에 없는 것으로 굳이 새로 만들어 넣어진 장면이기 때문에 이 장면에서 제인이 겪는 '축출'의 경험이 더욱 크게 느껴진다. 로우드 학교에서 거짓말쟁이로 몰려 벌을 설 때도, 브로클허스트가 강조하는 것은 제인이 거짓말쟁이이므로 동료들로부터 "따돌림 당해져야"(shunned by their fellow) 한다는 것이다. 홀로 의자 위에서 벌을 서고 있을 때 헬렌이 지나가며 남몰래 빵 한 조각을 손에 쥐어 준다. 이는 적어도 제인이 이곳에서 완전히 '배제'되는 것이 아님을 상징적으로 보여주지만, 곧 이어 유일한 친구라고 할 수 있는 헬렌이 죽어버림으로써 결국 제인은 혼자 남는다. 제인이 수많은 관들과 새로 만들어진 무덤들 옆, 남들로부터 멀리 떨어져 앉아서 검은 크레용으로 음산한 학교를 그리는 장면은 결국 제인이 이곳에서 어느 누구와도 의미 있는 관계를 형성하지 못했다는 것을 암시한다.

이와 같은 도입부는 <제인 에어 2006>에서 제인이 이루게 될 여러 성취들 중 감독이 가장 중요한 것으로 꼽은 것이 관계의 형성, 다시 말하면 '가족'의 형성임을 짐작하게 한다. 비록 제인이 가정교사로 간 쏜필드에서 주인으로 만난 로체스터와 사랑을 키워가는 과

사진 8 자신만 빠진 초상화를 바라보는 제인

정이 이번 미니시리즈의 대부분을 차지하며 길게 다루어져 있지만, 여기서도 제인이 쏜필드를 '내 집'이라고 감히 부를 수 있게 된 것이 강조된다. 즉 태어나서 지금까지 한 번도 집/가족이 없던 제인은 이곳에서 자신을 동등하게 대해주는 페어팩스 부인Mrs. Fairfax과 로체스터, 그리고 아델과 맺게 되는 관계를 통해서 처음으로 배제되지 않고 가족으로 편입되는 경험을 하게 된다.

두 개의 파트로 나누어 제작된 DVD <제인 에어 2006>의 구성 또한 이것이 가족의 형성이라는 주제를 핵심에 놓고 만들어졌음을 말해준다. 1부가 끝나는 장면은 제인이 죽어가는 외숙모 리드 부인이 사는 게이츠헤드(과거의 가족)를 향해 쏜필드(현재의 가족)를 떠나는 것을 보여준다. 원작에서 이 방문이 필요한 까닭은 사랑이 싹트게 된 두 남녀를 잠시 떼어놓음으로써 사랑이 더 간절해지도록 하려는 효과도 있겠지만, 그 보다 제인이 이 방문으로 인해 천애고아라고만 알고 있던 자신에게 마데이라Madeira에서 큰 돈을 번 삼촌이 살고 있다는 것을 알게 되고, 따라서 이후 삼촌에게 로체스터와의 결혼을 알리기 위해 편지를 쓰게 되며, 궁극적으로 이 편지가 로체스터의 이중혼 계획을 방해하는 수단이 되도록 하기 위함이다.

<제인 에어 2006>에서 1부의 끝과 2부의 시작을 차지하는 이 방문은 제인으로 하여금 현재의 가족의 가치를 깨닫기 위해 과거의 가족의 실제 모습을 보는 기회가 된다. 2부의 시작은 제인이 게이츠헤드에 도착해 현관을 들어서면서 저 계단 위로 자신이 과거에 어떻게

붉은 방으로 끌려갔는지 회상하는 장면으로 시작한다. 제인은 어린 시절의 괴로웠던 기억을 회상하며 계단을 올라가 한 그림 앞에서 멈춰 서는데 | 사진 8 |, 그 그림은 바로 자신만 빼고 외숙모가 세 자녀와 함께 포즈를 취하고 그린 그 가족화이다. 이 그림이 응결된 모습으로 보여주는 것은 최초의 집, 가족이라고 할 수 있는 이곳에서 제인이 얻은 경험의 핵심이 바로 '배제'의 경험이라는 사실이다.

한편 베씨는 제인이 어렸을 적에는 매사에 과도하게 분노로 대응하곤 했었는데 이제 리드부인이 퍼붓는 악담을 담담히 견딘다며 제인이 "당당한 숙녀"(such a confident young lady)가 되었다고 말한다. 이어서 베씨는 그 이유가 속마음을 터놓을 "친구"friend—여기서 친구라는 단어는 오늘날처럼 또래의 친구를 의미하기보다는 가족, 친지 등 나이와 상관없이 매우 가까운 관계를 맺고 있는 사람을 지칭하는 것으로 이해해야 한다—가 있기 때문 아니냐고 묻는다. 제인은 이 말에 수긍을 하며 다음과 같이 말한다.

> 제인: 그래요, 정말로 친구가 하나 있어요. 그들에게 내가 말을 하면 내가 하는 모든 말을 이해해요. 리드 부인에 대해 내가 이야기하면 그들은 아마 웃을걸요. 그들은 나랑 잘 어울려요. 내가 어떤 생각을 하기도 전에, 내가 그 생각들을 말로 옮기기도 전에 그들은 내 생각을 알아요.
>
> Jane: Yes, I do have a friend—someone who, when I talk to them, they understand everything I say. They would laugh if I told them about Mrs. Reed. They are so in tune with me. They know my thoughts before I even think them, certainly before I put them into words.

이 장면에 바로 이어서 감독은 원작에 없는 장면 하나를 또 넣는다. 제인이 오는 지 보려는 듯 로체스터는 이층 창문에서 먼 밖을 내다보고 있고, 잉그램 양Blanche Ingram을 비롯한 손님들은 정원에서 산책을 하면서 겨울이면 아프리카 남단까지 갔다가 봄이면 '집'으로 돌아오는 제비 이야기를 하고 있다. 잉그램 양이 왜 제비가 따듯한 곳에 남지 않고 이곳으로 돌아오느냐고 묻자 애쉬튼 씨Mr. Eshton는 "돌아오는 것이 본능에 있고, 또 반드시 해야만 하는 것이니까요. 집으로 와야만 하죠"(It is in their nature. It is what they must do. They must come home.)라고 말한다. 그러면서 그는 이층 창가에 있는 로체스터에게 어떻게 생각하느냐고 묻는데, 애쉬튼의 이 대사는 바로 제인이 꼭 돌아올 것이라고 믿으며 초조하게 제인의 귀환을 기다리는 로체스터의 심정을 대변한다.

다음 장면은 게이츠헤드의 응접실에서 일라이자Eliza와 조지아나Georgiana가 가혹한 말들로 서로 상처를 주며 다투는 장면이 나온다. 묵묵히 이 자매의 대화를 지켜보는 제인은 이곳이 어렸을 적 갖지 못해서, 또는 속하지 못해 그렇게 비참해할 만큼 가치 있는 곳이 아니었음을 분명히 느끼게 된다. 이어 외숙모는 친 자식처럼 키우라는 남편의 유언도 지키지 않고 리드 가족으로부터 제인을 소외시켰을 뿐 아니라, 제인의 친삼촌이 제인을 딸로 입양하기 위해 애타게 찾고 있는 것을 알고 있었으면서도 의도적으로 제인이 '가족'을 형성하는 것을 방해했다고 고백한다. 그럼에도 제인이 외숙모를 진심으로 용서할 수 있는 것은 속하지 못했다고 안타까워 할 가치가 없는 게이츠헤드 대신 그녀가 돌아갈 수 있는 집, 돌아가야만 하는 집, 즉 쏜필드가 있기 때문이다. 쏜필드로 돌아오는 길에 마치 제인을 마중하기 위한 듯 로체스터가 나와 있고, 이 때 두 사람은 다음과 같은 대화를 나눈다.

> 로체스터: 자, 집으로 데려다 주지.
> 제인: 당신의 친절함에 정말 감사드려요. 전, 전 다시 당신에게 돌아오니 이상하게도 기쁩니다. **당신이 계신 곳이 어디건 그곳이 제 집, 진정한 제 집이에요.** (필자 강조)
> Rochester: Come, let's get you home.
> Jane: Thank you for your great kindness. I am. . . I am strangely glad to get back again to you, and wherever you are is my home, is my true home.

원작에서 다소 수정된 쌍둥이 모티프 역시, 제인과 로체스터의 사랑을 사회적 맥락에서 떼어내 운명적이고 낭만적인 사랑으로 전환시킴과 동시에 원래 이 두 사람이 한 가족이었던 것처럼 처리하는 효과를 지닌다. 이 미니시리즈에서 의학/과학적 지식이 풍부한 사람으로 각색된 애쉬튼은 특이한 한 쌍의 쌍둥이를 보기 위해 쏜필드를 떠나야만 한다며 다음과 같이 말한다.

> 애쉬튼: 그래. 벨기에에 살고 있던 쌍둥이 중 하나는 한 여덟 달 정도 일종의 긴 수면상태에 있었는데, 존재하는지 조차 몰랐던 툴루즈에 살고 있는 쌍둥이 짝에 의해 의식이 돌아 온 거야. 놀랍지! 자네 두 사람의 마음이 그렇게 똑같아서 나라 저편에서 서로 교감하고 시간과 공간 너머로 서로를 부를 수 있다는 게 가능하다고 생각이나 했나.
> Eshton: Yes, one, a Belgian, has been in a sort of a deep sleep for some eight months and he has been woken by a twin now living in Toulouse, by the way, that he never even existed. It's amazing!

> Well, you don't think it possible that two minds can be so in tune that they can communicate across the country and call out to each other across space and time?

이와 같은 대화는 로체스터가 제인과 왼쪽 늑골 아래 부분에서 서로 끈으로 묶여 있는 느낌이 든다는 다음과 같은 언급을 현대적으로 각색한 것이라 볼 수 있다.

> 때론 당신에 대해 기묘한 느낌이 들어요. 특히 지금처럼 당신이 가까이 있을 때 말이요. 그건 내 왼쪽 늑골 아래 어딘가에 있는 끈이 당신 작은 뼈대 똑같은 위치에 있는 비슷한 끈에 단단히 풀 수 없도록 매듭지어져 있는 것 같다는 것이오.
> I sometimes have a queer feeling with regard to you—especially when you are in near me, as now: it is as if I had a string somewhere under my left ribs, tightly and inextricably knotted to a similar string situated in the corresponding quarter of your little frame. (221)

다른 미니시리즈들이 위 원작의 긴 대사를 거의 똑같이 되풀이하고 있는데 비해, 2006년 미니시리즈는 다소 인위적으로 들릴 수 있는 위 대사 대신 쌍둥이라는 아이템을 빌어 뜻은 살리고 표현법은 평범한 일상대화체로 바꾸었다. 이렇게 멀리 있어도 텔레파시를 통해 서로 교감할 수 있는 쌍둥이의 모티프를 끌어온 첫 째 이유는 로체스터가 펀딘Ferndean에서 제인의 이름을 외친 것을 멀리 떨어진 곳에서 리버스 형제와 함께 지내고 있던 제인이 실제로 듣고, 또 제인이 "지금 가요. 기다려요!"(I am coming! Wait for me! 369)라고 말한 것을 로체스터가 또 들었다는, 다소 우습기까지 한 설정에 대한 포석임에

틀림없다. 그러나 이 쌍둥이 모티프는 제인과 로체스터가 서로 더 할 나위 없이 잘 어울리는 짝, 즉 오누이와 같은 가족이라는 사실을 함축적으로 말해준다.

사진 9 제인이 주인공이 된 가족 초상화

두 남녀의 운명적인 사랑을 넘어 '가족'의 완성이 이 미니시리즈의 대단원임은 크레디트 타이틀이 올라가기 직전 엔딩 씬이 꽃무늬 액자로 테를 두른 듯한 가족의 초상화 | 사진 9 | 라는 점에서도 뚜렷하게 드러난다. 이 엔딩은 제인과 로체스터 둘이서 어딘가로 마차를 타고 가는 1973년 미니시리즈의 엔딩과 작은 시냇가 옆 잔디밭에서 둘만이 한적하게 책을 읽는 1983년 미니시리즈의 엔딩과 확실히 다르다. 2006년의 미니시리즈의 엔딩 씬은 소설에서 묘사된 펀딘이라고 하기에는 매우 밝고 멋진 집을 배경으로 제인과 로체스터, 그들의 아들과 막 태어난 듯 한 딸, 사촌으로 밝혀진 메리Mary와 다이아나Diana와 그들의 배우자, 페어팩스 부인, 그레이스 풀Grace Poole, 하나Hannah, 하인 조지George가 모두 포함된 가족의 초상화이다. 특히 이 가족의 초상화는 앞서 언급하였듯이 멋진 액자틀 안에 넣어지기까지 하여, 그 완성된 모습을 더욱 강조한다. 필자가 처음 이 미니시리즈를 보았을 때, 펀딘이라는 외딴 곳에서 제인과 로체스터 둘만이 이룩한 별세상으로 끝나는 원작의 결말에 이것이 과연 어울리는 엔딩인지 상당히 의아했다. 대가족을 이루고 북적거리며 사는 이 모습은 소설에서 제인과 로체스터가 펀딘이란 외진 곳에 둘 만의 오붓한 보금자리를 꾸몄던 것과 사뭇 다르며, 오히려 기존 현실사회로부터

일정 거리를 두고 있다기보다는 바로 그 속에 매우 편안하게 편입된 모습이다. 브론테는 로체스터의 신체적 크기를 삭감시키고 장님으로 만들어 제인에 의해 보살핌을 받아야만 하는 나약한 존재로 만들기까지 함으로써 여성에게 억압적인 가부장적인 결혼과 가족의 틀을 벗어나고 싶었음에 분명하다. 제인과 로체스터가 평등한 결혼을 성취하는 펀딘이라는 외진 공간은 브론테의 혁명적인 사상이 현실에서는 아직 시기상조임을 암묵적으로 인정한 결과라 볼 수 있다. 그런데 <제인 에어 2006>의 결말은 현실에서 이룩한 행복한 가족의 모습을 강조함으로써 '가족이데올로기'에 의해 지배되는 기존사회를 향해 던지는 브론테의 비판의 날을 무력화시킨다. 다시 말하면, 원작에는 전혀 없는 두 개의 가족 초상화 장면을 관객의 기억에 각인시킴으로써 행복한 가족의 형성을 완성하는 것으로 대단원의 막이 내려질 때, 원작이나 다른 TV 미니시리즈에서 강조했던 제인과 사회의 갈등, 즉 가정교사라는 하찮은 여성에게 인간의 존엄성을 허락하지 않았던 사회에 대해 분노하는 제인의 모습은 상당히 희석되고 그저 사랑과 신분상승에 성공하는 수많은 신데렐라 이야기 중의 하나가 될 위험이 있다.

V. 나가며

전통적인 신분사회가 자본의 유무에 따른 새로운 신분사회로 전환되면서, 새로운 시대의 주역인 중산층이 전통사회의 주역이었던 귀족계급과 비교하여 우월적 지위를 차지하기 위해 '가족이데올로기'domestic ideology를 내세웠던 것은 널리 알려진 사실이다. 남편의 근면과 성실, 아내의 순결과 희생으로 세워진 중산층의 가정은 그들의 도덕성을 만천하에 알리는 깃발이자 그들이 새롭게 일군 재산과 가문을 계승하는 통로였다. 약육강식의 원리로 움직이는 정글과 같은 남성들의 공적 공간과 대비하여, 가정은 사랑과 공감의 원리로 움직이는 여성적인 사적공간으로서 이상화되고 그 중심의 여성은 천사로 승격되었다. 그러나 소위 '가정의 천사'angel in the house란 허울만 좋은 것일 뿐, 여성은 공적공간으로 진출하려는 여성답지 못한 포부를 단념하고 여성에게 허락된 사적공간에 남아서 현모양처의 길을 가야 했다. 결과적으로 생산의 현장으로부터 소외된, 기껏해야 재생산의 현장일 수밖에 없는 가정은 사유재산권을 신성불가침으로 하는 자본주의 사회의 영속화와 가부장의 권리를 역시 신성불가침으로 하는 가부장사회를 영속화하는 최적의 장치가 되었다.

그런데 <제인 에어 2006>이 다른 무엇보다도 가족의 신성함을 새삼 선포한다면, 이는 아직 결혼한 여성에게 재산권도 이혼권도 허락하지 않았던 1847년에 쓰여진 『제인 에어』가 여성에게 불평등하게 작용하는 결혼제도 및 소위 '가정의 천사'가 있는 가족에 대해 겨누는 날카로운 화살촉을 상당히 무디게 하는 결과를 낳는다. 물론 <제인 에어 2006>은 제인이 로체스터와 이루는 결혼과 가정이 평등한 것임을, 아니 오히려 제인이 주도하는 것으로 그리려 애쓴 흔적이 엿보이기는 하다. 예를 들면, 로체스터가 침대에 누워 제인에게 아무도 알아보는 사람이 없는 지중해 연안의 별장으로 가서 오누이처럼 살자고 유혹하는 장면 | 사진 10 | 에서는 로체스터가 제인의 위에서 내려다보고 제인이 로체스터의 아래에서 올려다보는 자세를 취하고 있지만, 두 번째 청혼의 장면에서는 두 사람의 위치가 정반대, 간단히 말하면 로체스터가 제인에게 깔려있는 상태가 된다 | 사진 11 | . 또한

앞에서 언급한 바 있는 엔딩 씬, 즉 가족의 초상화를 그리기 위해 온 가족이 자리를 잡을 때 위치를 정해주고 진두지휘하는 사람은 다름 아닌 제인으로 그려져 있다. 그럼에도 불구하고 이 미니시리즈의 궁극적인 약점은 일부일처제에 기반을 둔 가족을 신성시하는 지배담론을 유보없이 수용한다는 점이다.

사진10 (위) **사진 11** (아래)

원작에서 제인은 약혼 기간 중 자신과 로체스터 사이에 엄연히 존재하는 신분과 재산의 차이 때문에 막중한 압박감을 느끼며, 또한 자신을 보석으로 치장하여 노예처럼 묶어두려는, 다시 말하면 여성을 소유물 정도로 간주하는 로체스터의 가부장적 태도 때문에 다가오는 결혼이 참다운 제인 에어를 말살시킬지 모른다는 불길한 두려움을 느낀다. 그러나 2006년 미니시리즈에서는 결혼에 대한 이와 같은 제인의 심리적 불안감은 거의 표현되지 않았으며, 따라서 제인이 로체스터를 떠나는 이유는 오직 버싸의 존재 때문이라는 인상을 준다. 결혼의 유일한 장애물이 전처의 존재라면, 이는 일부일처제만 허락하는 사회적 관습에 대한 무비판적인 항복이요, 가부장의 권리를 영속화하려는 가족이라는 배에 눈에 두건을 두른 채 기꺼이 올라타는 것이 될 수 있다.

참고문헌

오정화. 「"여성과 문학" 수업의 핵심 텍스트로 『제인 에어』가르치기」. 『영미문학교육』 11.1 (2007):157-86.

L. 자네티. 『영화의 이해: 이론과 실제』. 김진해 역. 서울: 현암사, 2000

Bronte, Charlotte. *Jane Eyre*. New York: W. W. Norton & Co., 1987.

Corrigan, Timothy. *Film and Literature: An Introduction and Reader*. Upper Saddle River, N. J.: Prentice Hall, 1999.

Gilbert, Sandra M. and Susan Gubar. *The Madwoman in the Attic: The Woman Writer and the Nineteenth-century Literary Imagination*. New Haven: Yale UP, 1979.

Hateley, Erica. "The End of The Eyre Affair: *Jane Eyre*, Parody, and Popular Culture." *The Journal of Popular Culture* 38.6 (2005):1022-36.

Mayer, Susan L. "Colonialism and the Figurative Strategy of *Jane Eyre*." *Post-Colonial Theory and English Literature: A Reader*. Ed. Peter Childs. Edinburgh: Edinburgh UP, 1999: 149-63.

Miller, Lucasta. "Prim and Improper." The Guardian 23 Sep. 2006. <http://www.guardian.co.uk/books/2006/sep/23/fiction.charlottebronte>

Shepard, Richard F. "TV: 'Jane Eyre' Starts 4-Part Dramatization." The New York Times 21 July 1982. <http://janeeyre73.bravehost.com/americanarticles.html>

White, Rebecca. "'Fresh' Eyre'? How Original is Sandy Welch's Televised *Jane Eyre*?" *Brontë Studies* 33 (July 2008): 136-47.

폭풍의 언덕 *Wuthering Heights*

세 편의 영화로 본 <폭풍의 언덕>에서의 서술과 여러 타자의 문제

이소영_이화여자대학교

I. 에밀리 브론테의 『폭풍의 언덕』의 주요 주제

에밀리 브론테의 『폭풍의 언덕』의 서사적 구조는 캐시의 목소리나 형상을 직접적으로 담지 않고 속세를 대표하는 두 서술자, 록우드와 넬리의 서술 안에 담았다. 워더링 하이츠와 인접한 드러시크로스에 세를 들게 된 신사계급의 록우드는 언뜻 믿을 만한 서술자로 보인다. 그러나 외형과 관습을 토대로 짐작을 하는 그의 경향이 워더링 하이츠에서는 통하지 않는다는 것을 독자는 쉽게 알게 된다. 그는 먼발치에서 자신의 흥미를 위해 상대를 바라보지 그 대상이 그의 시선에 대한 반응을 보낼 때에는 태도가 급변하는 경계가 확실한 사람이다. 먼저, 해변가에서 한 여인을 바라보다가 그녀가 이에 응답하자 차갑게 돌변한 그의 태도에서나, 캐시의 방과 일기를 파고들고 엿보다가 어린 소녀의 영이 손을 뻗어 그를 붙잡자 움츠리고 도주하는 그의 행각에서 볼 수 있듯이, 그는 먼발치에서 바라볼 뿐, 상대가 다시 바라보고 접촉을 원할 때 반응을 못하는 가부장적인 남성이다. 워더링 하이츠의 긴 역사에 대한 가정부 넬리의 이야기를 듣고자 하는 록우드의 욕구는 캐더린 히스클리프에 대해 알아보고 싶어 하는 데에서 기인한다. 캐더린과 헤어튼을 돌보는 역할을 한 넬리의 2세대에 대한 서술은 빈틈없이 전개되지만, 그녀의 1세대에 대한 이야기는 맹점이 자주 보이며 긴장이 역력하다. 이는 록우드와 같이 이성에 의지하며 통제에 대한 욕구가 강한 넬리에게는 히스클리프와 캐시 사이의 유대감의 영역이 그녀의 인식의 범위 밖에 존재하기 때문이다.

그러나 브론테의 독자는 물리적 세계와 동일시하고 이에 만족하는 두 서술자의 이야기에 국한 되어 있지 않고 텍스트의 모든 틈과 모순이, 여러 사람들이 인식과 시각이 모이는 중심점이 되어 주변부에만 머무르는 두 서술자보다 더 깊은 통찰을 갖게 된다. 캐시와 히스클리프의 유대는 물리적 세계가 담을 수 없는 성질의 것으로 히스클리프는 캐시를 "말구유에 담긴 바다" 또는 "화분에 심어진 오크나무"로 일컫고 캐시 또한 히스클리프를 "자신 밖에 존재하는 또 다른 자아"라 한다. "넬리, 난 히스클리프에요"라고 한 캐시의 말은 넬리가 알고 지내는 세계 넘어서의 다른 영역이 있음을 지칭한다. 그들의 영역은 타자는 거리를 두고 존재하는 것이 아니라 자신의 일부가 되어 있는 자아의 경계가 무너진 세계다. 서로에게 향했던 그들의 시선이 문명, 세속적 세계를 대변하는 드러시크로스 그레인지의 안을 향하면서 그들의 유대감이 깨지게 된다. 캐시는 자신의 의지와는 관계없이 그레인지의 감시견의 잔인한 공격에 의해 히스클리프와 이별하게 되고 그레인지에서 숙녀로 길들여지게 된다. 이러한 사회적 육체로부터 벗어나고자 하는 캐시의 의지는 결국 영과 육체의 분리, 즉 죽음으로 승화된다.

> 나를 힘겹게 하는 것은 결국, 이 부서진 감옥이다. 이 안에 가두어진 상태가 날 지치게 해. 난 그 영광스러운 그 세계로 떠나 언제나 거기에서 살기를 갈망하고 있어. 아픈 마음의 벽안에 갇혀 그리워하며 이를 눈물 넘어 희미하게 바라보는 것이 아니라 정말로 함께, 그 안에 존재하기를...
>
> "[The] thing that irks me most is this shattered prison, after all. I'm tired, tired of being enclosed here. I'm wearying to escape into that glorious world, and to be always there; not seeing it dimly through tears, and yearning for it through the walls of an aching heart; but really with it, and in it."(148)

캐시는 어린 소녀의 영이 되어 자신의 육체의 한계에서 벗어나 자연과도 같은 초월적인 편재성을 갖게 된다.

히스클리프는 캐시와 결별하게 한 사회 권력의 바로 그 무기로 이에 복수를 꾀한다. 두 가문의 가부장적인 주인이 되어 분리와 침략, 소유 등의 원리에 의해 자신의 권력을 행사한다. 캐시의 사후 존재는 타자와의 동일시에 의해 그들의 일부가 되어 이러한 가부장적인 원리에 대항하는 것으로 대변된다. 죽음을 통해 캐시는 자신을 제한시키는 몸을 초월하여 자연과 타자의 일부분이 되어 히스클리프를 에워싸게 된다:

> 그녀와 연관되지 않는 것이 나에게 어디 있나? 그녀를 연상시키게 하지 않는 것이 무엇이 있는가? 이 마루청을 내려 봐도 그녀의 모습이 보여! 모든 구름, 모든 나무 — 밤의 공기를 채우며 낮에는 모든 사물에서 그녀가 잠시 비추어, 난 그녀의 이미지로 에워 쌓여 있어! — 가장 평범한 남성, 여성의 얼굴, 심지어 나의 얼굴에서도 보이는 그녀의 형상이 나를 조롱해. 온 세상 전체가 그녀가 한 때 살았었고 내가 그녀를 잃어버렸다는 것에 대한 끔찍한 기록의 집합체야!
>
> " for what is not connected with her to me? And what does not recall her? I cannot look down to this floor, but her features are shaped on the flags! In every cloud, in every tree — filling the air at night, and caught by glimpses in every object by day, I am surrounded with her image! — The most ordinary faces of men and women — my own features — mock me with a resemblance. The entire world is a dreadful collection of memoranda that she did exist, and that I have lost her!"(274)

이렇게 볼 때, 2세대의 이야기는 1세대의 것과 분리 된 것이 아니라 타자가 되는 캐시의 원리의 연장선에서 볼 수 있는 역사이다. 히스클리프는 2세대를 더 많은 재산을 축적하기 위한 도구로 보는 것에 비하여 헤어튼과 캐더린의 일부가 되는 캐시의 원리는 히스클리프의 소유와 남을 이용하는 원리를 무효화 시킨다. 캐시로부터 받은 그녀 딸의 눈에 대한 히스클리프의 민감성은 재차 강조되며 헤어튼에 깃든 캐시의 흔적은 히스클리프에게 더 큰 영향을 준다.

"내가 나 자신을 스스로 좌절시킨다면 아주 이상하겠지! ... 그러나 그(헤어튼)의 얼굴에서 그의 아버지의 모습을 찾아보고자 하나 매일 그녀의 얼굴이 더 보여! 아, 어떻게 그리 닮았나?"(258) 히스클리프를 바라보는 캐시의 눈은 캐더린과 헤어튼을 통해 배가되어 히스클리프의 파괴적 의지를 좌절시키는데 큰 역할을 한다: "히스클리프씨에 대항하기 위해 그들은 눈을 함께 들었어요−혹 그들의 눈이 얼마나 똑같은지 보신적은 있으신지요, 그 눈은 캐더린 언셔의 눈 그대로입니다. 아마도 히스클리프씨를 무너뜨리게 한 것은 이 유사함일 것입니다."(273) 특히 캐시 뿐만 아니라 히스클리프 자신의 과거의 모습을 연상케 하는 헤어튼 안에는 여러 정체성이 통합되어 있다.

> 그가 나에게 일깨우거나 구현하는 천만가지의 과거에 대한 기억과 생각을 묘사하자면 헤어튼은 하나의 인간존재라기보다는 나의 젊은 날의 화신으로 보여. 너무나 여러 면에서 그와 공감을 하기 때문에 그에게 이성적으로 말을 건다는 것은 불가능한 일이지. 우선, 캐더린과 너무나 닮아 그녀와 너무 끔찍이 연결돼—아, 헤어튼의 모습은 나의 불멸의 사랑, 나의 권리를 지키기 위해 나의 거친 노력들, 나의 격하, 내 자존심, 나의 행복, 내 불행 모두를 담은 유령이야.

[If] I [Heathcliff] try to describe the thousand forms of past associations, and ideas he awakens, or embodies... Hareton seemed a personification of my youth, not a human being — I felt to him in such a variety of ways, that it would have been impossible to have accosted him rationally. In the first place, his startling likeness to Catherine connected him fearfully with her — Well, Hareton's aspect was the ghost of my immortal love, of my wild endeavors to hold my right, my degradation, my pride, my happiness, and my anguish."(274)

소유의 경제원리에는 무관심한 체 헤어튼과 캐더린이 하나가 되어 서로에게서 위안을 찾는 그들의 모습을 보며 히스클리프는 소유하고 파괴하고자 하는 그의 복수극이 얼마나 허망한 것인지 깨닫게 된다.

캐시의 죽음을 넘어서 자연과 타자의 일부가 되는 원리는 히스클리프의 분리와 소유로의 욕망을 좌절시키다. 이러한 캐시의 원리는 2세대들의 역사에서 실현되기 때문에 그들의 이야기는 따로 분리하여 이해할 수 없는 것이다. 캐시의 영역은 객관 세계에 의지하는 두 서술자에게는 이해가 되지 않고 잡히지 않아 그들은 다만 멀리서 어렴풋이 감지하는 수준에 머문다. 이 두 서술자의 이야기의 부족한 면을 간파한 독자는 보다 적극적인 읽기를 통하여 그들의 초자연적인 세계를 그려 넣게 된다. 이러 한 의미에서 여러 영화들은 캐시와 히스클리프의 초자연적 영역을 어떻게 형상화 했는지 살펴보는 것은 의미 있는 일이겠다.

II. William Wyler의 1939년의 <Wuthering Heights>와 1993년 Jane Campion의 <The Piano>

각색된 영화의 많은 수와 다양한 장르에서 볼 수 있듯, 에밀리 브론테의 『폭풍의 언덕』을 영화하는 작품들은 다양한 상상력으로 적극적인 읽기와 재해석을 하고 있다. 팻시 스톤맨Patsy Stoneman의 <브론테의 변형> *Bronte Transformations*에서 볼 수 있듯이 『폭풍의 언덕』은 시대를 거쳐 꾸준히 영화화 될 뿐만 아니라 나라도 망라하여 많이 작품화 되었다: 멕시코의 거장 루이 부뉘엘Luis Bunuel의 <자유의 환상> *Abismos de Pasion* (1953), 일본 감독 요시다 기주Kiju Yoshida의 <오니마루> *Onimaru* (1988), 그리고 심지어 1960년대 한국 영화 태동기에 백호빈의 1960년작 『폭풍의 언덕』도 브론테의 작품에서 영감을 얻었다. 각기 작품의 초점과 강조되는 부분 또한 다양하다: 윌리엄 와일러William Wyler의 1939년의 <폭풍의 언덕*Wuthering Heights*> 과 부뉘엘Bunuel의 작품은 2세대의 이야기를 배제한 체 히스클리프와 캐시의 관계에 중점을 두는 반면, 1993년 제인 캠피온Jane Campion의 <피아노> *The Piano*는 표면상 관련이 없는 작품인 듯하나 내면은 브론테의 작품의 주제적 특질을 창의적으로 재현한 작품이라 볼 수 있다. 왜 이리 작품의 외형상의 줄거리에서 벗어나는 다양한 형태의 각색의 의도가 있는지 물어보는 일은 의미 있는 일이라 하겠다. 그 한 가지 이유는 『폭풍의 언덕』의 다양한 서술자의 목소리에서 찾을 수 있다. 원작에서 캐더린 어언셔의 목소리는 몇 개의 서술의 층에 내포되어 있기 때문에 이를 구체화하여 영상으로 담는다는 것은 복잡한 문제이다. 또한 성과 세대를 넘나들면서 여러 인물에게로 투영된 캐더린의 자아를 그리는 문제는 큰 도전을 준다. 이 장에서 살펴볼 『폭풍의 언덕』을 영화화한 작품 중 의미 있는 작품으로 허리우드 스튜디오 시스템의 영향이 큰 거장 윌리엄 와일러의 1939년 작품과 보다 넓게 주제적 특질들을 이해하며 독자적인 영화 안에 브론테의 주제가 크게 자리잡고 있는 1993년 작 제인 캠피온의 <피아노>가 있다. 이 두 작품은 공통으로 제 2세대에 대한 직접적인 언급이 없으며 원작에 대한 보다 적극적인 해석을 하는 영화 자체의 독자적 작품성을 지니고 있다. 소설 원작의 주제적 특질을 어떻게 영상적으로 살리고 또 어떤 면에서 독자적인 길을 추구했는지 살펴보는 것은 우리의 원작에 대한 보다 적극적인 읽기에 도움이 될 것이다.

와일러의 영화는 2세대를 영화에서 배제 한 것 외에는 표면적으로는 브론테의 원작에 충실한 듯 보이나, 원작보다는 이를 생산해낸 당시 시대의 사회적 관념과 심리를 더 반영하고 강화한 것으로 보인다. 자신을 넘어서 있는 초자연적인 존재에 대한 브론테의 비전을 가장 잘 대변한 캐시의 경우 와일러의 영화에서는 히스클리프의 몰락을 가져오는 속세적인 인물로 그려진다. 히스클리프를 캐시 아래에 종속시키는 두 저택의 워더링 하이츠와 그레인지의 사회적 논리에서 벗어나 있는 페니스톤 크레그에서는 이 둘은 하나가 되고 평등한 것처럼 그려진다. | 사진 1 | 그러나 자연과 더불어 영원하리라고 맹세하였던 그들만의 유토피아적 안식처에서 캐시가 생각해 낼 수 있는 행복은 다분히 물질적이다. “왜 넌 남자답지 못해. 왜 도망가지 못해? 부자가 되어서 다시 돌아와 나를 데려가면 되잖아. 우리가 옛날 말한 것처럼 넌 왜 왕자가 아니니? 왜 날 구해주지 못해?” 그들의 평등주의적 비전을 배반하고 결국 둘 사이의 이별과 비극을 불러온 것은 캐시로 그려진다.

미국의 성공의 신화로 둔갑한 이 영화에서 누가 영웅인지는 아주

사진 1 페니스톤 그레그에서 "나는 히스클리프예요."

명백하다 — 히스클리프의 성공은 미국의 평등주의와 계급 이동성의 우월함을 재확인시켜 주는 역할을 하지만 캐시는 단지 그의 욕망의 대상으로 전락한다. 그의 알 수 없는 출처, 한계 없는 정체의 가능성 — "가장을 한 왕자님이고 그의 아버지는 중국황제, 어머니는 인도의 여왕일수도"(67) — 은 다문화를 포용한 미국의 역사와 연결이 된다. 히스클리프의 행방불명이었던 3년이라는 기간은 영화에서는 미국에 간 것으로 명백히 설정하며 이를 통해 히스클리프는 누구 못지않는 교양을 지닌 인물로 변모하게 된다.

히스클리프가 느꼈던 신분의 차는 영화적으로 더 강조된다. 브론테의 힘없던 린턴은 영화에서는 눈에 보이는 위엄 있는 집과 무도회의 귀족들의 힘을 업어 상당한 라이벌로 등장하며 무도회에서 히스클리프와 귀족들을 화면 양편으로 대치시키는 영상적 구조는 그 적대성을 더 강조한다. 캐시의 "여기를 떠나 세상을 나에게 가져다 오라"는 히스클리프를 향한 말은 그의 소외를 완전한 것으로 만든다. 초자연적인 영역을 대표하는 캐시는 와일어 영화에서는 그레인지에서 머무르면서 세틴과 왕관, 곱슬머리로 치장하는 속세적인 인물로 변하게 되어 히스클리프 뿐만 아니라 그녀를 향한 관객의 시선에는 거리가 생기게 된다. | 사진 2 | 또한 제 2 세대의 이야기를 영화에서 지움으로써 히스클리프의 잔인성 또한 묘사되지 않고 오직 그의 아픔만 남게 된다. 관객의 동정심은 그에게로 향하여 그의 복수를 결국 정당화시키는 역할을 하게 된다.

제 2세대의 이야기가 배제됨에 따라 그들을 통하여 행사하는 캐시의 초자연적인 원리 또한 배제된다. 오히려 헐리우드의 공식은 관객으로 하여금 캐시를 객관화된 이미지로서 거리를 두며 히스클리프의 남성적 시선의 대상으로 바라보게 한다. 캐시는 대부분 클로즈업이나 미디엄 샷으로 잡혀 화면에 갇힌 대상이 되는 반면에 히스클리프는 롱 샷으로 잡아 보다 능동적인 주인공의 위치에 있게 되며 롱 샷으로 잡히는 자연의 기운과도 동일시된다. 캐시의 죽음은 사회적 한계 상황을 벗어나고자 한 의지의 결과이기 보다는 결국 히스클리프와 그녀가 함께 나누었던 평등주의적 비전을 배반한 것에 대한 정당한 결말로 이해된다. 미국의 30년대 사회적 이념과 헐리우드 스튜디오의 공식은 히스클리프와 캐시 사이에 존재한 유대에 파고 들어가 브론테의 초월적 비전의 가장 열렬했던 지지자였던 캐시를 세속적 물질주의자로 끌어내린다. 헐리우드의 공식은 캐시를 희생하는 대가로 히스클리프를 미국적인 영웅으로 재탄생 시킨다.

사진 2 멀어진 캐시

<피아노>의 감독 제인 캠피온은 자신의 영화는 브론테의 원작과 "낭만적인 충동"과 공통분모를 갖고 있으며 이 낭만적인 충동에 대한 고딕적gothic 탐구라 밝힌다. 브론테 원작에서 린턴이나 록우드에 의해 지배적 문화가 세련된 외형 아래 행사하는 가학성은 <피아노>에서는 스튜어트에 의해 대변된다. 그의 라이벌 베인스과는 대조적으로, 스튜어트는 백인, 가부장적, 그리고 이성적 세계와 자신을 연결한다. 스튜어트는 자신을 신과 같은 위치에 올려놓으며: 하나님도

벙어리를 사랑하셨는데 그 또한 그렇게 하지 못할 것이 뭐 있냐?라 반문한다. 그는 린턴의 세련되고 교양 있는 위치에서 히스클리프가 행했던 폭행을 저지른다. 타자를 억압하고 제제하고자 하는 스튜어트의 욕망과 권력의 성향은 그를 록우드와 연결시켜주는, 여성과는 접촉을 못하고 이미지만으로 만족하는 관음증적인 경향에서 찾을 수 있다. 스튜어트는 애다와 플로라의 친밀하고 접촉의 관계를 어리둥절하게 생각하며 거리를 두고 바라만 볼 뿐 그들의 영역에 참여하지 못한다.

캠피온은 그러나 남성중심적인 카메라의 시선을 모방하는 듯하다가 관음증의 주체를 객관화하면서 그 기제를 뒤 엎는다. 관객은 먼저 스튜어트와 시선을 일치시켜 그의 관음에 동참하지만 카메라가 그의 시선에서 벗어나 포착하는 것은 애다와 베인즈가 함께 있는 것을 바라보는 것에 너무 몰두한 나머지 개가 그의 손등을 핥아도 꼼짝하지 않고 엿보기에 여념이 없는 스튜어트의 우스꽝스러운 모습이다. 감독은 카메라를 응시의 주체로 돌리면서 그를 객관화하여 관음의 행위가 이를 행하는 자를 결국 조정하게 되는 것을 보여준다. | 사진 3 | 스튜어트는 감정의 세계에 참여하지 못하고 이름뿐인 가족과의 관계를 유지한다. 이러한 그의 관음적 욕망은 그에게 권능을 부여하기보다는 그를 거세시키는 역할을 한다는 점에서 록우드와 운명을 같이 한다고 볼 수 있다.

사진 3 객관화된 스튜어트의 응시

애다와 플로라를 자신

의 응시로 제어하고자 하는 스튜어트와는 달리 베인즈는 그녀들의 여성적인 영역에 쉽게 동화한다. 백인과 마오리 문화 모두의 흔적이 남아 있는 베인즈의 정체성은 히스클리프의 애매모호한 출신처럼 우리에게 알려지지 않는다. 이러한 베인즈의 경계적인 위치뿐만 아니라 베인즈와 스튜어트 사이의 가장 큰 차이는 접촉하고 욕망하며 또한 욕망의 대상도 되는 상호적 관계를 위하여 응시의 주체로서의 지배적인 위치를 기꺼이 포기하는 베인즈의 태도이다. 애다가 대변하는 영역의 가치를 알아보고 이와 하나가 되고자 하는 베인즈의 능력은 애다와 그녀의 피아노와의 관계를 본능적으로 통찰하고 있는 데에서 찾을 수 있다. 베인즈는 애다와 플로라가 바닷가에서 환희로 이루는 음악과 미술의 향연을 보게 된다. 현실의 세계에서 벗어나 잠시 찾은 자연과 하나가 되는 그들의 세계는 모래위에 소라껍질로 수놓은 아름다운 해마의 형상에 나타나며 이 그림은 서로 다른 방향에서 시작되다가 하나가 되는 어머니와 딸의 발자국이 모래 위에 새겨지면서 완성된다. 이러한 영역을 바라보는 것으로만 그치지 않는 베인즈의 경향은 그가 그들이 만들어 놓은 발자국을 따라 가는 영상에서 볼 수 있다. | 사진 4 | 접촉, 해방, 그리고 예술로 표현되는 그들 영역의 일원이 되고자 하는 베인즈의 갈망은 그가 피아노 레슨을 받아보고자 하는 점에서도 읽어낼 수 있다.

사진 4 베인즈의 여성적 영역으로의 동화

<피아노>는 우리에게 새로운 "보기"의 양식을 제공해 준다. 첫

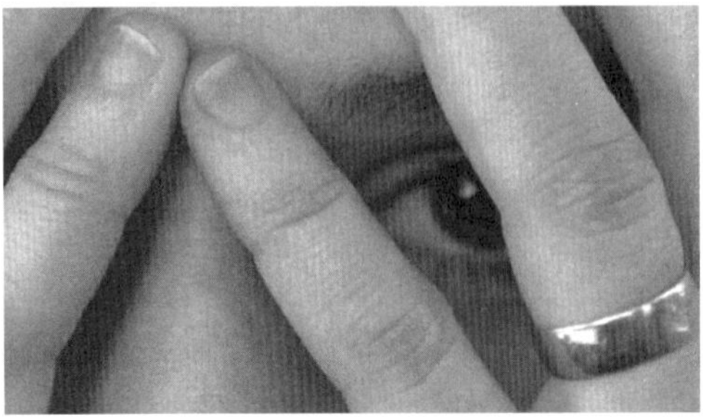

사진 5 애다의 시선

장면으로부터 관객은 알아보기 힘든 이미지를 접하게 된다—반투명한 기둥 사이로 가느다란 빛의 조각들이 비친다. 곧 우리는 애다와 함께 그녀의 손가락 너머의 세계를 바라보았다는 것을 깨닫게 된다. | 사진 5 | 관객은 애다를 객관화하여 우리 시선의 대상으로 보기보다는 그녀의 시점에서 그녀의 내면의 생각과 함께 한다. 애다는 손을 통해 외부세계와 연결되어 있기 때문에 우리가 애다의 손을 통해 그녀와 함께 보는 여정을 시작하는 것은 의미가 있다. 어려서 말하기를 거부하여 벙어리가 된 그녀는 그녀의 손을 통해 의사소통을 하며, 피아노를 치며, 접촉을 통한 친밀한 관계를 갖는다. 침묵과 마찬가지로, 애다의 또 다른 대화의 통로 즉, 음악과 그녀의 춤추는 손과 같은 예술적 영역은 다른 사람이 스스로 의미를 생산하는 공간을 남겨주기 때문에 타자를 조정하지는 못한다. 음악은 어떤 이를 에워싸고 변화를 주지만 결국 그 사람을 고스란히 그대로 존재케 한다. 애다의 피아노 소리는 "어떤 사람 안으로 스며드는 기운," 또는 "다른 사람 안으로 어느덧 스며든다"로 표현된다. 캐시가 그녀의 육체의 존재를 넘어서 자연의 일부분이 되고 히스클리프를 에워싸고 따라다닌 것처럼—"모든 구름, 모든 나무—밤의 공기를 채우며 낮에는 모든 사물에서 그녀가 잠시 비추어, 난 그녀의 이미지로 에워 쌓여 있어!"—애다의 음악 또한 그녀의 존재를 넘어 다른 사람 안으로 들어가 그들을 사로잡는다.

캐시가 파괴를 향한 히스클리프의 의지를 캐더린과 헤어튼의 시선에 깃든 그녀의 눈으로 꺾은 것처럼, 애다 또한 그녀의 응시를 통해 스튜어트의 마지막 공격을 좌절시킨다. 반의식 상태의 애다를 강간하고자 접근하는 스튜어트를 향해 믿지 못하겠다는, 빤히 바라보는 그녀의 응시는 스튜어트로 하여금 겉치레에 지나지 않는 자신의 권위를 다시 바라보게 한다. 애다는 그를 바라보며 그녀의 생각을 스튜어트 안으로 침투시켜 지배하게 한다. 스튜어트는 이제 명백히 볼 수 있으며 들을 수 있는 내용을 베인즈에게 표현하고자 한다:

> "그녀는 나에게 이야기 했어, 난 그녀의 목소리를 들었어. 아무 소리가 들리지는 않았지만 난 여기[스튜어트의 이마]에서 들었어. 그녀의 목소리가 내 머리 안에 있었어.... 그녀는 '난 가야 해요, 절 놓아주세요, 베인즈가 절 데려가 구해주게 해 주세요. 전 제 의지가 무서워요, 그것이 저지를 수 있는 것은 너무나 이상하고 강해요.' 난 그녀가 떠났으면 좋겠고 너도 사라지면 좋겠어."

스튜어트가 애다 자신을 보며 듣고자 하는 노력은 다른 사람과 하나가 되는 경험으로 보상을 받게 된다. 스튜어트는 자신의 시각 외에 다른 사람의 시각으로 바라보는 것을 알게 됨으로써 명백히 자신을 바라볼 수 있게 된다. 그러나 과거의 자신으로부터 벗어날 용기가 없는 그는 록우드와 넬리가 그러했듯이 이 모든 것을 하나의 꿈이나 환상으로 처리해 버리고 싶어 한다. 타자와의 동일시를 통하여 자신의 변화를 꾀할 기회가 스튜어트에게 주워지긴 하지만, 그는 이성의 논리에 대한 그의 의존과 집착을 놓을 수 없어 그 외의 다른 모든 것은 잃기로 작정한다. 반면, 애다와 베인즈의 삶은 캐더린과 헤어튼이 그러한 것처럼 현실에 귀착하는 듯 하지만 마치 캐시와 히

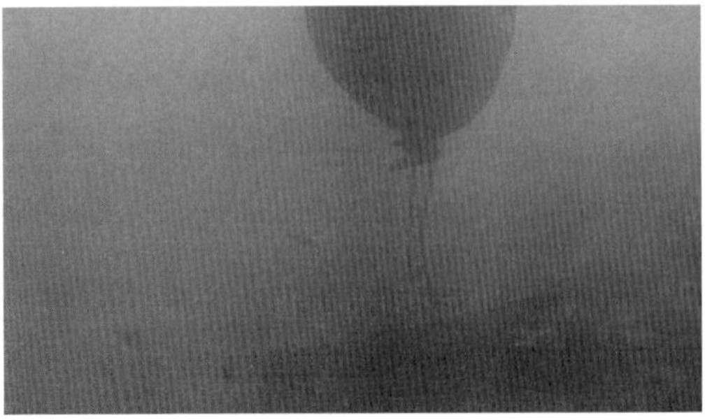

사진 6 피아노와 탯줄로 이어진 애다

스클리프트의 영혼이 떠나지 않고 배회하듯 애다와 그녀의 피아노와의 유대는 그녀를 떠나지 않고 그녀의 깊숙한 내면에 자리 잡는다. 새로운 현실의 세계로 향한 그들의 여정에서 피아노는 바다의 심연 깊숙이 가라앉으면서 애다를 끌고 들어간다. 탯줄을 끊듯 죽음으로 몰고 갈 밧줄을 끊으면서 애다는 양수와 같은 바다에서 벗어나 숨을 내쉬지만 애다는 그녀의 이러한 원초적인 피아노와의 영역을 현실의 세계에서 잃지 않으며 그녀의 일부로 간직한다. | 사진 6 | 이는 2세대가 사는 현실에 1세대의 영적 영역이 나란하게 공존한 브론테의 비전을 캠피온이 애다의 이중적 비전을 통해 간직한 것으로 보인다. 이렇게 볼 때 브론테의 이야기에서 많이 벗어난 듯한 영화 <피아노>는 사실상 캐시가 2세대를 통해 다시 출몰한 것처럼 영적으로 브론테의 주요 주제를 재현하고 있다고 볼 수 있겠다.

III. 피터 코스민스키Peter Kosminsky의 1993작 <에밀리 브론테의 폭풍의 언덕>*Emily Brontë's Wuthering Heights*

와일러의 작품과 <피아노>가 2세대를 제외시키고 1세대 중심으로 이야기를 전개시키며 원작을 새롭게 해석하고 있는 것으로 볼 수 있는 반면에 피터 코스민스키Peter Kosminsky의 1993작 <에밀리 브론테의 폭풍의 언덕>*Emily Brontë's Wuthering Heights*는 브론테의 여러 의미의 층을 감각적이며 시각적인 영상영어로 물질적 세계에 얽매이지 않는, 캐시의 한정되기를 거부하는 존재와 여러 겹의 서술 층 등을 충실하면서도 창의적으로 구현하고 있다.

브론테의『폭풍의 언덕』에서 여러 서술의 목소리를 찾을 수 있는데 그 중 대개의 영화 각색자가 제외시킬 만한 것은 소설의 1850판 서론에 등장하는 에밀리 브론테의 언니인 샤롯 브론테의 목소리일 것이다. 언니 샤롯은 등장인물의 행동거지에 놀란 독자들에게 소설을 용인시키기 위하여, 소설의 서론에서 인물들을 작가의 개입이 없이 자연으로부터 투명하게 그대로 옮겨놓은 산물이라고 설명을 덧붙여 작가로부터 책임을 덜고자 하였다(Armstrong, 440).『폭풍의 언덕』을 사회나 역사를 초월한 기질/지성의 산물로 만듦으로써 샤롯 브론테는 동생의 작품을 신비한 로맨스의 작품으로 재생산하였다. 피터 코스민스키의 <에밀리 브론테의 폭풍의 언덕>*Emily Brontë's Wuthering Heights*는 이러한 에밀리 브론테를 낭만적 시인으로 보는 풍토를 이용하여 영에 홀려 이야기를 펼치는 서술자의 역할을 새롭게 만들어 낸다. 물리적 세계를 대표하는 록우드와 넬리에게 이야기의 전개를 맡기기 보다는 코스민스키의 영화는 도입부에서부터 이 이야기는 비현실적인 요소가 두드러진, 상상력의 산물이라 못 박는다. 서술자로서의 에밀리 브론테를 영상의 세계에서 창조하면서 상상력의 세계가 중요하게 다루어진다는 예고와 함께 샤롯 브론테가 쓴 서론의 역할들이 이루어진다.

서술자로서의 에밀리 브론테의 목소리는 영롱한 눈의 두건을 쓴 신비한 모습으로 처음 등장한다. | 사진 7 | 그녀의 모습은 더 이상 등

사진 7 영감을 받은 에밀리 브론테

장하지 않고 영화가 끝날 때서야 다시 등장하지만 그녀의 목소리는 영화 내내 함께 한다. 서술자의 신비한 보이스 오버는 이야기를 압축시켜 빨리 진행시키는 서술적 역할을 할 뿐만 아니라 구두로 표현된 생각을 풍부한 이미지와 대치시켜 서로에게 여러 층의 의미를 끌어낸다. 원작의 모든 단어를 사용하지 않고도 서술자의 보이스 오버는 우리가 이미지와 이야기를 어떻게 받아들여야 하는지 이끌어 주어 원작을 직접 읽는 듯한 경험을 준다. 보이스 오버와 서술적인 영상 이미지가 어울려 코스민스키의 영화는 문학 텍스트와 비교할 수 있을 정도로 의미의 복합적인 층을 전달할 수 있는 매체로서 영화의 가능성을 잘 보여 준다고 하겠다.

읽는 경험을 영화로 옮겨놓는 방법으로 첫째 줄거리 안의 대화와 이야기 밖의 서술의 목소리를 겹쳐 사용하는 것을 예로 들 수 있다. 영화의 이야기는 영화의 인물들이 말할 대사를 서술자가 읊으면서 시작된다. 서술자는 "히스클리프 씨"라 말함으로써 이야기를 시작하는데 바로 영화의 록우드가 이를 되받아서 이야기 한다. 집사 조세프의 얼굴이 화면에 보이자 서술자는 그를 대신해 대사를 읊는다, "기다리셔야 합니다."이에 이어 영화 속의 조세프가 같은 대사를 읊는다. 여기서부터 보이스 오버 서술은 매끈하게 영화의 줄거리의 흐름과 떨어져 하나가 된다. 이렇게 두 목소리를 겹치는 것은 서로가 서로를 소원시켜 각자의 허구성을 드러내어 원작의 주요 주제와 형식을 관객이 직접 체험하기 위해서이다. 관객은 에밀리 브론테의 독자가 그러했듯이 매끄럽지 않은 파편들은 적극적으로 짜 맞추어 의미를 형성하는 역할을 하게 된다.

인물들의 내적 사고를 읽어내고 판단하는 전지전능한 서술자의 서술과 인물들의 행위와 같은 객관적인 영상정보는 함께 협력하여 소설을 읽을 때의 사고의 흐름을 형성하는 역할을 한다. 이에 해당하는 좋은 예는 히스클리프가 워더링 하이츠에서 사라지고 캐시가 넋이 나가는 과정을 그린 일련의 장면들이다. 보이스 오버 서술은 연속되는 몇 개의 이미지들과 함께 캐시가 어떻게 하이츠를 떠나 그레인지로 옮겨와 살게 되었는지 알려준다. 캐시가 하이츠를 떠나는 영상에 히스클리프가 원작의 한 대사, "난 내 생명 없이, 내 영 없이 살 수 없어"가 서술자에 의해 화면과 겹쳐지면서 사건의 진행과 함께 캐시의 내적 상태가 서술된다. 영상은 곧 이어 캐시의 마음이 어떻게 변하는지 보여 준다: 그녀는 넋이 나가 병이 들지만 다시 삶에 흥미를 얻으며 마침내 에드거 린틴 부인이 되어 사회에 편입되는 모습이 연속하여 연결되면서 보이스 오버는 이 장면들에 대해 다음과 같이 해설 한다:

> "어릴 때의 히스클리프는 그 날 밤 영원히 사라졌다. 그녀는 그를 찾을 수가 없었다. 병에서 회복되면서 그녀는 그가 돌아오기를 기다렸지만 그는 끝내 오지 않았다. 결국, 그녀는 워더링 하이츠의 옛 생활에서부터 벗어났다. 에드거와 결혼하면서 그녀는 행복을 어느 정도 맛보게 되었다."

이 연속된 이미지들은 에드거나 캐시를 바라보며 환히 웃는 장면으로 끝나지만 이를 동반하는 보이스 오버는 우리에게 거리를 갖게 하

는 역할을 한다: "둘의 영혼은 번개와 달빛이나 불과 서리가 그러하듯 완전히 상이했다." 이러한 영상과 서술을 대조시키는 편집은 캐시가 에드거와 찾은 행복의 정도에는 한계가 있으며 외부세계와 내면이 세계가 분리되어 있다는 에밀리 브론테의 통찰을 잘 반영한다.

코스민스키 감독의 서술적 장치들은 읽는 행위의 주관적인 경험을 되살리고자 한다: 사소한 세부내용은 스쳐 지나가고 우리의 머릿속에서 하듯 어떤 장면들은 구체적으로 그려가면서 브론테가 주로 사용하는 어감을 되살리고자 한다. 영화의 리듬은 우리가 원작을 읽는 것과 같이 흐르는데, 묘사의 부분에서는 카메라가 오래 머무르고 중요하지 않는 부분에서는 빨리 넘어가며 대화는 실제적 시간을 차지한다. 원작에서 넬리의 서술이 과거의 사건들은 압축시키고 최근의 일들은 더 자세하고 생생하게 환기했듯이 첫 세대의 이야기는 상대적으로 빨리 진행되고 후 세대의 이야기는 서술자로부터 간섭을 덜 받으며 더 실제적인 시간으로 재현된다.

원작에서 사회의 세력을 대표하는 넬리와 록우드의 서술에 의해 두 세대의 이야기가 담겨있듯, 영화의 관객 또한 코스민스키 감독의 허구의 세계를 록우드의 관점으로 들어가 시선을 그의 것과 일치시킨다. 브론테가 원작에서 우리가 가진 기본적 편견과 가정들이 그릇되었다는 것을 보여준 것처럼, 코스민스키 감독의 영화도 우리가 가진 응시의 관습에 혼란을 주어 우리 기존의 관점을 되묻게 한다.

록우드의 시선은 먼저 어머니 캐시의 초상화에 머물며 번개가 친 후 그에게는 딸 캐더린의 얼굴이 보인다. 이 두 여인의 역에 옷차림과 머리색만 달리하여 같은 배우 줄리엣 비노쉬가 더블 캐스팅되었다. 더블을 보는 것에 대한 섬뜩한 느낌은 바로 헤어튼과 그와 같은 복장과 자세를 한 히스클리프가 뒤따른 등장에 의해 강화된다. 록우드가 하이츠에 사는 사람들의 정체에 의해 그랬던 것처럼, 관객도 인물들의 더블링에 의해 혼돈된다. 브로테의 경우, 두 캐더린을 이름과 더불어 성도 같이 취하게 한다: 첫 세대 캐시가 어언셔에서 히스클리프, 그리고 린튼의 성을 거치게 된다면, 딸은 이 역의 순서대로 운명을 거치게 되어 시간의 흐름을 원점으로 되돌려 놓게 된다. 원작에서 공통된 이름이 한 역할을 영화에서는 얼굴과 모습이 담당하게 하여 한 배우가 같은 역을 맡아 연기하게 함으로써 이 두 여성의 삶이 연관되고 반복되고 있다는 초자연적인 기운을 느끼게 한다. 록우드가 딸 캐더린에 의해 한 때 그녀의 어머니 방에 인도되고 거기서 어머니의 하얀 영을 보게 된다. 놀라 나가서 그가 바로 본 것은 어머니 그대로인 딸의 모습이다. 이름, 영, 그리고 육체적 재현 등 다양한 방법에 의한 두 여성의 대치/반복은 관객으로 하여금 되돌아오고 또 오는, 워더링 하이츠를 배회하는 캐시의 존재가 무엇인지 묻게 한다.

캐시의 회귀는 히스클리프가 자신의 만족을 위해 괴롭히거나 공격하는 취약한 자연의 세계를 향한 그녀의 보호본능에서 기인한 것으로 볼 수 있다. 병을 얻어 린턴가에서 머무르면서 캐시가 자신으로부터 분리되자 히스클리프는 댕기물떼새lapwing들을 죽인다. 그는 어린 새들을 부모로부터 분리시켜 고아가 되어 죽게 하여 자신이 겪은 공포를 새들에게도 전가한다. 그는 둘째 세대에게도 같은 패턴으로 복수한다 — 그들을 부모로부터 떼어내어 괴롭히며 죽게 내버려두고자 한다. "자신은 언제나 돌아 올 것이니 미래에는 [새들의] 목숨을 살려주라는" 캐시의 부탁은 히스클리프의 잔인한 공격을 좌절하기 위하여 초자연적인 형태로 부활하여 회귀하는 것에 대한 전조로 볼 수 있다. 그녀는 복수를 위한 히스클리프의 열망을 헛되게 하기 위해 자신을 딸 캐더린과 헤어튼, 자연의 세계 모두에 투사하여 다양한 형태로 되돌아온다.

브론테의 원작에서는 언어를 매개로 언셔가의 이름을 계승한 캐더린과 헤어튼에게 복수하고자 하는 히스클리프의 욕망이 이 둘의 응시 안에 깃든 캐시의 존재로 인해 허망하게 되는 것으로 그리고 있다. 죽음을 넘어서서 타인에게 넘나들며 세대를 초월하여 반영되는 캐시의 존재를 표현하기 위하여 코스민스키 감독은 시각과 청각의 양 감각에 호소한다. 줄리엣 비노쉬의 어머니와 딸을 넘나드는 연기에서 뿐만 아니라 코스민스키 감독은 이 두 여성이 히스클리프에게는 겹쳐서 존재함을 표현하고자 한다. 한 흥미로운 장면에서는 캐시가 돌아오기를 갈망하는 히스클리프의 목소리가 캐더린이 바로 그 단어들이 깃든 편지를 읽는 모습으로 연결되면서 이 단어들이 결국은 히스클리프가 아들 린턴에게 받아쓰게 한 말들임이 드러난다. 구두에 의한 말의 대상과 편지의 대상이 서로 얽히면서 그 둘의 정체가 모호해진다. 히스클리프의 목소리로 표현된 딸 캐더린을 위한 그리움의 말들은 마치 그의 캐시를 위한 것인 듯한 효과를 가져온다:

> "왜 넌 아직 나에게 돌아오지 않고 있니? 난 널 매일 기다리고 있어. 내 모든 깨어있는 시간의 생각은 다 너에 대한 것이야.... 내 삶은 너의 얼굴을 보고서야 시작되었어. 캐더린, 왜 넌 아직 나에게 돌아오지 않고 있니? 난 이토록 기다려 왔는데."

캐시를 향한 히스클리프의 욕망은 이렇듯 다른 사람과의 동일시를 통하여 표현된다. 또 다른 예로, 캐시가 다시 그에게 돌아오기를 기다리는 히스클리프는 그가 갖던 캐시와의 관계가 헤어튼과 캐더린 사이에 다시 재연되는 것을 보고는 헤어튼의 갈망과 동일시한다: "그녀로부터 떨어지는 것을 넌 어떻게 참을 수 있는지 난 알 수 없다." 히스클리프가 그의 두 아들을 통해 표현한 열망은 결국 딸과 어머니를 연결할 뿐만 아니라 헤어튼과 자신을 연결시키는 역할을 한다.

영화는 헤어튼과 어머니 캐시와의 관계를 여러 장면의 병치를 통해 강화하고자 한다. 남편이 밖에 서서 기다리는 동안 캐시와 프란세스가 출산 후 죽는 장면의 연속은 가문의 이름을 계승할 후계자를 낳고 사라지는 여성의 반복적인 역사를 비추고 있다. 캐더린과 헤어튼이 법에 의해 히스클리프의 자녀가 된다면 두 어머니의 운명이 연결됨을 강조한 이 영화에서 헤어턴에게 이름을 주는 캐시 또한 어떤 의미에서는 캐더린 뿐만 아니라 헤어튼의 어머니가 된다.

원작에서 보인 인물들의 연속성이 영화에서는 연속된 죽음의 장면들을 통하여 표현된다. 동일한 상복을 입고 에드거 린턴의 죽음과 함께 린턴 히스클리프의 죽음을 맞이하게 되는 캐더린이 모습이 연속되어 그려진다. 한편, 히스클리프가 관에 누워있는 캐시를 품에 안은 장면은 바로 누군가의 무덤가에서의 장례를 하는 장면으로 연결되는데 캐시의 이름이 새겨진 묘비가 포착되면서 이 장례는 옆에 뉘일 힌들리를 위한 것임을 알게 된다. 이런 장면들의 병치는 이야기의 흐름을 빠르게 할 뿐만 아니라 인물들을 서로 연결하는 역할을 한다. 캐시가 죽음을 통해 프란세스와 힌들리과 연결되어 헤어튼이 그녀의 자손임이 암시된다면 정신적으로는 헤어튼은 히스클리프의 후예이다. 캐시와 힌들리의 죽음 후 히스클리프는 "언셔가의 최후 생존자"인 헤어튼을 자신의 후견인으로 주장하며 후에 헤어튼은 히스클리프를 그의 "진실한 아버지"로 확인한다.

언셔가의 1세대들의 장례 장면들에 뒤이어 2세대가 장성한 장면이 연이어 진다. 이런 대치에 의해 우리는 죽은 자들이 그들의 자손을 통해 부활하여 되찾아 옴을 추론할 수 있다. 이런 세월의 주기성은 초봄에서 보이는 생명력과 에너지로 표현된다. 2세대의 이야기의 전개는 캐더린이 댕기물떼새lapwing 둥지를 찾았을 때 헤어튼을 만나면서 시작된다. 히스클리프가 전에 그가 보인 댕기물떼새 새끼를 희생시키는 공격적 성향을 헤어튼과 캐더린을 통한 복수를 꾀함으로써 반복하고자 할 때, 캐시는 그녀의 자녀들을 보호하고자 되돌아온다. 캐더린은 자신이 어머니의 방이었던 곳에 감금되면서 창틀에 새겨진 어머니의 이름을 보게 된다. 캐더린은 결혼을 통해 어머니가 거쳤던 여러 이름을 거슬러 올라가 어머니 원래의 이름, 캐더린 언셔라는 이름을 회복하게 된다. 캐시가 히스클리프를 되찾아 올 때 캐더린 언셔이라는 이름의 어린 소녀의 영으로 온다는 것 또한 의미심장한 일이다.

반복과 주기적인 시간의 흐름이라는 주제는 이야기가 다시 현재라는 시점으로 겹쳐지게 처리하여 강조된다. 인물들이 서로 반향 될 뿐만 아니라 사건 또한 다른 사람의 시각으로 되살려진다. 이야기의 흐름이 현재라는 시점에 도달하면서 록우드가 워더링 하이츠에 처음 방문한 장면이 같은 대사와 행동을 가지고 초자연적인 분위기로 또 재현된다. 힐리스 밀러J. Hillis Miller는 프로이드의 정의를 빌려 "초자연"을 "숨겼던 친숙한 것이 억압을 당한 후 다시 드러나는 것일 뿐, 무엇인가 잠복되었다면 다시 빛으로 드러내야 하는 법이며 그렇지 않다면 적어도 이를 다른 변장한 모습을 하고서라도 빛 가운데 드러내고자 하는 충동은 있기 마련이라며 프로이드는 초자연을 반복에 대한 충동과 연결 한다"로 정의한다(384). 억압된 것을 빛 가운데로 드러내고자 하는 충동은 억압된 자들이 해방되는 영화의 마지막 장면에서 최고점에 달한다.

영화는 록우드가 두 캐더린을 그의 응시 안에 가두는 장면으로 시작하였다. 그러나 영화의 결말에서 우리는 원을 그리며 반환점에 도착하면서 카메라는 관객으로 하여금 캐더린의 시각과 일치하게 한다. 같은 장면을 딸 캐더린의 시각에서 반복하여 보여줌으로써 두 캐더린을 록우드의 시선 안에 가두었던 것을 전복시키게 된다. 록우드를 바라보는 캐더린의 시선 안에는 상대의 응시를 대응해 주는 어머니 캐시의 동일한 시선이 깃들었기 때문이다. | 사진 8과 9 참조 | 이야기의 흐름과 영상의 연속을 통해서 관객은 록우드의 남성 시각에서 벗어나 캐더린의 시선과 일치된다. 다양한 대상과의 동일시와 반복의 과정을 통하여 관객은 록우드의 시선의 한계를 인지하게 되고 시선의 대상이기보다는 주체로서의 캐더린의 시선과 동일시하게 된다.

브론테의 소설이 현실의 테두리 안에서 끝나듯이, 코스민스키 감독은 이 이야기에 영감을 불어넣은 그 신비로운 환경에서 벗어나 카메라를 현재의, 현실적인 공간으로 정의하는 자연적인 배경으로 향하게 한다. 보다 객관적인 카메라는 현재의 실제 세계의 일부분으로서 두 2세대들의 결합을 보여준 후 린턴과 캐시, 히스클리프의 무덤을 보여주면서 과거로 사라진 한 세대에게 종지부를 찍는 듯하다.

사진8 캐더린을 바라보는 록우드의 시선　　**사진9** 되받아 보는 캐더린

그러나 히스클리프의 영이 아직도 그 황야를 거닌다는 서술자의 암시와 신비로운 이 서술자가 바로 그 황야를 거니는 마지막 장면은 과거는 안식하고 있다기보다는 아직 우리의 실제의 시간에도 출몰한다는 초자연적 느낌을 주며 결말을 맺는다.

결국, 코스민스키의 영화는 환타지임을 자처하며 서술자/저자의 목소리를 영화 안으로 가져오면서 에밀리 브론테의 원작에서 보인 물질적 세계로부터 벗어난 신비의 영역을 영상적으로 그려낸다. 또한, 브론테 텍스트에서 보인 여러 층위의 서술과 동일시 과정들은 성공적으로 영상으로 나타난다. 신비한 보이스 오버는 과거를 불러내어 현재에도 그 자취를 드러내게 하며 여러 인물들의 반향의 관계를 더블 역할의 연기, 장면들의 대치와 반복, 음향과 영상의 조화에 의해 보여주어 브론테가 그린 초자연의 영역과 현실 영역의 공존하는 비전을 영상으로서도 재현한다.

참고문헌

Primary Texts

Brontë, Emily. *Wuthering Heights.* Ed.Linda H. Peterson. New York: St. Martin's Press,1993

Emily Brontë's Wuthering Heights. Peter Kosminsky dir. Juliette Binoche, Ralph Fiennes 1997

The Piano. Jane Campion dir. Holly Hunter, Harvey Keitel 1993

Wuthering Heights. William Wyler dir. Merle Oberon, Laurence Olivier 1939

Secondary Texts

Bruzzi, Stella. "Tempestuous Petticoats: Costume and Desire in *The Piano*" *Screen* 36 (1995): 257-266.

Giannetti, Louis. *Understanding Movies*. New Jersey, Prentice Hall, 1999.

Gillet, Sue. "Lips and Fingers: Jane Campion's *The Piano*" *Screen* 36 (1995): 277-287.

Gordon, Suzy. "'I Clipped Your Wing, That's All': Auto-eroticism and the Female Spectator in *The Piano* Debate" *Screen* 37 (1996): 193-205.

Harrington, John. "Wyler as Auteur" *The English Novel and the Movies*. Eds. Michael Klein and Gillian Parker. New York: Frederick Ungar Pub. Co. 1981. 67 - 82.

Jacobs, N.M. "Gender and Layered Narrative in *Wuthering Heights*" *New Casebooks: Wuthering Heights.* Ed. Patsy Stoneman. New York: St. Martin's Press, 1993. 74 - 85.

Miller, J. Hillis. "*Wuthering Heights*: Repetition and the Uncanny" *Wuthering Heights*. Ed. Linda H. Peterson. New York: St. Martins Press, 1992. 371 384.

Newman, Beth, "'The Situation of the Looker-On': Gender, Narration, and Gaze in *Wuthering Heights*" *PMLA* (1990) 1029-1041.

Stevenson, John Allen. "'Heathcliff is Me!': *Wuthering Heights* and the Question of Likeness" *NCF* 43 (1988) 60-81.

Wexman, Virginia Wright ed. *Jane Campion Interviews*. Jackson, Mississippi: UP of Mississippi, 1999.

테스 *Tess of the d'Urbervilles*

육체와 자본의 미학*

김봉은_고신대

* 본 글은 2009년 4월 30일 발간된 『영미문화』 9권 1호에 게재된 필자의 논문 「로만 폴란스키의 <테스>: 육체와 자본의 미학」(71-90)을 원용하여 재구성하여 쓴 것이다.

I. 서론

영국 작가 토마스 하디Thomas Hardy(1840-1928)의 소설 『테스』*Tess of the d'Urbervilles* (1891)는 이상을 지향하는 여주인공 테스의 비극적인 일생을 통해 당시 영국 현실을 비판한다. 여성의 순결을 강요하는 빅토리아 시대 가부장적인 이데올로기와 편협한 종교는 가시가 되어 테스를 찌르며 전신에 가시 박힌 고슴도치의 모습으로 만신창이가 되어 비틀거리는 테스의 생애는 하디의 문제의식과 도전 정신을 풍자적으로 구현한다. 돈으로 귀족 가문의 더버빌 성을 산 가짜 귀족 알렉Alec d'Urbervilles이 테스를 유린하는 상황이 영국 귀족 제도의 부조리를 고발한다면, 테스가 알렉을 살해하는 결론은 계급 제도가 무력해 진 당대 영국의 현실을 반영하는 동시에, 권력의 무상함을 폭로한다. 테스의 적극적인 행위는 계급 제도로 인한 트라우마를 치유하고 해방하려는 작가의 건강한 의도를 구현하는 것으로 해석할 수 있다. 목사의 아들 에인젤Angel Clare이 테스를 바라보는 눈길은, 무기력한 종교를 거부하고 건강한 자연을 복구하려는 생태학자의 염원을 상징하며, 에인젤이 테스가 순결을 잃은 사실을 수용하지 못하고 방황하는 이유도 이미 순수는 존재할 수 없다는 현실을 인정하기가 얼마나 어려운 지에 대한 이해와 위로, 애도를 함축하려는 저자의 의도를 반영하는 동시에, 시대의 변화에 긍정적으로 대처해야할 필연성을 제시한다.

소설의 줄거리를 요약하면 다음과 같다. 술주정뱅이 아버지 존John, 무지한 어머니 조안Joan과 많은 동생들을 빈곤에서 구제해야 하는 상황적인 요구에 따라 테스는 열일곱의 나이로 이웃 마을에 사는 부유한 친척집에 도움을 청하러 갔다가 알렉을 만난다. 가짜 사촌인 알렉은 테스의 순수한 아름다움에 매료되어 테스가 자신의 농장에서 일할 수 있도록 주선하고, 기회를 만들어 강간한다. 몇 주 만에 알렉의 구애를 더 이상 견디지 못하고 테스는 임신한 몸으로 집으로 돌아와 아기를 낳지만 아이는 일주일 만에 죽는다. 집을 떠나 목장에서 새로운 삶을 시작한 스무 살의 테스는, 목사의 아들로 친절하고 섬세한 동료인 에인젤을 만나 서로 사랑하게 된다. 에인젤의 구혼에 자신이 처녀가 아니라는 사실로 번민하던 중 결혼 첫날밤에 테스는 자신의 과거를 밝힌다. 실망한 에인젤은 브라질로 떠나고 혼자 남은 테스도 험한 농장 일을 하며 고생한다. 길거리로 쫓겨 난 빈곤에 빠진 가족을 구하기 위해 테스는 알렉이 내미는 손을 잡는다. 테스를 향한 자신의 사랑을 확인한 에인젤이 테스에게 돌아와 용서를 구하자, 테스는 혼란에 빠져 함께 살던 알렉을 살해한다. 에인젤 뒤를 따라가서 며칠 간 빈 집에서 부부로 사랑을 나누고 청소부에게 들켜서 도주하다가 테스는 체포되어 사형 당한다.

하디의 테스는 타협을 거부하는 순수함으로 인해 비극적인 종말을 맞는다. 부와 권력을 지녔지만 사랑을 느낄 수 없는 알렉을 거부하며, 어머니의 충고를 무시하고 자신의 과거를 에인젤에게 고백하여, 테스는 주변 사람들과 자기 자신을 고통의 늪에 빠뜨린다. 테스의 순수함은 비현실적이며, 주변에 대한 배려가 부족하고, 현실 개선을 위한 노력이 부족한 미성숙한 결함으로 볼 수 있다. 하지만 테스의 이러한 순수함은, 인위적인 종교나 산업화를 거부하고 순수한 자연을 추구하는 이상주의자 에인젤을 매료한다. 에인젤이 목사의 아들이면서도 교회를 떠나 농장 일을 꿈꾸는 배경은, 에인젤이 가족을 방문했을 때 형들이 보이는 편협한 종교관으로 명료히 부각된다. 산업혁명과 기계화로 인해 피폐해진 농촌의 빈곤 앞에 무력한 교회

그림 1
1891년 죠셉 시달(Joseph Syddall)의 삽화 "에인젤은 자리를 박차고 벌떡 일어나서, 그의 눈이 갈망하는 테스 쪽으로 황급히 다가갔다"

를 떠난 에인젤에게 있어서 테스는 그가 동경하던 "순수한 자연"을 상징한다. 사이먼 앤 가펑클Simon & Garfunkel의 후속으로 아트 가펑클Art Garfunkel이 자신의 첫 앨범을 <에인젤 클레어>*Angel Clare*라고 명명한 이유나, 미국 작가 크리스토퍼 브램Christopher Bram이 그의 소설을 『에인젤 클레어를 기리며』(*In Memory of Angel Clare*, 1989)라고 명명한 이유도(http://www.imdb.com/title/tt0080009/), 짓밟힌 순결 앞에서 무력하게 좌절하고 뒤늦게 후회와 파멸의 고배를 맛보는 부조리하고 나약한 인간의 한계 상황에 초점을 맞춘 하디의 유산으로 해석 할 수 있다. 에인젤이 테스의 "불결"을 받아들이지 못하는 점도, 이러한 맥락에서는 더욱 정확히 이해된다. 테스와 엔젤의 결합이 순수한 자연의 회복을 상징한다고 해석하면, 하디의 『테스』는 파괴된 자연을 향한 애가라 하겠다.

로만 폴란스키Roman Polanski 감독은 1979년에 17세의 테스 역에 여배우 나스타샤 킨스키Nastassja Kinski를 기용하여 영화 <테스>를 제작한다. 프랑스에서 촬영한 영화 <테스>는 1981년에는 아카데미 촬영상, 의상상, 일본 최우수 외국영화상, 보스턴 영화비평협회 최우수 감독상, 골든 글로브 최우수 외국 영화상과 신인여우상을, 1980년에는 LA 영화비평협회 최우수 감독상과 촬영상 등 다양한 상을 받고 흥행에도 성공한다.

『테스』는 1897년에 브로드웨이Broadway에서 또 1946년에도 연극 무대에 올랐고, 1906년에는 나폴리Naples에서 오페라로 공연되었다. 1913년과 1924년에 무성영화로 제작되었고, 1952년에 영국 BBC TV극으로, 1960년에는 ITV에서 그 주간의 영화로 제작되었다. 1998에 런던 A&E에서 주말 TV 미니 시리즈로 이안 샤프Ian Sharp가 감독하고, 영국 배우인 저스틴 와델Justine Waddell이, 제이슨 플레밍Jason Flemyng, 올리버 밀번Oliver Milburn과 출연하며 사진 2와 사진 3 에서 볼 수 있듯이 제작되었다. 샤프 감독은 영국에서 촬영함으로써, 원작에 충실한 영국현실을 보여 주며, 에인젤의 가족을 스크린에서 삭제하여 에인젤의 비중을 줄이고 테스의 비극을 부각시킨다. <테스>는 2008년에 BBC에서 사부작으로 | 사진 3 | 테스 역에 젬마 아터톤Gemma Arterton, 알렉 역에 한스 메이더슨Mans Matheson, 에인젤 역에 에디 레드메인Eddie Redmayne이 출연하며 데이빗 블레어David Blair가 감독하고 데이빗 니콜즈David Nicholls 번안하여 제작되었다. 니콜즈는 하디의 빅토리아 시대에 집필된 지면에 펼쳐질 수 없었던 테스의 잠겨있던

사진 2 1998 런던 TV <테스>

사진 3 2008년 BBC 테스

가슴을 여는데 초점을 맞추며, 아터톤은 사랑 앞에서 열정과 감성으로 뜨거운 테스의 가슴을 청순하고 섬세한 연기로 표현한다(http://www.bbc.co.uk/tess/about.shtml). 아터톤은 "테스가 자신의 아름다움을 의식하지 못하고 희생되는 비극적인 시골 소녀가 아니라 세파에 시달리면서 더욱더 강해지는 토양과 같은 인물로 묘사하고 싶다"고 고백한다(http://www.bbc.co.uk/pressoffice/pressreleases/stories/2008/09_september/02/tess4.shtml).

하디의 의도를 시대에 맞게 조정하면서도, 원작에 충실하려는 위의 다양한 시도와는 달리 로만 폴란스키는 『테스』를 전폭적으로 각색한다. 폴란스키는 "내가 이 영화에서 보이고 싶은 바는 진실한 사랑은 영원하며 진실로 소중히 여겨져야 한다는 점이다"라고 밝힌 바 있다(http://www.imdb.com/title/tt0080009/). 하디가 원작에서 전개한 영국 현실에 대한 비판은 폴란스키의 영화 <테스> 스크린 상에서 약화된다. "바람둥이"라는 그의 평판을 입증하듯이, 그는 테스를 19세기 말 영국 빈농 구역인 웨섹스Wessex를 중심으로 펼쳐지는 이데올로기의 각축전과 분리시킨다. 폴란스키의 테스는 도시적인 흰 피부와 흰 옷으

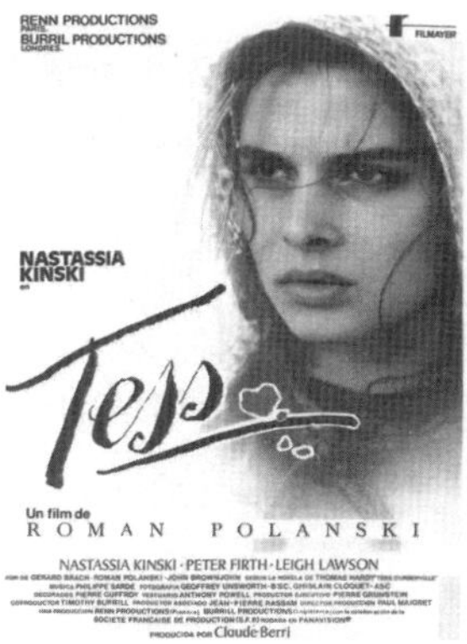

사진 5 테스, 1979

사진 6 로만 폴란스키

로 화사하게 꾸며진, 20세기 후반을 지배하는 육체와 자본의 미학의 화신으로 거듭나 관객을 만족시킨다.

문화 비평가 데이비드 해리스David Harris는 대중문화를 구현하며 인기를 얻기 위하여 매스 미디어는 지배 이데올로기와 타협한다고 주장한다(Harris 123). 영화는 대중을 대상으로 돈을 벌기 위한 상업적인 목적으로 제작되기 때문에 관객의 기호를 정확히 반영해야 성공한다는 논리를 펴는 것이다. 해리스의 이론은 영화가 성공하려면 소설에서 관객에게 거부감을 유발시킬 수 있는 요소는 전환 또는 제거해야 한다는 뜻으로 즉, 원작의 감동과 의도를 정확히 전달하려면 폴란스키와 같은 급진적인 각색이 필요하다는 의미로 풀이할 수 있다. 영화 <테스>가 성공한 요인을 분석하고, 육체와 자본의 미학이 전개된 양상을 상세히 검토하면, 해리스의 논지가 설득력 있게 규명될 것이다.

II. 각색의 미학

로만 폴란스키는 1933년 08월 18일에 파리에서 유태계 폴란드인 부모 사이에서 태어나서 3살 때 가족과 함께 고국 폴란드로 돌아갔다. 2차 세계대전이 발발하면서 그의 부모는 나치수용소로 끌려갔고 어머니는 그곳에서 죽음을 맞았다. 가족은 모두 가톨릭 교도였으며, 일찌감치 영화에 뜻을 두고, 안제이 바이다Andrzej Wajda 감독의 <세대>(*Pokolenie*, 1954)에 출연하며 영화계 일을 시작했다. 우츠 영화학교에서 공부했고, 1958년에 만든 단편영화 <두 남자와 한 의상>(*Two Men and a Wardrobe*)으로 5개 국제영화제에서 수상하면서 유명해졌다. 섹슈얼리티와 폭력, 공포로 얼룩진 패쇄 공간 속의 인간을 일관된 주제로 삼아 다양한 영화를 제작했으며, <로즈마리 아기>(*Rosemary's Baby*, 1968)나 <엑소시스트>(*The Exorcist*, 1973) 그리고 <차이나타운>(*Chinatown*, 1974)에서 볼 수 있듯이 모호한 처리가 그의 장기라 할 수 있다. 1977년 미성년자 강간이라는 혐의를 받으며 미국에서 추방당했고, 오랜 공백과 여러 실패를 맛본 후 상당 부분 자전적인 영화인 <피아니스트>(*The Pianist*, 2003)로 칸영화제의 그랑프리를 수상하며 화려하게 재기했다. 1979년에 감독한 <테스>는 새로운 유형의 영화를 향한 그의 열정의 소산이라 하겠다(http://www.imdb.com/name/nm0000591/bio).

폴란드 출신 감독답게 폴란스키는 삶 자체를 음악으로 본다. 스크린에 깔리는 그의 음악은 단순히 발견되는 것이 아니라 정제된 요소를 선택하여 정교하게 다듬은 뜨거운 열정의 차가운 결정체로 나타난다. <테스>에서도 음악은 작품의 척박한 내용에 촉촉한 온기를 드리우며, 관객의 마음을 여는데 기여한다. 십구 세기 말 웨섹스Wessex라는 배경이 야기할 수 있는 시간적인 또 지리적인 거리감은 음악과 음향이 연출하는 청각 효과로 소멸된다. 사진 7에서처럼 촌부들이 민요에 맞추어 춤추고 왁자지껄 단순한 즐거움과 웃음을 나누는 목가로 시작된 <테스>는, 흙먼지 뿌리는 발걸음 소리, 낙엽과 옷깃 스

사진 7 농장에서

사진 8 테스 뒤를 쫓는 알렉

치는 정겨운 소리, 사진 8에서와 같은 박진감 있는 말발굽 소리, 영롱하고 상쾌한 물 듣는 소리, 우유 자루에서 통으로 떨어지는 우유 방울의 감미로운 울림소리, 에인젤이 부는 리코더 소리 등 꼼꼼하게 처리된 다양한 소리가 대자연의 광활한 숨결과 어우러져, 조화롭고 감각적인 기쁨을 선사한다. 관객은 소리가 낳는 친숙함으로 인해 마치 테스와 같은 공간에 있는 듯 짜릿하고 친밀하게 등장인물들과 공감하도록 유도된다. 영화가 진행되는 여유로운 속도감과 190분의 긴 상영시간은 복잡한 문장 구조와 장황한 문체로 비판적 시각을 담은 원작의 분위기에 부합하지만, 음악감독 필립 사디Philippe Sarde는 적합한 음향 효과로 전체적인 분위기와 인물의 느낌을 정확히 전달하여 지루함을 줄이며, 스크린을 넘나드는 화사한 음률로 청중을 매료한다. 에인젤이 부는 리코더 곡은 영화가 제작되던 당시에 대중에게 인기가 있었던 폴란드의 민속음악으로, 관객을 스크린 안으로 끌어들여 대중적인 효과를 높인다(http://www.imdb.com/title/tt0080009/trivia).

음악보다 더 <테스>의 성공에 기여한 것은 시각적인 영상이다. 필름의 마디와 마디를 의식적으로 선별하여 정교하게 연결한 시각 효과로 <테스>는 여러 영화제에서 촬영상을 받았다. 포근하고 신비로운 물안개, 찬란한 태양을 머금은 영국 황야의 따사로운 풍경, 농부와 목동들의 목가적인 생활상, 햇빛과 그림자를 교묘하게 섞은 공간감, 거석 기둥과 고인돌 등의 촬영에서 볼 수 있는 원근감, 다채로운 강도가 혼합된 조명, 다양한 카메라 각도는, 장엄한 농촌에 어울리는 느슨한

사진 9 테스와 에인젤의 결혼식

여유 속에, 대자연을 향한 하디의 숭고한 느낌을 그대로 전달한다. 비록 실제로 카메라에 담은 장소는 프랑스이며 프랑스식 건물이 등장하고 거석 기둥도 모조품이지만(http://www.imdb.com/title/tt0080009/trivia), 카메라가 담은 생생하고 꼼꼼한 영상 사슬은 관객을 장면 속으로 빠져 몰입하도록 돕는다.

효과적인 시각 영상은 인물의 내면과도 정확히 부합한다. 테스가 에인젤에게 쓴 쪽지 에피소드가 좋은 예이다. 결혼 전날 자신의 과거를 설명하는 쪽지를 써서 에인젤 방문 밑에 밀어 넣고 뜬 눈으로 밤을 뒤척인 테스가, 아침에 에인젤이 전혀 달라지지 않아서 기뻐하다가, 한 낮에 쪽지가 카펫 아래로 미끄러져 들어가서 에인젤이 읽지 못했음을 확인하는 장면은, 태양 빛이 그리는 큰 원에 초점이 맞추어지며 그녀의 표정은 그림자로 처리된다. 눈부시도록 하얗게 빛나는 광채는 아무 것도 생각할 수 없는 테스의 심리 상태와 모든 것을 하얗게 잊고 결혼하려는 용단을 전달한다. 에인젤이 떠난 후 방랑하며 고행하는 테스의 내면은 광야의 황량한 고적함과 살을 에는 겨울바람으로 표현된다. 브라질에서 방황하다가 후회와 자책에 쌓여, 테스를 찾은 피골이 상접하도록 깡마른 에인젤이 알렉과 살고 있는 테스에게 거절당한 후 느끼는 처참한 공허도, 그가 무심하게 앉은 인적 없이 텅 빈 기차역의 적막함으로 그 아픔이 전달된다.

사진 10 순백의 테스

상황에 맞는 색깔 사용도 영화의 성공에 기여한다. 순결한 백색 옷을 주로 입던 테스가, 알렉을 죽이고 나서는 질

사진 11 알렉 살인 후 핏빛 드레스를 입은 테스와 에인젤

은 핏빛 드레스를 입으며, 기차 안에 앉아 있던 에인젤을 보고 기차에 올라 서로 안고 포옹하던 중에, 자신의 살인을 고백하는 장면은 테스 치마에 엉겨 굳은 알렉(Leigh Lawson)의 선홍빛 핏자국으로 암시된다. 붉은 색은 테스의 피로 멍든 가슴을 정확히 표현한다. 둘이 도주하다가 유리창을 깨고 들어간 빈 집은 흰 천으로 덮여서 두 사람의 새로운 시작을 축복하는 듯한 느낌을 준다. 둘이 밤을 지낸 후 집을 가득 채우는 눈부신 아침 햇살 역시 두 사람이 완성한 사랑이 천상의 세계에 속함을 암시하며, 동시에 암울한 현실을 사랑의 힘으로 덮어버리고자 하는 간절한 열망을 대변한다.

적절한 카메라 각도 역시 시각적인 영상 효과를 더해준다. 테스가 에인젤과 함께 기차에서 내려 계속 걸어서 도주하다가 빈 집에 들어가서 지쳐 의자에 기대앉았을 때, 테스 앞에 무릎을 꿇고 테스의 신을 벗기고 그녀의 무릎에 얼굴을 묻고 용서를 구하는 에인젤의 모습이나 두 사람이 열정적인 사랑을 나누는 장면에서 카메라의 초점은 계속 바뀌며 위에서 카메라 각도를 잡는다. 단순한 카메라 기술로 이들의 사랑이 하늘에 닿는 것 같은 느낌을 주며, 세세한 대상에 계속 초점을 옮기는 카메라의 분주한 움직임은 관객이 두 사람과 아주 가까이 있는 듯 희열을 공감하도록 유도한다.

마지막 장면의 배경이 되는 거석 기둥이 있는 곳까지 걸어서 도착한 후, 테스는 "우리 영혼이 함께 승천할까요?"(Do you think our souls will take flight together?)라는 질문을 던지는데, 이때 잔잔하게 깔리는 시계의 초침 소리와 하이앵글로 잡은 카메라 각도는, 관객을 긴장시키며 영화의 막바지에 느낄 수 있는 지루함을 해소한다. 눈물을 머금은 에인젤의 연민의 눈길과 카메라눈을 일치시켜, 관객이 연민의 눈으로 고요히 잠든 테스의 모습이나, 경찰들과 함께 걸어가는 테스의 뒷모습을 바라보며 범죄나 처벌의 그림자는 잊도록 유도한다.

사진 12 알렉이 건네 준 딸기를 받아먹는 테스

만족스런 청각과 시각 효과뿐 아니라, 앞에서 거론한 것처럼, 폴란스키의 <테스>가 성공한 주된 요인은 육체와 자본의 미학을 전개한 데서 찾을 수 있다. 카메라 눈은 영화의 초반부터 테스의 순결보다는, 여배우 킨스키의 육체를 욕망의 대상으로 상정한다. 영국의 가난한 시골 도셋Dorset 농가의 촌부인 테스가, 알렉을 처음 만나서 수줍게 주춤거리다가 알렉이 건네 준 딸기를 입술을 쫑긋거려 받아물고 오물거리며 씹는 장면이 익스트림 클로즈업 되면서, 테스는 관능적인 감각을 자극하는 욕망의 대상으로 부상한다. 알렉의 저택 앞뜰에 하얗게 펄럭이는 텐트나 밀레의 <만종>을 연상시키는 잔잔한 농촌 풍경, 테스가 입은 하얀 드레스와 현저한 대조를 이루며, 사진 12의 딸기 빛 입술은 강한 인상을 남긴다.

하디의 테스가 부와 권력의 유혹에 굴하지 않고 순수한 지고지순의 사랑을 주장하며 자본주의가 기승을 부리기 이전 근대적인 이데올로기를 대변한다면, 폴란스키의 테스는 관능적이며 화려한 외모로 표면 관리와 소비를 미덕으로 삼는 이십세기 후반의 이상적인 가치를 반영하는 것으로 볼 수 있다. 따가운 태양빛에 그을린 빈곤한 촌부의 건강한 자연미가 아니라, 성형 수술을 잔뜩 한 21세기 화장품 광고 모델과 같이 화려하게 단장한 테스의 순백색 외모는, 폴란스키가 관객의 호감을 얻기 위해 취한 변화를 단적으로 예증한다. 가난을 부끄러워하지 않던 19세기의 테스는, 물질 본위의 자본주의 경제 체제 하에서 해리스가 논의한 전환되거나 제거되어야 할 요인에 해당한다. 부유층에나 어울리는 테스의 순백색 의상과 피부는 테스의 영상을 가난과 분리시키기 때문에 자본주의에 익숙한 관객은 불편함 없이 테스를 또 테스가 연출하는 자극을 즐기며 호응할 수 있다.

이러한 전환은 시대의 변천을 반영하기도 하지만 폴란스키가 설정한 테스와도 부합한다. 소설과 영화의 차이는 이러한 감독의 의도를 더 선명히 드러낸다. 소설에서는 테스가 처음에 알렉에게 가지 않겠다고 고집을 부린다. 자신의 실수로 가족에게 중요한 수입원인 말을 잃게 되면서 테스는, 죄책감 때문에 또 악화된 가족 경제 상황 때문에 어쩔 수 없이 알렉을 방문하고 그의 제안을 받아들여 원하지는 않지만 가난에 떠밀려서 알렉의 손에 들어간다. 그런데 영화에서는 말이 죽는 에피소드가 삭제된다. 이러한 차이점은 폴란스키 감독이 테스가 가난 때문에 알렉을 만나게 된다는 사실을 관객의 의식에서 약화시키려는 의도를 내포한다. 알렉에게 몸을 허용한 상황도 소설에서는 고대의 덤불숲인 체이즈The Chase에서 밤에 길을 잃고 테스가 알렉이 빌려준 외투를 덮고 잠이 드는 것으로 간접적으로 암시될 뿐이다.

폴란스키 감독은 이 장면에 새로운 면을 가미한다. 킨스키의 어린아이 같은 음성과 수줍어서 주춤거리는 발성, 순진하고 내성적인 성격 연기를 동원해서 전혀 다른 풍미를 가미한다. 테스는 부와 권력을 쥔 남성에게 짓밟힌 피해자가 아니라, 알렉을 말에서 밀어 떨어뜨린 후, 알렉이 다치자 미안한 마음에 사태를 제대로 처리하지 못한 미숙한 처세의 피해자로 나타난다. 거친 세파를 전혀 모르고 자란 여린 순진함을 테스가 불행하게 된 직접적인 원인으로 제시하는 이 장면으로 인해, 테스가 불행해진 직접적인 원인이 가난이라는 사실은 모호해진다. 킨스키는 강간, 사생아 출산과 아기Sorrow의 죽음, 사랑의 열정, 살인, 슬픔, 기쁨 앞에서 전혀 표정의 변화가 없어서 진지한 주인공 역할에 맞지 않는다는 비판도 받았다 (http://www.imdb.com/title/tt0080009/usercomments). 하지만 마지막까지 킨스키의 꿈꾸는 듯 묘한 무표정을 카메라에 담은 감독의 의도는 다르게 해석할 수 있다. 특히 "나는 여전히 테스를 사랑한다. 이런 모든 문제에도 전혀 영향 받지 않고 특별한 위엄을 지니고 있기 때문이다"라는 알렉의 고백과 병치하면, 그녀의 수동적이며 정적인 연기는 하디가 제시한 순결한 테스에 부합할 뿐만 아니라, 가난과 직결된 세파로부터 테스를 분리시키려는 폴란스키의 의도에도 부합한다.

테스의 비극의 원인을 가난과 분리하려는 폴란스키 감독의 의도는 에인젤의 열정적인 연기에서도 찾아볼 수 있다. 목사의 아들이자 자유사상가로 자신의 목장을 운영하기 위한 경험을 쌓으려고 목장에서 일하는 에인젤 역을 맡은 피터 퍼스Peter Firth는, 삶의 진정한 의미를 찾아 방황하는 피 끓는 열정, 테스를 향한 정열적인 사랑과 테스가 순결하지 않다는 고백에 받은 충격, 좌절과 방황, 갈등을 온 몸으로 소화한다. 자기도 과거에 런던에서 나이 많은 여자와 성경험이 있다고 밝혔음에도 불구하고, 테스를 이해하지도 위로하지도 못하는 미성숙한 나약함, 배신감과 질투심에 망연자실한 참담함을 퍼스는 흔들리며 무너져 내리는 눈망울로 절실히 표현한다. 브라질로 떠나는 길에 목장 동료로 에인젤을 흠모했던 이즈Izz Huett를 만나 함께 떠나자고 합의하면서 에인젤이 자신을 사랑하느냐고 물었을 때, "아무도 테스보다 당신을 더 사랑할 순 없어요. 테스는 당신을 위해 목숨이라도 내 놓을 걸요!"(Nobody could love 'ee more than Tess did! She would have laid down her life for 'ee. I could do no more!)라는 이즈의 말에, 혼자 정신없이 떠나는 그의 열정적인 표정 연기는 뜨거운 감성으로 관객을 매료하여, 관객은 이성적인 판단을 보류하는 유보 상태에 머물게 된다. 에인젤이 두 번이나 떠나게 만든 장본인인 알렉을 원망하거나 알렉을 죽인 테스를 책망하기 보다는 오히려 모두 자기 책임이라고 용서를 구하는 에인젤의 성숙한 사랑 연기도 테스 뿐 아니라 관객이 현실이라는 굴레에서 벗어나 사랑의 따사로움을 누리도록 유도한다.

테스는 가난 뿐 아니라 폭력이나 형벌에서도 분리하려는 감독의 의도는 살인 장면 처리로 완성된다. 테스가 칼을 바라보는 예사롭지 않은 눈길과, 아래층 천장에서 떨어지는 선홍빛 피 몇 방울과 하녀의 비명, 테스 치마에 묻은 핏자국으로 모호하게 처리되기 때문에, 테스는 관객의 상상 가운데 범죄와 직결되지 않는다. 또한 테스가 체포되어 손이 묶인 채 끌려가는 소설의 마지막 장면에서도 소설에 언급되는 윈톤체스터(Wintoncester [Winchester]) 감옥이나 테스의 처형을 상징하는 감옥의 깃발은 삭제되고 거석 기둥을 배경으로 빛과 그림자의 조화로 경건한 분위기를 연출하며, 그 가운데 차분히 걸어가는 테스는 범죄보다는 예식을 연상시킨다.

테스가 끌려가는 장면을 포장한 경건함은 영화 도처에서 발견되며, 스크린에 신화적인 분위기를 부여한다. 프랑스 비평가 질 들뢰즈Gilles Deleuze에 따르면, 신화는 여기 가까이에서 일어난 일을 집단 무의식에 잠재되어 있는 저기 어디 멀리서 일어난 사건과 연결하여 보편성을 부여하며 공감대 형성에 기여한다. 테스의 종말에 깃든 경건함은 관객이 현실의 굴레에서 벗어나 집단 무의식을 공유하며 친밀감을 누릴 수 있도록 유도한다. 영화가 시작될 무렵 열일곱 살의 테스가 미래의 남편 에인젤을 만나는 부분도 신화적인 분위기 조성에 일조한다. 알렉을 만나기 훨씬 전에 에인젤과 만났었다고 테스는 나중에 에인젤에게 고백하는데, 이들의 만남은 어스름한 여름 날 늦은 오후 햇살과 더불어 모호하게 처리된다. 에인젤은 무수한 시골 소녀 가운데 있는 테스와 얼굴을 마주하고 테스의 아름다움을 눈 여겨 보지만 테스와는 춤을 추지 않고 지나친다. 저녁 햇살을 배경으로 테스 쪽으로 얼굴을 향한 채 걸어가는 에인젤의 실루엣에서 테스는 끝까지 눈을 떼지 않는다. 이 짧은 장면은 두 사람의 만남에 특수성과 보편성을 동시에 부여하며, 영화 전반에 신화적인 공감대를 형성한다. 테스와 에인젤이 다시 만나며 테스가 첫 번째 만남을 기억하기 때문에 이들의 관계에 숙명적인 특수성이 부여된다. 또 나중에 테스가 스무 살이 되어서 다시 만나지 못했거나 에인젤처럼 기억하지 못한다면 누구에게나 일어날 수 있는 많은 스침에 불과하기 때문에 전반적인 보편성이 부여된다.

영화가 끝날 때 배경이 되는 사진 13의 거석 기둥은 이 영화에서는 모형이지만, 하디의 원작에 따르면 영국 남부 솔즈베리 평야Salisbury Plain에 위치한 청동기 시대인 기원전 2800년경에 건조에 착수해서 1560년에 우리가 보는 형태로 완성되었다. 테스가 거석 기둥

제단에서 잠을 자는 상황은 테스의 상황을 영원으로 연결하는 동시에 테스를, 피폐해진 농촌을 복구하기 위한 제물로 상정한다. 폴란스키 감독은 거석 기둥이 아침 햇살을 맞으며 던지는 그림자의 긴 행렬을 승화된 아름다움으로 제시하며, 빈곤과 형벌, 희생양의 함의를 약화시킨다. 테스는 더 이상 운명의 거센 회오리에 휘둘리다가 살인의 덫에 빠진 비극적인 희생양이 아니라, 인간 역사의 숭고한 변천 가운데 신화적인 보편성을 지닌, 관객 중 어느 누구라도 설 수 있는 인생행로를 겪는 일반인으로 거듭나, 부조리한 인간 조건에 대한 분노를 치유한다.

사진 13 거석 기둥

III. 결론: 문화 공감의 장으로

영화 <테스>는 아내인 "샤론Sharon Tate에게 바친다"는 문구로 시작된다. 이 헌사는 테스 역할을 샤론에게 맡기려던 원래의 의도가 1969년에 샤론의 살해로 겪었던 좌절을 암시한다. 또한 폴란스키 감독에게 하디의 『테스』를 준 사람이 샤론이어서, 샤론을 애도하는 것으로 해석할 수도 있다(http://www.imdb.com/title/tt0080009/trivia). 에인젤이 냇가에서 테스를 안아 옮겨줄 때, 테스를 바라보는 그윽하고 간절한 눈길은 아내를 향한 감독의 진실어린 사랑을 함축하는 것으로도 볼 수 있다.

영화를 찍으며 감독이 킨스키와 육체관계를 맺었다는 스캔들로 인해 킨스키를 욕망의 대상으로 부각시키게 되었다는 해석도 있었다. 폴란스키는 킨스키가 열다섯 살에 처음 만났고 촬영하면서 열여덟 살이 되었으며, 미성년인 배우에게 성폭력을 저지른 비인간적인 감독이라는 비난을 받기도 했다. 농촌에 어울리지 않는 백옥과 같은 피부를 지닌 테스는 도회지 여성으로서 남성 관객에게는 욕망의 대상으로, 여성 관객에게는 이상적인 미의 상징으로 상정된 것도, 그녀의 미모에 이끌린 감독의 한계를 반영한다는 지적도 있었다. 아카데미 의상상을 수상했지만, 테스의 의상도 상업성을 높이려는 의도였다고 혹평을 받기도 했다.

감독 뿐 아니라, 킨스키의 연기도 비판의 화살을 피하지 못했다. 킨스키의 테스 연기가 무기력하고 나약하며 삶 자체를 두려워하는 겁에 질린 인상을 주기 때문에, 하디의 테스가 지닌 강인함을 제대로 묘사하지 못하고 신인의 한계를 드러낸다는 비난도 있었다. 비평가 폴린 캘Pauline Kael은 킨스키가 작품 속의 인물과 동떨어진 "온실 속의 꽃"A hothouse flower이라고 혹평했고, 그렇게 빈곤하고 무지한 부모 밑에서 교육도 받지 못한 테스가 이렇게 반듯한 도덕성과 숭고한 인격과 에인젤을 매료할 만큼 순수하고 고결한 철학을 지녔으며, 말끔하게 차려입고 다닌 사실이나, 테스가 숲속에서 잘 때 사슴이 찾아오는 장면은 지나치게 비현실적이라고 분개한 관객도 있었다(http://www.imdb.com/title/tt0080009/usercomments).

영화 전반에 대한 비판에는 영화의 지나치게 느린 진행과, 사건 전개의 예측이 가능한 구성, 노동자 계급에 맞지 않는 아름다운 의상, 영국에서 프랑스식 건물이 발견되는 오점으로 작품의 현실감이 떨어진다는 비난을 들 수 있다(http://www.imdb.com/title/tt0080009/usercomments). 알렉 살해 장면도, 테스와 폭력을 직접 연결하지 않아 그 공포의 의미가 선명히 전달되지 않는다는 지적도 있었다. 테스를 관객의 기호에 맞추다 보니 테스를 자연의 상징으로 상정하려는 의도가 약화되고, 에인젤의 가족 관계에 얽힌 기독교의 편협한 도덕관에 대한 비판도 희미해졌다는 혹평도 있었다. 에인젤의 아버지 클레어 목사Reverend James Clare가 알렉을 전도하려다가 실패했다는 언급이나, 테스가 고행하는 중에 길에서 우연히 지나친 알렉은 에인젤 아버지의 영향으로 전도사가 되어 있었다는 점도 영화에는 삭제되어 기독교와 이교도인 거석 기둥 제단에서 바쳐지는 테스의 상징적인 복합성이 제거되고, 풍자, 비판, 도전 담론이 상업화 과정에서 말소되었다는 비판도 있을 수 있다. 테스에게 구혼할 때 알렉이 전도사라는 사실이 영화에서는 배제되기 때문에, 테스가 기혼이라 알렉을 거절하는 또 알렉을 살해하는 이데올로기적인 복합성도 영화에서는 단순화된다. 산업혁명과 기계화로 피폐해진 농촌과 파괴된 자연에 대한 고발도, 서정적으로 승화된 영상 처리 과정에서 말소되고, 영국 현실과는 무관한 육체와 자본의 미학에 충실하여 상업적인 성공에만 집착한 "비정한"impersonal 작품을 낳았다는 평가도 있었다.

하지만 많은 상이 수여된 폴란스키의 <테스>를 실패작으로 간주하는 것은 물의를 야기할 소지가 있다. 재력이나 계급처럼 추상적인 힘에 굴하지 않고 순수한 자연을 상징하는 테스가, 자본과 육체를 상기시키는 욕망의 대상으로 대체된 상황은, 육체 담론과 자본주의의 지배하에 있는 20세기 말 관객이 공감할 수 있도록 하디의 주제를 더욱 충실히 재현하는 각색에 성공했다고 평가하는 것이 오히려 공정할 것으로 사려된다. <안나 까레리나>*Anna Karenina*나 <바람과 함께 사라지다>*Gone With the Wind*처럼 강한 여성이 운명의 덫에 빠진 비극을 다룬 부류의 영화로서 최고의 걸작으로 평가할 수는 없다. 하지만 풍경을 비롯한 적절한 색깔의 조화와 카메라 작동을 통한 시각적인 영상, 음악과 음향 효과가 연합하여, 집단 무의식에 호소하는 신화적인 분위기를 조성하여, 폴란스키는 <테스>에서 진실한 사랑을 소중히 여겨야 한다는 주제를 오늘 날 이데올로기의 지평에 어울리게 투영하는데 성공하여, 관객이 모두 공감할 수 있는 심리적인 사실주의로 새로운 문화의 장을 열었다고 평가하는 것이 공정하다.

사진 14 그 해 최고의 영화로 지명된 <테스>

참고문헌

Auerbach, Nina. Woman and the Demon: *The Life of a Victorian Myth*. Cambridge: Harvard UP, 1982.

Claridge, Laura. "Tess: A Less than Pure Woman Ambivalently Presented." *Tess of D'Urbervilles,* ed. Peter Widdowson. New York: St. Martin's P., 1993, 63-79.

Deleuze, Gilles and Felix Guattari. *Kafka, Toward a Minor Literature.* [1975] Trans. Dana Polan. Minneapolis & London: U of Minnesota P, 1986.

Gittings, Robert. *Young Thomas Hardy*. Boston: An Atlantic Monthly Press Book, 1975.

Hardy, Thomas. *Tess of The D'Urbervilles.* Ed. Scott Elledge. New York: W. W. Norton, 1991.

Harris, David. *From Class Struggle to the Politics of Pleasure: The Effects of Granscianism on Cultural Studies*. New York: Routledge, 1992.

Jacobus, Mary. "Tess's Purity." *Essays in Criticism* 26 (1976): 318-36.

Son, Younghee. "Tess's Sexual Elusiveness and Hardy's Ambivalence in *Tess of the D'Uvervilles*." 『근대영미소설』 9:2 (2002): 179-203.

http://www.imdb.com/title/tt0080009/

http://www.imdb.com/name/nm0000591/bio

http://www.imdb.com/title/tt0080009/trivia

http://www.imdb.com/title/tt0080009/usercomments

http://www.bbc.co.uk/tess/about.shtml

http://www.bbc.co.uk/pressoffice/pressreleases/stories/2008/09_september /02/tess4.shtml

모히칸족의 최후

The Last of the Mohicans

텍스트와 영화를 통해서 본 <모히칸족의 최후>의 중요 쟁점들

성경준_한국외대

* 본 글은『영화속 문학이야기』(문학과 영상학회, 2002)의 한 장인 필자의 “『모히칸족의 최후』: 변화된 시대, 변화된 재현”(239–264)을 원용하고 재구성하여 쓴 것이다.

I. 원작『모히칸족의 최후』*the Last of the Mohicans*의 개요와 인종, 성, 미국의 정체성 문제

제임스 페니모어 쿠퍼James Fenimore Cooper의『모히칸족의 최후』은 그의 가죽 각반 소설Leatherstocking Tales 중 두 번째 소설로서 1826년에 출판되었다. 가죽 각반 소설은 1823년『개척자들』*The Pioneers*, 1826년에『모히칸족의 최후』, 1827년에『대 초원』*The Prairie*, 1840년에『길잡이』*The Pathfinder*, 그리고 1841년에『사슴 사냥꾼』*The Deerslayer*이 출판되었는데, 미국의 서부 자연을 배경으로 주인공 호크 아이Hawk-eye의 모험을 그리고 있다. 이 연작 소설들은 호크 아이가 주인공으로 등장함으로써 일관성을 유지하고 있는데, 소설의 출판 연대는 주인공의 연령과 서로 반대의 흐름을 보이고 있어 1823년에 출판된『개척자들』에서는 70대 후반의 호크 아이가 등장하고, 1841년에 출판된『사슴 사냥꾼』에서는 20대의 호크 아이가 등장하고 있다. 당시 미국의 국민 문학 형성기에 쿠퍼의 가죽 각반 소설들은 베스트셀러로서 큰 인기를 차지했으며, 현재까지도 꾸준히 미국인에게 읽히고 영화화됨으로써 미국인의 상상력과 자부심을 자극하고 있다.

『모히칸족의 최후』은 1854년에서 1863년 사이에 식민지 미국의 패권을 두고 프랑스와 영국이 각축을 벌이던 프랑스 인디언 전쟁The French and Indian War을 배경으로 하고 있다. 특히 1857년 7월 말부터 8월 중순 사이에 윌리엄 헨리William Henry 요새 주변의 자연을 배경으로 호크 아이와 칭가추국Chingachgook, 그리고 요새 사령관의 두 딸, 코라Cora와 엘리스Alice의 모험을 다루고 있다. 이 소설은 1857년의 윌리엄 헨리 요새의 전투와 대학살, 그리고 윌리엄 헨리 요새의 사령관인 먼로Munro와 프랑스군 사령관인 몬트컴Montcalm 등 실제적인 사건과 인물들과 함께 호크 아이 등 허구적 주인공들을 혼합하여 작품을 구성한 월터 스코트Walter Scott류의 역사 로맨스Historical Romance 라고 할 수 있다.

이 작품 내용의 기본 골격은 "쫓고－잡히고－도망치고－다시 쫓는" 긴박한 구성으로 독자의 흥미를 계속 북돋는다. 총 33장으로 구성된 이 소설은 등장인물의 모험이라는 측면에서 크게 전반부와 후반부로 나눌 수 있다.

1장에서 17장까지로 구성된 이 작품의 전반부에서는 코라와 엘리스가 영국군 장교 헤이워드Heyward와 인디언 마구아Magua의 안내를 받아 아버지 먼로 사령관을 찾아가는 모험 여행을 다루고 있다. 가는 도중에 마구아의 계략에 의해 길을 잃은 일행은 백인 사냥꾼인 호크 아이와 모히칸 인디언인 칭가추국과 웅카스Uncas를 만나게 되고 이에 마구아는 일행을 피해 도망치게 된다. 그 후 일행은 마구아와 인디언들에 의한 여러 가지 습격과 방해에도 불구하고 난관을 이겨내며 요새에 도착한다. 하지만 요새는 몬트컴의 프랑스군과 인디언에 의해 포위된 상태에서 에드워드Edward 요새의 본대로부터 지원군이 오지 않아 위기에 빠진다. 결국 먼로는 몬트컴에게 항복한 채 요새를 비워두고 에드워드 요새로 이동하던 중 마구아와 휴런Huron 족 인디언에 의한 백인 대학살이 일어난다. 그리고 그 혼란을 틈타 마구아는 코라와 엘리스를 납치해 도망간다.

18장에서 33장으로 구성된 후반부는 납치된 코라와 엘리스를 찾아 호크 아이와 칭가추국, 그리고 헤이워드 등이 겪는 모험으로 이루어져 있다. 호크 아이 등 일행은 코라와 엘리스를 찾아 휴런 족과 델라웨어Delaware 인디언 캠프로 들어가 코라와 엘리스를 구출하나, 그 와중에 휴런 족과 델라웨어 족의 전투가 일어나게 된다. 그 혼란

속에서 마구아는 코라와 웅카스를 살해하게 되지만 자신도 호크 아이가 쏜 총에 죽게 된다. 결국 혼혈인 코라와 인디언인 웅카스, 마구아는 모두 죽은 채 백인 문명의 선조로 상징되는 엘리스와 헤이워드만 살아남게 되고, 칭가추국은 사라져 가는 인디언 족의 운명을 슬퍼하며 이 작품은 끝나게 된다.

이 작품이 나오게 된 1826년 당시는 미국이 본격적인 근대 국가로 자리 잡으며, 1812년 영국과의 영미 전쟁을 승리로 이끈 후, 서부로의 개척을 활발히 진행하던 시기였다. 이런 시기에 미국인들은 미국이란 무엇인가, 또한 미국인이 누구인가라는 정체성 문제에 필연적으로 부딪히게 되었다. 쿠퍼의 이 작품은 이러한 문제를 호크아이를 비롯한 등장인물들을 통해 흥미롭게 보여주고 있다. 이처럼 이 작품은 줄거리의 흥미진진함 못지않게 그 속에 담고 있는 수많은 이데올로기적인 측면들로 인해 지금까지 끊임없이 논란이 되어온 19세기 초반의 가장 중요한 문학적 텍스트라고 할 수 있다. D. H. Lawrence가 미국 문학의 근원에 대해 논의한 『미국 고전 문학 연구』 *Studies in Classic American Literature*에서 당대 미국인의 문화적 무의식을 탐구하기 위해 이 작품에 대해 집중적으로 논의한 것은 충분히 납득이 간다고 할 수 있다. 이런 측면에서 이 작품을 보았을 때 가장 중요한 주제는 많은 비평가들이 지적했듯이 인종과 성, 그리고 미국의 정체성 문제라고 할 수 있다.

먼저 원작에서 인디언을 통해 나타나는 인종 문제에 대해 살펴보기로 하자. 이 문제는 쿠퍼가 인디언을 어떻게 재현하고 있는가, 그리고 인디언과 백인과의 관계를 어떻게 그려내고 있는지에서 잘 드러난다. 로이 피어스Roy Harvey Pearce가 지적했듯이 쿠퍼가 살았던 19세기 초는 인디언을 백인의 '문명'civilization과 대립되는 '야만'savagism

의 존재로서 규정하고 그것에 따라 그들을 정형화stereotype하는 것이 절정이 달했던 시대였다[1]. 그리고 1820년대 중반에는 그러한 담론에 기초하여 인디언을 추방하고 절멸하는 '연방 인디언 제거 정책'Federal Indian Removal Policy이 미국 정부의 공식적인 정책으로 채택되었다.

원작에서 마구아를 비롯한 인디언에 대한 쿠퍼의 재현은 그가 당대의 인디언에 대한 담론에서 벗어나지 못하고 있음을 보여준다. 마구아는 내면적으로 복잡한 인물이며 그가 동료들에게 백인들의 침략을 고발하고 선동하는 장면은 그가 현실을 꿰뚫어 보는 능력이 있는 인물임을 나타낸다. 그러나 쿠퍼는 그의 행동을 단순히 사악하고 야만적으로 묘사하며, 그를 "비행을 꾸미며 악을 음모하는 어둠의 왕자"(284)라고 표현한다. 원작의 대학살 역시 실제 역사에서는 프랑스와 인디언이 같이 자행을 한 것임도 불구하고, 인디언에게만 모든 책임을 돌리며 그들의 야만성을 부각시킨다. 특히 대학살 때 사람들의 피를 마시기까지 하는 인디언의 모습은 쿠퍼가 그리는 인디언들의 악마성과 야만성을 잘 보여준다.

> "이천 명이 넘는 사나운 야만인들savages이 신호에 따라 본능적으로 재빠르게 숲 속에서 뛰쳐나와 죽음의 평원으로 달려들었다. 그 뒤에 보여지는 역겹고 무서운 공포의 모습을 상세히 묘사하지는 않을 것이다. 어디에나 가장 무시무시하고 역겨운 모습으로 죽음이 있을 뿐이었다. 저항은 살인자들을 더욱 격분시킬 뿐이었으며, 그런 경우 그들은 희생자가 죽은 한참 뒤까지 그 희생자들을 도끼로 내리쳤다. 도처에 격류가 터진 듯 피가 흘렀으며, 인디언들

1) 19세기 초반 인디언에 대한 백인의 담론에 대해서는 Pearce 74–82 참조.

은 그 광경에 더욱 흥분되고 미쳐서 많은 자들은 땅에 무릎을 꿇고 진홍색 피를 마음껏, 환희에 차서 지옥의 풍경처럼 마셔대고 있었다." (176)

물론 웅카스와 칭가추국으로 대변되는 이상화된 인디언의 모습이 나타나기도 한다. 가령 칭가추국은 위험 속에서 부딪혀 죽음이 눈앞에 있는데는 "우아한 태도"(78)를 보이며, 웅카스 역시 "우아한 그리스 조각"(52-3)으로 비유되며 "곧고, 재빠르며 흠 없는 모습"(307)으로 인해 모든 사람들의 눈길을 사로잡는다. 하지만 이상화 속에서도 쿠퍼가 그리는 인디언의 모습에는 여전히 거리가 있다. 가령 쿠퍼가 칭가추국과 웅카스를 이상화할 때 거론하는 그들의 '금욕적인' 태도도 다른 한편으로는 무감각함insensitivity과 연결된다. 그러한 모습은 게무트의 음악에 호크 아이가 눈물을 흘리며 감동할 때 칭가추국은 "바위에 눈을 고정시키며"(59) 무표정한 모습을 보이는 데에서도 잘 드러난다[2].

쿠퍼가 인디언과 야만을 동일시하고 있음은 인디언의 마을 모습에서도 보여진다. 인디언 마을은 "어떠한 깨끗함이나 아름다움"도 없고 비참한 집들이 제멋대로 배치되어 있는 "바리세인들의 텐트들"(231)에 불과할 뿐이다. 쿠퍼가 인디언들을 묘사할 때 반복적으로 사용하는 "어두운 유령들"dark specters이나 "저속한 형태"vulgar forms 등의 단어들은 쿠퍼가 인디언과 야만을 동일시하고 있음을 나타낸

2) 이러한 점에서 쿠퍼의 인디언에 대한 묘사가 "양가적이라고"한 포레스트 로빈슨Forrest Robinson의 지적은 당대 담론에 대한 쿠퍼의 전복적인 모습을 너무 높이 평가한 듯싶다. 물론 쿠퍼는 당대 인디언에 대한 인종 담론에서 인정하지 않았던 모습을 칭가추국과 웅카스에게 부여하고 있지만 그가 작품 전반에서 재현하고 있는 인디언의 모습은 당대 인종 담론에서 벗어난 모습이라고 할 수 없다. 로빈슨의 견해에 대해서는 특히 그의 논문 11-13 참조.

다. 이러한 점에서 원작은 인디언이 문명과 대비되는 야만이라는 당시의 담론에 충실하다고 말 할 수 있다.

쿠퍼는 작품에서 이러한 인디언에 대한 백인의 우월성을 분명히 드러낸다. "자신의 피 속에 혼혈이 전혀 없음"no cross in his blood (35)을 자랑하는 호크 아이는 대표적 실례라고 할 수 있다. 그는 인디언 마을에서 자랐음에도 불구하고 결코 '머리가죽 벗기기'scalping를 하지 않는다. 그러한 야만적인 행동은 "인디언의 본성"the gift and nature of an Indian (138)에 맞는 것이지 결코 "백인에게는 어울리지 않는 잔인하고 비인간적인 행동"cruel and unhuman act for a white-skin (138)이기 때문이다. 그는 중요한 일이 닥치면 자신이 "인디언의 피가 전혀 없는 백인"(121)이라는 사실을 걸고 맹세한다.

쿠퍼는 1820년대 당시 미국 정부의 공식 정책인 '인디언 말살 정책'에 대해서도 작품 속에서 암묵적으로 동의한다. 물론 쿠퍼는 백인의 인디언 침탈에 대해 문제의식을 가지고 있다. 칭가추국이 그의 부족이 동쪽 해안에 살았으나 백인들의 "술"fire-water(95)에 의해 모든 것을 빼앗기고 절멸된 채 자신만이 숲 속을 헤매고 있음을 호크아이에게 고발하는 모습은 그런 점을 보여준다. 하지만 쿠퍼는 인디언의 절멸을 자연 법칙처럼 당연한 것으로 독자들에게 제시한다. 서문에서 인디언의 절멸을 가을에 떨어지는 "나뭇잎"(6)으로 비유하는 것은 그것을 드러낸다. 어쩌면 늙어서 곧 죽을 테머눈드Tamenund가 작품에서 대표적인 인디언 추장으로 나온 것은 그가 죽듯이 인디언도 곧 사라진다는 것을 독자에게 암시하는 듯하다. 테머눈드는 밤낮이 바뀌듯 자연 법칙처럼 인디언은 사라지고 백인이 세상의 주인이 될 수밖에 없음을 다음과 같이 말한다.

"그것으로 충분하다." 그는 말했다. "레너프의 자손들아. 가라. 마니토의 분노는 아직 가라앉지 않았다. 왜 테머눈드가 머물러야 하는가? 백인들은 지상의 주인이며, 홍인종의 시대는 아직 오지 않았다. 내가 살아왔던 날들은 길었구나. 아침에 나는 우라미스의 아들(인디언)들이 행복하고 강한 것을 보았다. 그러나 밤이 오기 전에 나는 현명한 종족 모히칸족의 마지막 전사의 모습을 보는구나." (349–50)

원작의 마지막 장면에서 웅카스도 죽고 칭가추국이 "백인들의 공터에 홀로 남은 불타버린 소나무"(349)인 자신에 대해 한탄하는 모습은 백인들의 침탈에 의해 사라져버린 인디언의 운명을 상징적으로 보여준다. 물론 쿠퍼는 인디언의 절멸과 백인 침탈에 대하여 칭가추국이 잠시 이야기 한 것 이외에도 마구아를 통해 고발하기도 한다. 그러나 마구아는 그 악마성 때문에 독자들의 공감을 얻을 수 없는 인물이다. 오히려 그가 하는 고발은 그의 사악함과 악마성때문에 백인들의 침탈을 정당화시키기까지 한다. 이러한 모습은 쿠퍼가 '인디언 말살 정책'에 암묵적으로 동의하고 있음을 말해준다.

쿠퍼의 원작에서 여성 문제는 코라와 엘리스를 중심으로 나타난다. 작품 전반에 걸쳐 코라는 "불굴의 용기와 흔들리지 않는 이성"fortitude and undisturbed reason(82)을 가진 독립적인 여성으로 묘사된다.[3] 그녀는 당시의 가부장적 이데올로기가 요구하는 연약하고 상황에 따라 수동적으로 움직이는 여성상이 아니라, 상황을 극복하고

3) 코라의 정체성에는 그녀의 검은 눈과 흑발이 암시하듯이 인종 문제가 겹쳐져 있다. 그녀는 스코틀랜드인 먼로와 서인도 제도의 크리올 사이에 출생한 자식인데 원작에서 코라가 웅카스에게 끌리는 것도 쿠퍼는 그들 사이에 인종적 유사성이 있기 때문이라고 암시한다. 코라가 원작에서 비극적 결말을 맺는 것도 그녀가 흑인적인 요소를 갖고 있기 때문인데, 이것은 쿠퍼의 인종적 편견을 보여주는 또 다른 실례라고 할 수 있다.

심지어 남성들에게 자신의 의지를 관철시킨다. 그녀 일행이 인디언들에게 포위되어 호크 아이를 비롯한 모든 남성들이 절망 속에서 죽음을 기다리고 있을 때에도 "모두 왜 죽느냐"고 반문한다. 그리고 웅카스와 칭가추국, 그리고 호크 아이에게 탈출하여 구원병을 데려오도록 요구한다.

> 잠시 후에 코라는 강을 가리키며 말했다.
> "당신의 친구들은 보이지 않고 아마도 지금쯤 안전할 것입니다. 이제 당신이 따라갈 시간이 아닌가요?"
> "운카스는 머무르겠소." 젊은 인디언이 조용히 말했다.
> "그렇게 되면 우리가 사로잡힐 때 공포만 더해주고 우리가 구출될 수 있는 기회를 줄이는 것이에요. 가세요. 젊은 인디언 분." 코라는 운카스가 쳐다보는 것을 알고 아래를 내려다보았으나 자신이 미치는 영향을 잘 알고 있었다.
> "아버지에게 가서 내 말을 전달해 주세요. . . . 가세요. 당신이 가는 것이 내 바람이며 소원이에요." (79)

그녀의 이러한 용감하고 독립적인 태도는 엘리스의 태도와 서로 대조된다. 엘리스는 당시 가부장적 이데올로기가 요구하는 연약하고 수동적인 여성으로 남성 등장인물이나 코라에게 "어린애 같은 의존"(80)을 하는 여성이다. 엘리스와 코라의 대조는 각각을 묘사하는 단어에서도 잘 드러난다. 엘리스는 "순진하고 의존적인 표정"(260)을 지닌 "천진하고 어린"(149) 소녀로 묘사되며, 코라는 "진지하며, 정열적이고, 심각한"(149) 표정을 가진 것으로 그려진다. 인디언에게 포위되는 등 어려운 상황에 부딪히면 코라는 이성과 불굴의 용기를 가지고 극복하려고 시도하는 데 비해 엘리스는 코라의 품에 안겨 떨거나 기절하는 모습으로 등장한다.

> 이러한 제안을 들을 때 섬세하고 예민한 엘리스의 몸은 기절하듯 가라앉았다. 그녀의 팔은 앞으로 쭉 늘어졌고, 손가락은 가벼운 경련을 일으키듯이 떨고 있었다. 그녀의 머리는 가슴팍 앞으로 숙여졌다. 그녀의 모습은 여성의 상처받은 섬세함을 아름답게 상징하듯이 나무에 기댄 채 있었는데, 생기는 없었지만 의식은 있었다. (110)

원작에서 두 여성 가운데 쿠퍼의 선택은 분명하다. 헤이워드에게 사랑받고 선택을 받는 것은 엘리스이며, 코라는 웅카스와 함께 죽음을 맞는다. 쿠퍼는 코라의 독립적인 모습에 대해 "거부감을 주는 것은 아니다"(87)라고 진술하기도 한다. 하지만 코라의 죽음은 로빈슨이 그녀가 "가부장적인 경계를 벗어난 것과 깊은 연관이 있다"(18)라고 지적한 것처럼 쿠퍼는 당대의 가부장적 이데올로기 속에서 그녀에게 죽음을 선고한다. 그럼으로써 어떤 여성이 이상적인 여성상인지를 독자의 무의식에 각인시킨다. 이것은 쿠퍼의 원작이 당대의 가부장적 이데올로기를 비판 없이 그대로 반영하는 작품임을 말해준다.

원작에서 미국인의 정체성의 문제는 호크 아이의 모습을 통해 나타난다. 작품에서 그를 호칭하는 용어가 사냥꾼huntsman, 나무꾼woodsman, 장총long rifle, 정찰대scout로 수시로 변화하는 것은 이 호크아이가 이 모든 용어를 포괄하는 개척민임을 보여준다. 작품에서 그는 독립적이고 실질적이며, 모든 일을 이성과 합리성에 근거하여 주도적으로 처리해 나간다. 그는 동부의 문명에 흡수되지 않는 채 드넓은 변경 지역의 자연 속에서 활동하는 자신에 대해 커다란 자부심을 느낀다. 게무트와의 논쟁에서 자신이 문명에 흡수되지 않는 채 자연 속에서 교육받았음을 자랑스러워하는 모습은 그 점을 잘 보여준다.

> "너를 뒷받침하는 말들이 나와 있는 성스러운 책들의 장들과 시구를 한번 말해보라."
>
> "책이라고요!" 호크아이는 경멸의 태도를 감추지 않고 다시 말했다.
>
> "당신은 나를 늙은 여자의 치마끈에 매달려 가면서 징징 우는 어린애로 아시오? ... 책이라고! 순수 백인이며 황야의 전사인 나에게 책이 무슨 필요가 있단 말이요? 나에게는 오직 하나의 책이 있소. 거기에 써진 글자는 너무 단순하고 명쾌해서 교육을 받을 필요도 없이 압니다. 내가 40여 년 동안 길고 힘들게 그 속에서 교육받아왔지만 말이요."
>
> "당신이 말한 책이란 도대체 무엇이요?" 데이비드는 잘 이해하지 못해 물어 보았다.
>
> "그것은 당신의 눈앞에 펼쳐져 있습니다" 그 정찰군(호크아이)은 이야기했다. "그것을 소유한 사람은 그것을 사용하는 데 결코 인색하지 않죠." (117)

원작에서 쿠퍼는 이러한 호크 아이의 모습을 통해 당대 미국인에게 자신들의 정체성이 무엇인가를 제시한다. 이러한 쿠퍼의 노력은 원작에서 영국인인 헤이워드와 호크 아이의 비교를 통해서도 드러난다. 당시 정치적으로 독립했지만 여전히 문화적으로 영국의 지배하에 있던 미국으로서는 영국의 영향력에서 벗어나는 것이 무엇보다 중요한 일이었다. 작품에서 쿠퍼는 호크 아이와 헤이워드의 대조를 통해 영국의 극복과 함께 미국인으로서 특성과 그것에 대한 자부심을 독자들에게 강조한다. 헤이워드는 용감하며 기사도 정신을 가지고 있지만 실질적이지 못하고 "현실에 제대로 대응하지 못하는"(205) 모습을 보이고 있다. 호크 아이는 그러한 헤이워드를 끊임없이 비판하여 그의 문제점을 제시한다. 인디언에게 포위된 상황에서 현실과 이성에 기초하지 않는 헤이워드의 행동을 비판하는 호크 아이의 모습은 그것을 잘 드러낸다.

헤이워드는 더 나아가 우스꽝스런 모습으로까지 독자에게 제시된다. 특히 '어릿광대buffoon'로 변장한 헤이워드가 인디언에게 쫓기는 모습은 당시 영국에 대한 열등감에 시달리고 있던 독자들에게 많은 즐거움을 주었을 것이다. 그리고 그들에게 미국인으로서 자부심을 심어주는 데 일조를 하였을 것이다. 쿠퍼는 이러한 과정을 통해 호크 아이가 헤이워드보다 우월함을 작품 속에서 독자에게 암시한다. 호크 아이가 헤이워드와 사격 시합을 하는 모습은 그것의 실례라고 할 수 있다. 헤이워드는 훌륭한 솜씨이지만 목표물에서 빗나가나 호크 아이는 목표물을 정확히 맞혀 인디언으로부터 열렬한 찬사의 소리를 듣게 된다. 이러한 모습을 통해 쿠퍼는 독자들에게 미국인의 특성과 자부심을 심어주고 있다. 특히 원시적인 자연 속에서 인디언과 함께 활동하는 그는 미국인에게 프론티어frontier가 무엇인가, 프론티어맨frontiersman이 누구인가에 대하여 하나의 원형을 제시했다고 할 수 있다.

II. 『모히칸족의 최후』의 영화화

쿠퍼의 원작은 그 후 많은 영화화가 이루어졌다. 무성영화 시대인 1920년에 클레런스 브라운Clarence Brown과 모리스 터너Maurice Tourneur가 감독한 영화로 부터 1936년 조지 사이츠George B. Seitz 감독의 영화, 그리고 1957년 캐나다에서 영상화된 것, 1972년 영국 BBC에서 Masterpiece Theatre TV Mini-Series로 영상화한 것, 그리고 가장 최근인 1992년에 나온 마이클 만Michael Mann감독의 영화에 이르기까지 다양하다. 그 내용을 좀 더 자세히 정리하면 다음과 같다.

1. 무성영화

Title: *The Last of the Mohicans* (Silent) (1920)
Starring: Wallace Beery, Barbara Bedford
Director: Clarence Brown, Maurice Tourneur
Studio: Synergy Entertainment
DVD Release Date: May, 2007
Run Time: 73 minutes

2. 1936년 영화

Title: *The Last Of The Mohicans* (1936)
Starring: Randolph Scott, Henry Wilcoxon, Binnie Barnes, and Bruce Cabot
Director: George B. Seitz
Studio: Firecake Entertainment
DVD Release Date: December, 2008
Run Time: 91 minutes

3. 1957년 캐나다 미니시리즈

Title: *Hawkeye and the Last of the Mohicans* (1957)
Starring: John Hart, Lon Chaney Jr.
Directors: Sam Newfield
Studio: Timeless Media Group
DVD Release Date: November, 2006
Run Time: 250 minutes

4. 1972 BBC 미니시리즈

Title: *The Last of the Mohicans* (BBC Masterpiece Theatre TV Mini-Series) (1972)
Starring: Kenneth Ives, Philip Madoc, Richard Warwick, Andrew Crawford
Director: N, a
Studio: Koch Vision
DVD Release Date: February, 2007
Run Time: 344 minutes

5. 1992년 헐리우드 영화

Title: *The Last of the Mohicans* (1992)
Starring: Daniel Day-Lewis, Madeline Stowe, Russel Means, Eric Schweig
Director: Michael Mann.
Studio: 20th Century Fox.
DVD Release Date: February, 2007
Run Time: 112 minutes

그 중에서 1992년 마이클 만Michael Mann 감독의 영화는 아주 흥미롭다. 왜냐하면 그것을 제외한 다른 영화들은 모두 원작의 줄거리와 등장인물에 충실하여 원작과 영화에서 큰 차이를 느낄 수 없다. 마치 원작을 충실히 재현하는 것이 영상화의 목적인 것처럼 보인다. 그러나 마이클 만 감독의 영화에서는 등장인물들과 그들의 운명에서 완전한 변화를 보이고 있다. 원작을 상당 부분 각색하여 영화를 만들어도 보통 중요 등장인물들의 생사가 바뀌는 경우는 거의 없다. 그러나 마이클 만의 영화에서는 원작에서 미국 백인의 선조를 상징하면서 살아남은 등장인물인 헤이워드Heyward와 엘리스Alice가 죽고, 오히려 원작에서 죽은 코라Cora가 호크아이Hawk-eye와 곧 결혼할 것이라는 암시를 남기면서 살아남는다.

과연 원작과 영화의 이러한 등장인물들의 운명의 변화는 무엇을 의미하는 것일까? 할리우드 영화라는 그 제작과정에서 평균 약 2만 5천 번이라는 감독의 결정과정이 있으며, 그 과정에서 끊임없이 이데올로기가 개입한다는 점에서 이러한 주인공들의 운명의 변화는 그 속에 중요한 이데올로기의 문제가 개입되어 있음을 추측할 수 있다. 원작과 영화가 170여 년의 시차를 두고 있다는 점에서 바로 이러한 변화는 인종과 성, 그리고 미국의 정체성 문제가 미국 사회에서 변화를 겪었으며, 영화는 그 변화를 반영한다고 할 수 있다. 이런 점에서 여기에서는 원작과 마이클 만 감독의 영화를 비교해보고자 한다.

III. 1992년 마이클 만 감독의 <모히칸족의 최후>의 분석

원작이 플롯 구조상 두 부분으로 나뉘어지듯이 영화도 동일하게 전반부와 후반부로 나뉘어진다. 그리고 등장인물의 모험이라는 측면에서도 원작의 내용을 그대로 따르고 있다. 즉 영화의 전반부는 코라와 엘리스가 헤이워드와 함께 마구아의 안내를 받아 윌리엄 헨리 요새의 사령관으로 있는 아버지 먼로를 찾아가는 모험 여행을 다루고 있다. 그리고 영화의 후반부 역시 원작과 마찬가지로 납치된 코라와 엘리스를 찾아 호크 아이와 칭가추국, 그리고 헤이워드 등이 겪는 모험으로 이루어져 있다.

하지만 세부 내용과 등장인물의 운명이라는 점에서 원작과 영화는 큰 차이를 보이고 있다. 가장 눈에 띄는 차이는 호크 아이를 다루는 작가와 감독의 차이이다. 원작에서도 쿠퍼의 초점은 호크 아이에게 가 있지만 작가는 전반적으로 전지적 관찰자 시점에서 각 등장인물을 공평하게 다루고 있다. 하지만 영화에서는 호크 아이가 주인공이 되어 그에게 전적으로 카메라의 초점이 맞춰진다[4]. 그리고 많은 장면은 그를 클로우즈 업close-up 시킨 채 그가 하는 대사를 중심으로 진행된다 | 사진 1 |.

그것은 영화의 첫 장면에서부터 뚜렷하다. 원작에서는 첫 장면이 코라와 엘리스가 아버지 먼로를 찾아가기 위해 준비하는 모습인 데 반해, 영화에서는 호크 아이가 사슴을 사냥하는 모습으로 시작된다. 그리고 바로 뒤를 잇는 장면은 호크 아이가 개척민 나싸니엘의 집에서 식사하는

사진 1

4) 이 영화에서는 <나의 왼쪽 발> *My Left Foot*로 1989년에 아카데미 남우 주연상을 받은 데니엘 데이 루이스Daniel Day-Lewis가 호크 아이로 등장한다. 데이 루이스는 문명과 자연의 중간 지점에서 활동하며 강인한 인상을 통해 미국인의 정체성을 시각적으로 보여주고 있다.

모습을 비추고 있다. 물론 영화의 속성상 주인공을 중심으로 이야기가 진행되며 이 작품의 주인공이 호크 아이인 것은 분명하다. 하지만 이렇게 됨으로써 소설에 나타났던 다양한 주제들은 부각되지 않은 채 호크 아이를 중심으로 한 주제만이 영화에서 강조된다. 원작에서 호크아이를 중심으로 나타났던 미국의 정체성 문제가 영화에서 가장 중심적인 주제로 부각된 것은 이러한 서술 구조상의 차이와 깊은 연관이 있다.

영화에서는 원작에서 코믹 릴리이프comic relief의 역할을 하였던 게무트Gamut가 등장하지 않는다. 그는 원작에서 기독교 문명의 우월성을 강조하며, 긴박한 사건 진행 속에서 우스꽝스러운 모습을 재현하여 독자들의 긴장감을 해소시키는 역할을 한다. 하지만 영화에서 그는 사라지는 데 그것은 긴박한 영화 진행 속에서 그의 등장이 오히려 극적 긴장감을 감소시키며 스토리 전개를 산만하게 만드는 역작용을 하기 때문에 감독이 생략한 것으로 보인다.

영화에서는 게무트가 없어진 대신 나싸니엘 등 민병대원들이 등장하여 중요한 역할을 한다. 영화에서 이들은 식민지 지배자 영국에 대해 그들의 부당함을 단호히 거부하고 미국인의 독립의지와 자부심을 대변하는 모습으로 나타난다. 그들은 미국을 “자신의 손으로 건설한” 것에 자부를 느끼며 지배자인 영국군의 명령에 저항한다. 원작에서 없었던 이들의 등장은 원작과는 다르게 영화에서 미국인의 독립 정신과 애국심을 강조하려는 감독의 의도를 보여준다. 가령 먼로와 헤이워드가 개척민들의 안전을 개의치 않는 채 민병대에게 강제로 자신들의 명령에 복종해야 한다고 명령하자 나싸니엘은 “그들이 하는 것은 압제일 뿐이며... 나는 그 멍에 하에서 살지 않겠소” 라고 말하는 장면은 이러한 모습을 드러낸다.

영화에서 헤이워드가 원작과는 상이한 모습으로 나타나는 것도 미국인의 독립 정신과 애국심 강조라는 감독의 의도와 관련된 듯싶다. 원작에서 헤이워드는 기사도 정신이나 강조하는 시대에 뒤떨어진 우스꽝스러운 영국 장교로 등장한다. 그러나 영화에서는 우스꽝스러운 모습은 사라진 채 폭압적인 제국주의자의 모습으로 등장한다. 그는 항상 권위주의적인 표정으로 "전 세계를 영국화해야 한다"make the world English라고 주장하며, 미국 개척민들의 도움을 받기 위해 그들과 협상을 하는 먼로에 대해 영국 황실의 장교가 "군 복무의 대가를 협상할" 수 없다고 말하며 그를 비판한다.

더 나아가 그러한 제국주의적 목적을 성취하기 위해 호크 아이를 죽음으로 몰아넣는 거짓말까지 한다. 이렇게 그가 원작과는 다른 모습으로 등장하는 것은 미국인의 독립 정신과 애국심의 강조하려는 감독의 의도 때문인 것으로 보인다. 왜냐하면 영화에서 제국주의자인 그를 통해 미국인의 독립 정신과 애국심이 더욱 정당한 것으로 강조되기 때문이다 | 사진 2 |.

사진 2

무엇보다 흥미로운 것은 영화가 보여주는 인디언의 모습이다. 원작에서 쿠퍼의 인디언에 대한 태도는 칭가추국과 웅카스로 대표되는 이상화된 모습과 마구아로 대표되는 악마적이며 야만적인 모습으로 대별될 수 있다. 그러나 영화에서는 이제 이상화된 모습은 사라져 버린다. 영화에서 러셀 미인즈와 에릭 쉐이그Eric Schweig가 배역하는 칭가추국과 웅카스의 모습은 데니엘 데이 루이스가 맡고 있는 호크아이와 비교되어 초라하고 왜소한 모습으로 등장한다[5]. 칭가추국은 이제 "형제 같은 애정"을 가지고 호크 아이와 담배를 나누는 대등한 모습으로 등장하지 않는다[6]. 영화 전반에 걸쳐 그는 동작이 크고 결단력있는 호크 아이의 뒤를 말없이 쫓는 종속적인 위치로 전락한다. 원작에서는 웅카스 역시 남성답고 용감한 모습으로 마구아 측 인디언과의 전쟁에서 영웅적으로 싸운다. 그러나 영화에서는 이러한 용감함과 영웅적인 모습은 모두 사라지고 호크 아이의 뒤를 쫓다가 마구아에게 살해되어 절벽으로 떨어지는 초라한 모습으로 등장한다.

원작에서 나타나는 이상화된 인디언들이 사라진 반면 야만적인 인디언인 마구아는 영화에서 원작에 못지않게 야만적이고 악마적으로 재현된다. 원작에서 마구아는 야만적인 모습도 갖추고 있지만 다른 한편으로는 마키아벨리안적인 선동가이며 영웅적인 모습까지 보인다. 하지만 영화에서는 그러한 영웅적인 면은 완전히 사라진 채 야만적이고 악마적인 면만 강조된다. 영화에서 원작과 달리 마구아가 먼로에 대한 원한으로 죽은 그의 가슴에서 심장을 뽑아쳐드는 모습은 그러한 야만적인 모습을 극명하게 보여준다 | 사진 3 | .

영화에서는 마구아뿐만 아니라 인디언 전체도 야만적이고 부정적인 모습이 강조된다. 영화에서 학살된 알렉산드라Alexandra 가족의 모습은 그것을 드러낸다. 원작에서는 학살당한 개척민의 모습이 등

5) 인디언 배역을 자주 맡는 러셀 미인스Russel Means가 칭가추국의 배역을 맡았는데, 그는 쿠퍼의 또 다른 소설 『길잡이』를 영화화한 <모히칸족의 최후 2>에서도 칭가추국의 연기를 하여 칭가추국으로 자신의 이미지를 구축하였다. 웅카스 역으로는 에릭 스웨이그Eric Schweig가 맡았는데, 그는 원작에서는 큰 역할을 하나 영화에서는 거의 부각이 되지 않는 인물로 등장하고 있다.

6) 영화에서는 호크 아이나 칭가추국에서 드러나는 백인과 인디언의 조화롭게 살아가는 모습을 재현하기 위해 인디언과 백인이 웃통을 벗고 정답게 하키 비슷한 운동을 하는 모습을 한 장면 보여준다. 하지만 그 장면은 앞뒤 맥락이 없어 기괴하게 느껴지기만 할 뿐이다.

장하지 않는다. 그러나 영화에서는 인디언들이 개척민 알렉산드라 가족을 어린애와 부녀자까지 야만적이고 무자비하게 살해한 것으로 나타난다. 학살당한 그들이

사진 3

영화의 첫 장면에서 인디언인 칭가추국과 웅카스와 함께 다정하게 식사를 하던 평화로운 사람들이었다는 점을 생각해 볼 때 파괴된 알렉산드라의 집의 모습은 인디언의 야만성을 더욱 부각시킨다. 이러한 야만적인 인디언의 모습은 대학살 장면에서 드러난다. 원작에서 상세히 묘사된 대학살 장면은 영화에서도 피를 마시는 장면까지 그대로 재현되고 있다. 이것은 원작에서 쿠퍼가 재현했던 인디언과 야만을 동일시했던 담론이 영화에서도 그대로 재현됨을 말해준다.

앞서 논의한 것처럼 쿠퍼는 인디언 말살 정책이라는 당대의 미국 정부의 공식적인 인디언 정책에 암묵적으로 동의하고 있다. 영화 역시 원작에서의 그러한 쿠퍼의 재현이 그대로 반복되고 있다. 영화에서는 코라와 엘리스 등의 등장인물들의 운명이 원작과는 상당히 달라지지만 웅카스 등 중요 인디언 등장인물들의 운명은 원작과 동일하여 그들은 모두 사라진 채 늙은 칭가추국만이 살아남아 인디언의 멸족을 예견하며 한탄하는 것으로 영화의 결말이 맺어진다. 칭가추국이 영화의 마지막 장면에서 웅카스의 재를 뿌리며 슬피 읊조리는 다음과 같은 대사는 원작과 영화가 동일하게 인디언의 멸족을 예견하며 끝난다는 것을 보여준다.

나 칭가추국, 마지막 모히칸족만 빼고 모두 저기(하늘 나라)에

있다. 이제 언젠가는 아무도 없을 것이다. ... 프론티어는 백인들 것이다.

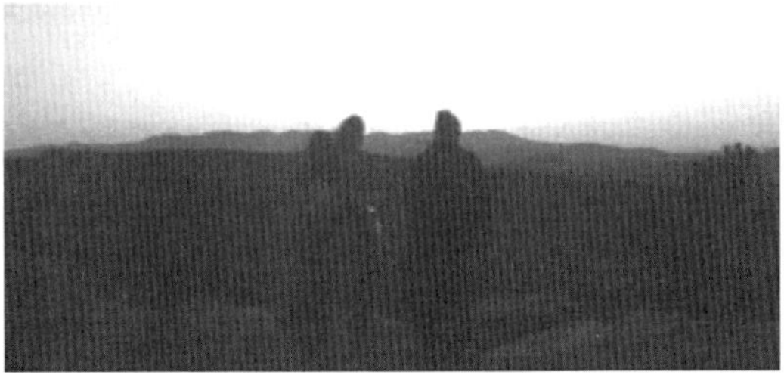

사진 4

이런 측면에서 영화의 첫 장면이 미국의 넓은 산하를 보여주며 시작했다가 마지막 장면에서 칭가추국이 미국 산하가 백인의 것이라는 대사를 하며 미국 산하 전체를 보여주는 것은 결국 미국 산하의 소유권 투쟁에서 백인이 승리할 것임을 말해준다 | 사진 4 |. 그리고 인디언은 그러한 백인에게 자리를 내준 채 사라지는 것이 운명이라는 것을 암시한다. 이런 점에서 이 영화는 인디언의 소멸을 자연 현상에 비유했던 원작과 동일한 인종적 이데올로기를 우리에게 이야기해준다고 할 수 있다. 그리고 이러한 원작과 영화의 유사성은 170년의 시차에도 불구하고 동일한 인종적 담론이 여전히 미국 사회에서 유효함을 말해 준다.

원작과 영화에서 가장 큰 차이는 코라와 엘리스의 운명이다. 영화에서 두 여성 등장 인물들의 모습은 원작과 크게 다르지 않다. 메들린 스토우Madeline Stowe가 배역한 코라는 원작과 비슷하게 독립적이고, 이성적이며 불굴의 의지력을 가진 강한 여성으로 등장한다. 그녀는 원작과 동일하게 인디언에게 포위되어 위험에 빠지자 호크아이나 웅카스에게 여자들만 놔둔 채 탈출하여 구원병을 데려오도록 요구한다. 영화에서는 원작과 달리 엘리스를 구하기 위해 코라가 인디언에게 총을 쏘는 용감한 모습까지 보이는 데, 그것은 강한 코라의 모

습을 강조하기 위한 감독의 의도로 보인다 | 사진 5 |.

사진 5

엘리스 역시 원작과 동일한 인물로 등장한다. 그녀는 원작에서처럼 코라의 뒤에 숨어 거의 말을 하지 않은 채 연약하고 수동적인 인물로 등장한다.

하지만 원작에서와 달리 영화에서는 코라를 긍정적인 모습으로 그린다. 헤이워드 역시 원작에서는 엘리스를 사랑하나 영화에서는 코라를 사랑하는 모습으로 나타난다. 그는 자신과의 관계를 친구이상으로 생각하지 않는다는 코라를 향해 "존경과 우정은 결혼의 기반"이 될 수 있음을 강조하며 코라에게 청혼하는 모습까지 보인다. 호크 아이 역시 코라에게 사랑을 바치는 것으로 묘사된다. 그는 코라가 인디언에게 포로가 되자 자신이 "지구 끝까지 쫓아가 구출하겠다"하며 사랑의 맹세를 하는 모습까지 보인다 | 사진 6 |. 감독은 영화에서 코라를 선택하는 것이다.

이에 반해 엘리스는 영화에서 긍정적인 모습으로 제시되지 않는다. 그녀는 원작에서 가부장적 이데올로기가 선택하는 이상적인 여성상으로 그려지고 있으나 영화에서는 거의 한마디 말도 하지 않으며 관객의 눈에도 띄지 않는 역할로 등장한다. 헤이워드도 그녀를 어린애 취급할 뿐이지 사랑의 대

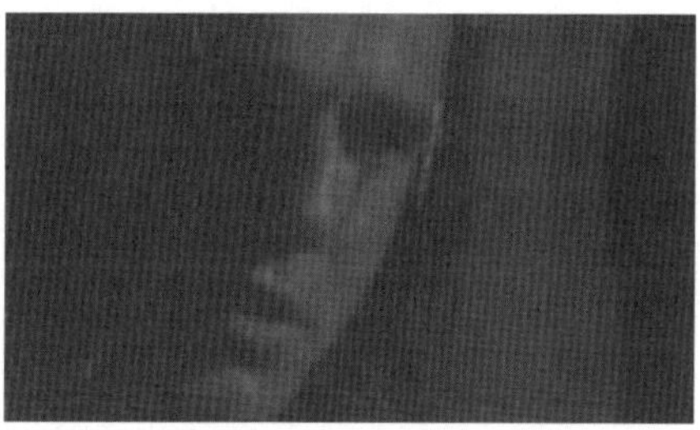
사진 6

상으로 삼지 않는다. 그리고 마구아의 결혼상대로 끌려가다 말없이 절벽에서 떨어져 죽는 가엾은 모습으로 등장한다.

이러한 등장인물들의 운명 바꾸기는 원작과 영화 사이의 170여년 동안 이상적인 여성상에 대한 이데올로기가 바뀌었다는 것을 의미한다. 그리고 감독이 코라 같은 독립적이고 강한 여성을 이상적인 여성상으로 선택했다는 것을 의미한다. 그것은 원작에서 코라의 운명을 결정하는 데 있어 중요한 요소였던 코라의 인종적 혼혈이 영화에서는 더 이상 언급되지 않고 사라져 버린 것에서 더욱 분명해 진다. 이것은 앞서 논의한 인종 문제가 여전히 미국 사회에서 쿠퍼 시대와 동일하게 존재한 것과는 달리 여성 문제는 최근에 들어와 급격히 진전했음을 말해 준다. 영화에서 코라 같은 인물이 남성의 선택을 받고 행복한 결말의 주인공이 된다는 것은 이러한 진전을 단적으로 우리에게 보여준다.

원작에서 미국의 정체성과 관련이 있는 호크 아이는 영화에서 강한 인상을 가진 데이 루이스가 배역을 하고 있다. 영화에서 그는 자연의 지혜를 갖추고 어떤 상황에서도 생존할 수 있는 강한 인물로 원작과 유사하게 제시된다. 그는 원작에서와 마찬가지로 독립적이고 실제적이며, 모든 일을 이성과 합리성에 근거하여 주도적으로 처리해 나가는 모습을 보인다. 이런 점에서 쿠퍼가 원작에서 1820년대의 미국인의 정체성을 탐구했던 것처럼, 감독은 이 영화에서 데이 루이스를 통해 미국인의 정체성을 보여주고 있다고 할 수 있다.

하지만 영화의 호크 아이는 원작과는 상당한 차이를 보인다. 우선 원작에서는 호크 아이가 문명과 거리가 두고 있는 반면, 영화에서는 그가 미국의 보편적 가치를 그대로 수용하는 인물로 등장한다. 영화의 첫 장면에서 그가 나싸니엘 가족들과 식사를 하면서 웅카스의 결혼 이야기나 일상사에 대하여 이야기하는 장면은 그가 미국의 보편적 가치관을 가지고 있음을 잘 보여준다. 또한 영화에서 원작과 다르게 그가 윌록 목사의 학교Reverend Wheelock's School를 열 살 때부터 이 년간 다녔다고 제시하는 것은 그가 미국적 가치관을 그대로 구현하고 있는 사람이라는 것을 의미한다[7].

이러한 보통 미국인의 가치를 가지고 있는 호크 아이를 통해 감독은 호크 아이를 좀 더 '보통의 미국인'으로 만든다. 그리고 그것을 통해 '강한 미국'의 밑바탕이 되는 보통의 미국인이 어떻게 되어야 하는 지에 대한 방향을 제시하는 듯싶다. 이런 점에서 이 영화는 남성은 호크 아이를 통해, 여성은 코라는 통해 미국 남성과 여성의 전형을 제시한다고 말할 수 있다. 호크 아이는 영화에서 전형적인 미국인의 가치를 지니고 있으며, 어떤 상황도 극복하는 강한 남자이다. 코라 역시 이성과 불굴의 용기를 가지고 어려움을 헤쳐 나가는 강한 여자이다. 원작과는 다르게 영화의 마지막 장면에서 이 두 명의 강한 남녀만이 살아남아 미래를 꿈꾸며 넓은 산야를 바라보는 것은 강한 미국인 남녀 두 사람이 "강한 미국"의 기초를 이룬다는 것을 우리에게 암시한다. 원작이 호크 아이를 통해 미국인의 정체성을 제시했다면 영화는 강한 미국의 밑바탕이 될 수 있는 남녀 한 쌍의 전형을 제시하고 있는 셈이다. 그리고 그들의 사랑을 통해 새로운 미국의 출발을 보여주고 있는 것이다.

원작에서도 미국인의 정체성을 보여주기 위해 미국과 영국의 비

7) 이런 점에서 영화에서 그는 인디언과 백인 "두 세계를 잘 알고 있다"라고 말한다. 그럼으로써 영화는 그를 보통의 미국인으로 재현한다. 더 나아가 칭가추국이 호크 아이를 학교를 보내주었다는 것은 칭가추국 역시 미국적인 가치를 가진 인디언으로 영화에서 재현되고 있다고 말할 수 있다.

교가 자주 나타난다. 하지만 영화에서는 원작에서의 미국과 영국의 비교가 미국인의 독립 의지와 애국심을 강조하는 것으로 변형되어 나타난다. 사실 영화에서 가장 강조되는 것은 영국의 전제적인 제국주의와 그것에 저항하는 미국인의 독립 의지와 애국심이다. 앞서 언급한 것처럼 원작에서 없었던 나싸니엘과 개척민의 민병대militia가 영화에서 새롭게 추가된 것도 바로 이러한 맥락에서 이다.

영화에서 이러한 미국인의 독립 의지는 주인공 호크 아이에서도 잘 나타난다. 그는 식민지인과 영국군의 대립 속에서 헤이워드에 대해 "나는 당신의 정찰대가 아니다"I ain't your scout라고 대답하며 그의 지시를 거부한다. 또한 그는 영국의 폭압적인 지시를 거부하고 윌리엄 헨리 요새로부터 탈출하는 개척민 민병대를 간접적으로 도와주며, 그 일로 인해 감옥에 갇히고 처형될 위기에 빠진다. 미국인의 독립의지와 그것의 정당성은 영화에서 미국 여성의 전형으로 제시된 또 한 명의 여주인공 코라에 의해서도 강조된다. 코라는 영국인이며 영국 주둔군 사령관의 딸임에도 불구하고 미국 독립의 정당성에 대하여 헤이워드에게 다음과 같이 말한다.

> 그들(개척지 미국인)은 결코 당신들의 허락을 받고 살지 않았어요. 그들은 자신들의 손으로 황야를 개척했고 자식들을 키워나갔어요.

이런 점에서 작품의 마지막 부분에서 원작과는 다르게 헤이워드가 불에 타죽는 것은 의미심장하다. 비록 그가 기사도 정신에서 코라 대신 불에 타 죽지만 그것은 미국인의 독립 의지와 애국심을 억압했던 제국주의자의 죽음을 의미한다. 더구나 영화의 결말에서 헤이워드가 호크 아이의 총에 죽는다는 것은 '폭압적인 부모'인 영국을 살해하고 미국이 새롭게 탄생했다는 것을 의미한다. 영화는 마지막 장면에서 미국인의 새로운 전형으로 탄생한 호크 아이와 코라 — 그리고 이제 곧 죽을 칭가추국까지 — 가 산 위에서 미국의 산하를 내려다보며 미래를 꿈꾸는 모습을 보여준다. 영화는 원작에서의 미국인의 정체성 탐구라는 주제를 애국심의 강조와 미국인의 전형이 되는 남녀 한 쌍을 제시하는 것으로 변형된다.

참고문헌

Primary Texts

Cooper, James Fenimore. *The Last of the Mohicans*. London: Penguin, 1986.

The Last of the Mohicans. Dir. Clarence Brown & Maurice Tourneur. Synergy Entertainment. 1920.

________. Dir. George B. Seitz. Firecake Entertainment. 1936.

________. Director: N, a. BBC Masterpiece Theatre TV Mini-Series. Koch Vision. 1972.

________. Dir. Michael Mann. 20th Century Fox. 1992.

Hawkeye and the Last of the Mohicans. Directors: N, a. Timeless Media Group. 1957.

Secondary Texts

성경준. “『모히칸족의 최후』: 변화된 시대, 변화된 재현.”『영화속 문학이야기』. 239-264. 문학과 영상학회, 2002.

Corrigan, Timothy. *Film and Literature*. New Jersey: Prentice Hall, 1999.

Haberly, David T. “Women and the Indians: *The Last of the Mohicans* and the Captivity Tradition.” *American Quarterly*. 28.1 (1976): 431-43.

Lawrence, D. H. *Studies in Classic American Literature*. New York: Penguin, 1961.

Pearce, Roy Harvey. *Savagism and Civilization: A Study of the Indian and the American Mind*. Berkeley: U of California P, 1988.

Peck, Daniel, ed. *New Essays on The Last of the Mohicans*. Cambridge: Cambridge UP, 1992.

Person, Jr Leland S. “The American Eve: Miscegenation and a Feminist Frontier Fiction.” *American Quarterly* 37.5 (1985):668-85.

Robinson, Forrest G. “Uncertain Borders: Race, Sex, and Civilization in *The Last of the Mohicans*.” *Arizona Quarterly*. 47.1 (1991): 1-28.

Slotkin, Richard. *The Fatal Environment: The Myth of the Frontier in the Age of Industrialization 1800-1890*. 1985. New York: Harper Perennial, 1994.

_______. *Regeneration Through Violence*. New York: Harper Perennial, 1990.

작은 아씨들 *Little Women*

영화를 통해서 소설 『작은 아씨들』의 주제 엿보기[*]

민경택_충남대학교

* 이 글은 『신영어영문학』 44집(2009, 11)에 실린 필자의 논문인 「올콧의 『작은 아씨들』: 소설과 영화의 서사구조와 주제구현의 차이」를 원용하여 일부는 수정하고 확대한 것이다.

I. 소설 『작은 아씨들』의 줄거리와 주제

루이자 메이 올콧(Louisa May Alcott, 1832-1888)의 대표작인 『작은 아씨들』 *Little Women*은 여성의 사회참여가 극도로 제한되고 여성의 순종적이며 도덕적인 가치가 중시되던 보수주의적인 시대를 배경으로 한 작품이다. 아동이 주인공으로 등장하는 디킨스Charles Dickens의 작품을 특히 좋아했던 올콧은 미국에서 디킨스와 같이 뛰어난 청소년을 위한 작가의 부재를 아쉬워했고 자신이 디킨스와 같은 젊은이들을 위한 훌륭한 작가가 되기로 결심하게 된다(Stern 166). 『작은 아씨들』이 발표된 1868년은 미국이 1865년에 끝난 남북전쟁의 상처를 딛고 국가재건에 박차를 가하던 시기였으나 미국은 여전히 흑인에 대한 인종차별뿐만 아니라 여성차별의 문제가 해결되지 않은 상태였다. 격동적인 시대적 배경 속에서도 『작은 아씨들』은 당시의 남북전쟁 같은 사회정치적으로 큰 사건을 의도적으로 다루지 않았고 작품의 공간적인 배경을 작가 자신의 한적한 시골 고향인 콩코드Concord로 제한하고 심지어 가정의 범위 내에 한정시킴으로써 민감한 사회 문제를 회피하였다. 비록 콩코드는 미국 낭만주의 문학을 만개시킨 초월주의의 본고장이지만 올콧은 심오한 철학이나 이데올로기의 구현보다는 일상적이고 평범한 우리들의 주변 이야기를 소재로 다룸으로써 독자들이 이질감이나 부담감 없이 가볍게 읽을 수 있는 노변담화 같은 이야기를 만들어냈다.

『작은 아씨들』의 제1부의 전체적인 내용은 아버지가 남북전쟁에 참전하고 있기 때문에 주인공인 조Jo를 비롯한 메그Meg, 베스Beth, 그리고 에이미Amy로 불리는 네 명의 작은 아씨들이 어머니 마미Marmee의 인도로 여러 가지 어려움을 견뎌내며 살아가는 이야기가 전개된다. 네 명의 자매들은 성탄절 전야로 시작되는 작품 서두에서 전쟁터에서 아버지가 보낸 편지를 읽으며 아버지가 용감히 싸워 물리치라는 "마음속의 적"[1])을 자신들의 성격적인 결함으로 이해하고 마음을 가다듬는다. 모성성이 강한 어머니 마미는 아이들의 성장 모델이며 지표로서 아이들이 올바르게 자랄 수 있도록 항상 조언하고 솔선수범을 보인다. 마미는 경제적인 어려움 속에서도 아이들의 불만을 다독이면서 불쌍한 험멜Hummel 가족에게 의복과 음식을 나누어주는 봉사의 삶을 실천하고 있다. 네 자매는 가난을 극복하기 위해 모든 것을 절약하며 메그는 가정교사의 직업을 통하여 그리고 조는 글을 써서 팔기도 하고 마치 숙모Aunt March의 집에서 숙모와 시간을 보내면서 용돈을 받아 살림에 도움을 준다. 가난 속에서도 네 자매는 서로 집안일에 협력하며 평소에는 다락방에서 자신들을 "픽윅 클럽"[2]) 이라고 명명하고 자신들만의 신문인 "픽윅 선집"(98)을 만들기도 하고 연극놀이를 하면서 즐겁게 지낸다. 그러던 중에 이웃의 부잣집에 로렌스 씨Mr. Laurence의 손자인 로리Laurie가 유럽에서 돌아오고 네 자매의 삶에 새로운 활력이 생긴다. 옆집 아가씨들에게 호기심이 있던 로리는 네 자매와 연극을 같이할 정도로 친해지고 특히 조와 로리 사이에는 친밀한 우정과 사랑의 감정이 싹튼다.

부자인 로리의 등장은 꿈 많은 네 명의 소녀들로 하여금 자신들의

1) Louisa May Alcott, *Little Women,* Ed. Valerie Alderson (Oxford: Oxford UP, 1998), p. 12. 이후 본문 인용은 이 책을 사용하며 끝에 페이지 수만 표기한다.

2) 디킨스의 첫 소설이며 베스트셀러가 된 『픽윅 클럽의 유고록』(*The Posthumous Papers of the Pickwick Club,* 1837)에 나오는 픽윅 클럽Pickwick Club를 모방한 이름이다. 디킨스의 작품 속에서 새뮤얼 픽윅Samuel Pickwick이 설립한 픽윅 클럽의 회원은 자신을 포함해서 나싸니얼 윙클Nathaniel Winkle, 어거스투스 스놋그래스Augustus Snodgrass, 트레이시 투프맨Tracy Tupman 등 원래 네 명이며, 이들은 같이 여행하며 겪는 경험을 유머러스하게 기록하지만 여행 도중에 한 명이 더 늘어난다. 마찬가지로 『작은 아씨들』에서도 네 명의 자매들로 이루어진 클럽에 로리Laurie가 나중에 가입한다.

가난을 더 원망하게 하고 자신들의 초라한 처지를 더 자각하게 만든다. 어머니 마미는 물질적인 풍요보다는 정신적인 가치의 중요성을 강조하지만 아직 성숙하지 못한 아이들은 자신들의 가난을 받아들이고 순응하기가 쉽지 않다. 로리의 야외 캠프를 통하여 메그와 로리의 가정교사인 존 브룩John Brooke의 사이가 점점 가까워지고 조는 작가가 되기 위해 습작에 매진하고 드디어 소설 한 편을 완성한다. 그런 와중에 남북전쟁에 참여하고 있는 아버지가 부상당했다는 전보를 받자 조는 어머니의 기차표를 살 돈을 마련하기 위해 자신의 소중한 머리털을 잘라서 판다. 네 자매는 워싱턴에 있는 부모님에게 사랑의 편지를 보내고 어머니의 간호 덕분에 아버지의 건강이 호전된다. 그러나 어머니를 대신하여 험멜 가족을 돌보던 베스가 성홍열에 감염되어 건강이 악화된다. 조는 슬픔에 빠지고 어머니 마미가 워싱턴에서 돌아와 베스를 간호하자 베스의 건강이 좋아진다. 어머니 대신에 아버지를 간호하던 존과 건강을 되찾은 아버지가 전쟁터에서 귀향하고 가족이 모처럼 모두 함께 모이고 또 다시 즐거운 성탄절이 시작되면서 제1부는 끝난다.

제2부는 1부보다 3년이 경과된 후의 일이 전개된다. 남북전쟁이 끝나고 여전히 가난하고 경제적으로 힘든 상황에서 아버지는 사업에 실패함으로써 물질적인 도움보다는 정신적인 측면에서 가장으로서 존경받고 있다. 2부에서도 아버지의 역할은 크게 부각되지 않고 실질적으로 어머니 마미가 중심이 되어 가정을 이끌어 가고 있다. 돌크Anne Dalke는 작품의 1부와 2부가 구조적으로 평형을 이루고 있다는 것을 지적하면서 1부가 개별여행이라면 2부는 단체여행을 의미하며 서로 균형을 유지한다고 주장한다(571). 제2부는 결혼과 가족의 사랑이 중심주제이고 메그의 결혼식을 시작으로 네 자매는 미성

숙의 소녀시대를 마치고 겉으로는 한층 성숙한 모습을 보여준다. 그러나 네 자매의 성격적인 결함은 잘 고쳐지지 않고 위기와 갈등은 몸이 약한 베스의 죽음과 에이미와 로리의 결혼 그리고 마지막에 조와 베어Bhaer 교수가 서로 결혼함으로써 해소된다. 2부에서도 어머니는 네 자매의 성격과 행동을 고쳐주기 위해 계속 조언을 해줌으로써 네 자매가 사랑과 결혼을 통하여 성숙한 여인으로 성장하도록 계속 순례의 인도자 역할을 수행한다.

네 자매의 성장에 있어 가장 큰 적은 물질적인 가난이기 때문에 그들이 어떻게 물질적인 유혹을 물리치고 정신적으로 성숙한 여성이 될 것인가가 중요한 초점이 된다. 올콧은 네 자매의 가난한 삶과 로리와 같은 주변의 부잣집들의 풍요로운 삶을 대조적으로 묘사하고 있다. 가난 때문에 가정을 벗어나지 못하는 네 자매와는 달리 부자인 로리는 하버드대학에 진학하여 자유롭고 개방적인 삶을 즐긴다. 유년기를 지난 에이미는 가장 아름다운 숙녀로 성장하지만 물질적인 가치를 중시하며 미술가로 성공하고픈 강한 욕망을 로리와의 결혼을 위해서 너무 쉽게 포기하고 사회의 변화와 개혁을 싫어하는 인물이다. 반면에 결혼과 "사랑의 불장난"(311)을 혐오하는 조는 동생인 베스가 로리를 사랑하고 있다고 오해하고 자기 삶에 새로운 변화와 자유를 추구하기 위해 뉴욕으로 떠난다. 그러나 사랑과 결혼을 싫어하던 조가 뉴욕에서 아버지와 비슷한 나이의 독일인 베어 교수를 만나 서로 사랑의 감정을 갖게 된다. 조가 부모님과 베어교수의 조언으로 허접한 글쓰기를 중단하고 귀향했을 때 대학을 졸업한 로리가 조에게 사랑을 고백하지만 조는 "나는 현재 행복하고 나의 자유를 너무나 사랑하기 때문에 인간을 사랑하기 위하여 그것을 서둘러 포기할 수 없다"(351)고 말하며 로리의 청혼을 받아들이지 않는다.

로리는 충격으로 유럽여행을 떠나고 조가 예측한대로 유럽에 있는 로리와 숙모의 후원으로 유럽에서 그림공부를 하고 있던 에이미는 프랑스의 휴양지에서 만나 사랑하게 된다.

작품 결말 부분은 귀향과 행복한 결혼을 통한 갈등의 해결을 보여준다. 유럽에서 결혼한 에이미와 로리가 고향에 돌아오고 조는 베어 교수의 청혼을 받아들이고 결혼해서 고향에 안주한다. 에이미와 조는 자신들의 화가와 작가로서의 꿈과 이상을 버리고 평범한 주부로서 살아가지만 한편으로는 자신들의 이루지 못한 꿈에 대한 아쉬움을 나타낸다. 특히 조는 모든 조건을 갖춘 로리의 청혼도 거절하고 자유와 독립을 강하게 추구했던 여성으로서 사랑과 결혼에 대해 부정적으로 생각함에도 불구하고 너무 쉽게 작가의 길을 포기하고 결혼함으로써 독자들을 당황하게 만든다. 조는 결혼 후에 아이를 낳고 숙모가 물려준 플럼필드Plumfield에 살면서 그곳에 소학교를 세우고 남편인 베어와 함께 몇몇 아이들을 가르치면서 모든 것에 감사하면서 소박하게 살아간다. 작가는 작품 결말 부분에서 표면적으로는 모든 갈등이 해결되고 결점 많은 소녀들이 사랑과 결혼을 통해 모두 성숙한 모습으로 행복하게 살고 있다는 것을 보여준다.

『작은 아씨들』의 주제는 따뜻한 가족의 사랑, 가족의 의무와 개인의 독립, 청춘남녀의 사랑과 갈등, 이상과 현실의 갈등과 극복, 물질보다 정신적 가치의 소중함, 성의 고정관념에 대한 비판, 전통적인 여성의 삶과 진정한 여성의 행복 등 다양한 관점에서 분석이 가능하다. 그러나 겉으로는 여성억압적인 보수적인 이데올로기가 강하게 드러나지만 이면에는 다양한 전복과 해체의 목소리가 중첩되어 있기 때문에 주제를 파악하기가 어렵다. 많은 비평가들이 지적하듯이 작품의 구조가 표층적인 구조와 심층적인 구조로 분리된 것처럼 보이고 작품의 심층부에는 작가의 억제된 목소리가 잠재되어 있다. 특히 실제 삶에서 여성의 투표권을 통하여 여성의 평등과 권리를 강력하게 주장했던 작가가 작품에서는 사회의 관습적인 여성에 대한 보수주의적인 이데올로기에 순응하는 모습을 보이고 있다.

소설『작은 아씨들』에 대한 많은 비평가들이 특히 조의 결혼에 대해서 부정적인 견해를 피력하면서 아울러 작품의 이중적인 서사구조를 지적하고 다층적인 작품의 의미와 해석의 어려움을 주장한다. 돌크는 에이미와 조가 결혼한 것은 가족에 대한 봉사 때문에 예술가와 작가의 야망을 포기한 것을 의미한다고 말한다(Dalke 571). 또한 머피Murphy는 조의 결혼으로 끝나는 작품의 어색한 결말에 대해 반대하며 조의 결혼은 모호한 것이 아니라 오히려 징벌에 가까우며 배반보다는 교훈과 억압의 의도가 완성된 것이라고 주장한다(565). 이렇게 결혼에 대한 견해는 다양한 시각으로 나타나고 있지만 특히 조의 결혼은 독자로 하여금 전혀 예상을 벗어난 것으로 부자연스럽고 억지스런 결합이기 때문에 작가의 결혼에 대한 부정적인 시각이 반영된 것이며 심층부에는 작가의 전복적인 목소리가 감춰져 있다고 볼 수 있다(민경택 67).

일반적으로 단순한 여성의 성장소설로 읽혀지는『작은 아씨들』은 따뜻한 가족애의 감동적인 휴머니즘을 드러내고 있지만 결혼 적령기인 소녀들의 사랑과 갈등의 심리적인 묘사가 내포되어 있다. 에스티스Estes와 랜트Lant에 따르면 올콧은 독립과 자유를 좋아하는 조를 억지로 강제로 어색하게 결혼시킴으로써 "조를 정신적으로 살해"한 것이며 결국 조는 성장한 것이 아니라 "궁극적으로 길들여진" 것이고 부당한 억압을 당한 것으로 보고 있다(565-69). 일면 작품에서 들어나는 조와 베어교수의 결혼은 여성의 사랑과 진정한 행복보다는 여성을 길들이기 위한 억압의 수단으로 사용된 것처럼 보이기 때문에 어느 면에서 성장을 가장한 통제의 기제로 작용되고 있다. 결국 『작은 아씨들』의 작품 속에는 여성의 사랑과 결혼을 둘러싼 가정과 여성의 의무와 독립에 대한 다양한 목소리들이 중첩되어 있으며 모호하고 복잡한 서사구조는 작품의 주제파악에 어려움을 주고 있다.

II. 1933년과 1949년 영화: 원작과 영화의 서사구조의 차이

올콧의 소설 『작은 아씨들』은 흑백의 무성영화를 시작으로 현재까지 여러 번의 영화제작과 수차례의 텔레비전 드라마제작 뿐만 아니라 노래, 라디오, 연극, 뮤지컬, 오페라는 물론이고 심지어 만화와 인형제작 등 광범위한 분야에서 다양한 형태로 재생산이 이루어짐으로써 대중적인 문화매체의 지속적인 원천이 되고 있다. 소설 『작은 아씨들』은 1917년 버틀러Alexander Butler 감독에 의해서 최초로 무성 흑백영화로 만들어지기 시작하여 1918년에는 놀리스Harley Knoles 감독이 역시 무성 흑백영화를 만들었고, 1933년에 유성 흑백영화로 그리고 1949년과 1994년에는 유성 칼라영화로 제작되었으며 그 외에도 수차례 텔레비전 드라마로 제작되어 상연되었다. 본격적인 메이저 영화라고 할 수 있는 1933년 영화는 조지 쿠커George Cukor가 감독하였고 유명한 여배우인 캐서린 헵번Katharine Hepburn이 조의 역을 연기하여 호평을 받았던 작품이다. 1949년 영화는 리로이Mervyn LeRoy가 감독했고, 앨리슨June Allyson이 조의 역을 그리고 엘리자베스 테일러Elizabeth Taylor가 에이미의 역을 맡았다.

『작은 아씨들』은 그동안 수 없이 영상으로 제작되었지만 각각의 영상물은 다양한 시대의 다양한 관점을 반영함으로써 변화를 보이고 있다. 물론 문학 작품과 영화의 근본적인 속성이 다르기 때문에 영화제작에 따른 원작의 내용과 주제에 대한 변화는 어쩔 수 없는 것이고 각각의 작품은 변화된 시대의 정신을 반영할 수밖에 없다. 영화제작에서 어려운 부분은 소설 속에 감춰진 작가의 목소리를 어떻게 재현하느냐의 문제이고 이것은 각색자와 감독의 관심의 방향에 따라 원작과 차이를 보일 수 있다. 많은 비평가들이 소설『작은 아씨들』의 비평에서의 문제점은 작품의 서사구조가 표층적인 구조와 심층적인 이중구조를 취하고 있다는 것인데 이러한 복잡한 구조를 영상으로 어떻게 표현할 것인가가 중심문제로 부각된다. 즉 표면적인 구조는 화자와 어머니에 의해서 딸들에게 전달되는 도덕과 여성의 가치에 대한 억압적인 지침과 충고이고 표면적으로는 이것을 딸들이 잘 따르고 수용하는 것처럼 보인다. 그러나 또 하나의 감춰진 내면적인 서사는 주인공인 조는 물론 보수주의적인 화자와 어머니의 목소리에도 여성의 불평등에 대한 도전적이며 전복적인 불안한 의식이 흐르고 있다는 것이다.

영화는 문학작품보다도 더 민감하게 시대정신을 반영하며 대중의 인기나 상업적인 목적을 추구한다고 볼 수 있다. 소설『작은 아씨들』의 영화작품들은 역시 영화가 만들어진 각 시대의 시대상과 이데올로기의 변화의 흐름을 잘 보여주고 있다. 맥컬럼Robyn McCallum은 캐서린 헵번이 조의 역을 맡았던 1933년 작품은 사회 변화에 따른 여성들의 삶에서 드러나는 갈등을 잘 표현하고 있으며 사회진출과 가정의 의무사이에서 고통을 겪는 여성의 모습을 사실대로 그리고 있다고 말한다(83). 일반적으로 1930년대 여성에 관한 영화의 주제는 전통적인 여성에게 주어지는 성규범의 일탈로부터 여성에 대한 재

여성화를 통한 보상으로 전환하는 플롯 구조를 취함으로써 늘어나는 여성의 사회진출에 대한 경계의 시선과 사상적 변화를 보여 주었다. 즉 산업의 발달로 여성들의 직업에 대한 선택의 폭이 넓어졌고 전통적인 여성의 길인 결혼과 가사에 대한 인식의 변화로 여성의 경제적인 독립과 권리추구의 목소리가 커졌다. 이러한 시대상황에서 남성들의 위기의식이 영화에서도 반영되어 전통적으로 여성에게 주어진 의무를 중시하고 직장보다는 가정의 가치를 소중하게 여기고 강조하는 가정적 사실주의의 장르가 유행하게 된다.

가정안에서의 여성의 위치를 소중하게 여기는 가정적 사실주의의 영화장르에 가정의 화목과 가치를 중시하고 있는 『작은 아씨들』은 좋은 소재가 되었다. 원작에서 저자인 올콧은 가정의 범주를 벗어난 여성의 사회진출에 대한 부정적인 시각을 보여주며 조의 작가로서의 꿈과 에이미의 화가로서의 길을 포기하게 만든다. 그리고 작품 말미에서 에이미와 조가 결혼해서 가정으로 다시 회귀하게 함으로써 여성의 결혼과 가사 같은 전통적인 의무를 강조하고 가정의 가치를 부각시킨다. 소설의 결말 부분은 작가의 진실한 목소리가 아니라 사회가 규정하고 있는 전통적인 여성의 코드에 작가가 억지로 맞춘 것이라고 비난을 받고 있는 부분이기도 하지만 이것은 대부분의 1930년대 여성의 문제를 소재로 하는 영화들의 결말부분과 일치하고 있다. 전반적으로 1930년대 여성영화의 여성 주인공들은 마지막에는 자신들의 직업과 독립을 포기하고 결혼과 가정의 유기체적 질서 안에서 자신들의 위치를 되찾는다. 이러한 시대적인 배경에서 만들어진 1933년 영화는 비록 흑백영화지만 캐서린 헵번의 수준 높은 연기와 감독의 예술적인 영상처리의 기법에 의해 관객들로부터 많은 사랑을 받았던 작품이다. 사진 1은 조의 역을 연기한 캐서린 헵

사진 1 1933년 영화: 말괄량이 같은 Jo의 역을 연기하는 Katharine Hepburn

번이 베어교수의 역을 맡은 폴 루카스Paul Lukas의 시선이 자기의 가슴에 머무는 것을 느끼고 재치 있게 부채로 가리는 모습인데 베어교수의 놀라는 표정과 조의 새침한 얼굴표정이 클로즈업 기법으로 잘 표현되었다.

리로이Mervyn LeRoy 감독의 1949년 작품은 1933년의 작품을 리메이크한 것으로 물론 어느 정도 전복적인 요소들이 내포되어 있지만 남녀의 사랑을 다룬 낭만적인 플롯에 더 초점을 맞추고 있다. 1949년 작품은 1930년대 작품처럼 여성에 대한 보수주의적인 시각을 반영하고 있으며 2차 세계대전 직후의 반여성주의 운동에 편승하여 여성을 직장에서 퇴출시켜 가정으로 다시 복귀시키려는 당시의 사상적 흐름을 반영함으로써 여성성장소설의 플롯이나 올콧의 감춰진 여성주의에 대한 관심을 경시하고 소설보다도 더 전통적인 영화 텍스트를 생산했다(McCallum 84). 여성들이 직업과 가정 사이에서 어떤 것을 선택할 것인가에 대해 갈등을 겪듯이 조와 에이미의 작가와 화가로서의 직업과 가정의 문제는 소설과 영화에서 어떻게 처리되느냐에 따라서 중요한 의미를 갖는다. 1949년 영화는 가정 중심의 이데올로기와 보수주의의 시각을 더 강조하였고 영화의 도입부에서부터 난로 앞에 모여 어머니와 함께 아버지의 편지를 읽는 네 자매의 모습에서 가정, 모성, 여성성의 가치를 강조하려는 감독의 의지가 드러난다. | 사진 2 |

1949년 작품에서 조는 사내 같고 여성스럽지 못한 행동으로 주위 사람들로부터 조롱과 놀림을 받는다. 소설 원작에서도 조는 자신의 불같고 참을성 없는 성격을 결점으로 생각하고 고쳐야할 '마음속의 적'이며 『천로역정』*Pilgrim's Progress*의 크리스천처럼 평생 등에 지고 가야할 짐으로 간주한다. 1949년 영화의 첫 장면에서 조는 울타리를 뛰어넘다가 넘어지고 창문을 통해서 이를 지켜보던 자매들이 비웃는 모습이 보이고 조가 다시 눈을 뭉쳐 유리창에 던지는 장면으로 영화가 시작된다. 즉 감독은 조의 성격과 행동이 여성스럽지 못한 점을 비판적인 시각으로 부각시키려는 의도를 보인다. 1933년의 영화에서 헵번의 남성 같은 분장과 행동에 대한 능숙한 연기 때문에 조의 성에 대한 정체성의 문제가 야기되었듯이 1949년 영화에서도 조의 역을 연기한 앨리슨의 연기는 조의 급한 성격과 남성적인 이미지를 무난하게 드러내고 있다.

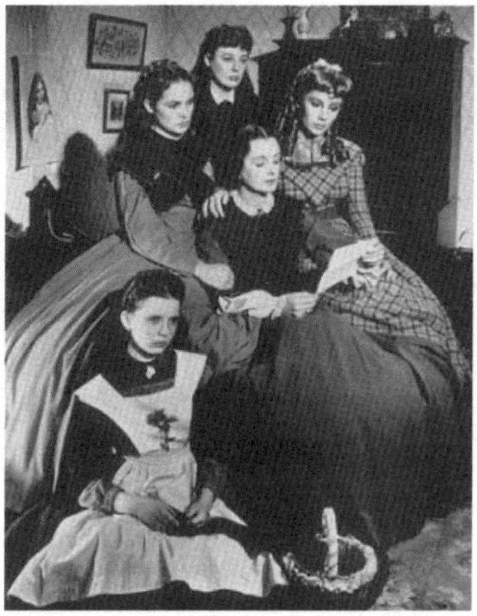

사진 2 1949년 영화: 어머니와 함께 아버지의 편지를 읽는 네 자매 (오른쪽으로부터: Amy역의 Elizabeth Taylor, Jo역의 June Allyson, 중앙에 Marmee역의 Mary Astor, Meg역의 Trini Alvarado, 아래에 Beth역의 Margaret O'Brien)

반대로 미모의 엘리자베스 테일러가 연기한 에이미는 아름다운 여성의 이미지를 잘 보여주며 에이미는 동화 속의 공주처럼 상징화된다. 집안에서 행해지는 자매들의 연기놀이에서도 조는 남자의 역을 에이미는 여자 역을 맡는다. 1949년 영화는 소설에서 막내인 에이미를 베스보다 언니로 등장시켜 변화를 주고 있는데 이것은 역할이 두드러지지 않고 극중에서 죽음을 맞이하는 병약한 베스를 에이미보

사진 3 1949년 영화: 유럽에서 결혼하고 돌아온 Amy와 Laurie를 반갑게 맞이하는 Jo (Amy역의 Elizabeth Taylor, Jo역의 June Allyson, Laurie역의 Peter Lawford)

다 가볍게 처리함으로써 에이미와 조의 성격 창조에서 대립적인 측면을 더 부각시키려는 감독의 의도라고 볼 수 있다. 감독은 에이미의 여성스러움이 더 훌륭한 가치이며 결국 에이미가 숙모의 도움으로 유럽을 여행하고 로리와 결혼한 것은 상냥하고 순종적인 전통적인 여성으로 상징화된 에이미가 보답을 받은 것이라는 사실을 강조하고 있다고 볼 수 있다. 사진 3은 유럽에서 결혼하고 돌아온 에이미와 로리를 반갑게 맞이하는 조의 모습인데 에이미는 화려한 의상을 입은 세련된 귀부인의 모습이고 반면에 조는 초라한 모습으로 처리되고 있다.

1949년 영화에서 조의 역을 연기한 앨리슨은 목소리도 크고 남성 같은 거친 소리를 내고 있으며 항상 '크리스토퍼 콜럼버스'Christopher Columbus!를 외치고 다닌다. 감독은 조의 사내 같은 행동거지를 부정적으로 표현하기 위하여 당시 빅토리아 시대의 순종적이고 천사 같은 여성의 이미지를 조를 통하여 전복시킨다. 남성적인 이미지의 도전적인 조와는 달리 엘리자베스 테일러가 역을 맡은 에이미는 아름다움을 추구하는 순종적인 여성으로 빅토리아 시대의 완벽한 전통적인 여인상이다. 원작이나 다른 영화와는 다르게 1949년의 영화에서는 에이미가 학교에서 체벌을 당하지 않는 이유도 순종적이고 상냥한 에이미에 대한 긍정적인 이미지 때문이라고 보인다. 감독은 순종적이고 여성스런 에이미를 사회에서 요구하는 여성의 기준에 부합하는 여성으로 부각시키며 에이미가 조를 대신하여 마치 숙모를 도와줌으로써 숙모의 도움을 받아 유럽으로 미술 공부를 하러갈 수 있게 되었다는 것을 강조한다. 조는 부상당한 아버지를 간호하러 떠나는 어머니의 기차표의 요금을 마련하기 위해 자신이 소중하게 생명처럼 길렀던 여성의 전통적인 상징인 머리털을 잘라서 판다. 리로이 감독은 조의 남성적인 이미지에 부정적인 시각을 가지고 영화를 만들었다고 보이며 심지어 조가 자유를 찾아 떠난 뉴욕의 생활에서도 조의 작가로서의 삶보다는 베어교수와의 사랑의 로맨스에 더 초점을 맞춘다.

조는 뉴욕에서 가정교사로 있으면서 글쓰기를 할 때 같은 집에 기거하는 베어교수의 피아노 연주소리에 매료되며 그에게 관심을 갖기 시작하고 그의 양복에 단추를 달아주고 같이 오페라를 관람하면서 서로 가까워진다. 베어 교수는 이름에서도 알 수 있듯이 나이는 먹었지만 곰과 같이 건장한 외모를 가지고 있고 친절한 독일 신사로 묘사된다. 감독은 그러한 이름에서 풍기는 이미지를 베어 교수로 하여금 곰으로 변장해서 아이들과 노는 장면을 연출함으로써 시각적인 영상 이미지로 익살스럽게 표현하고 있다. 소설에서는 조의 작가로서의 삶이나 베어교수와의 문학에 대한 진지한 토론과 갈등 그리고 문학 클럽에서의 많은 사람들과의 만남이 이루어지지만 영화는 이러한 것들을 생략하거나 가볍게 처리하고 베어교수에 대한 조의 사랑의 감정에 더 앵글의 초점을 맞추고 있다. 영화의 결말은 유럽에서 에이미와 로리가 결혼해서 아이를 데리고 귀향하고 비오는 날 베어 교수가 조의 출판된 책을 가져오면서 조의 가족으로부터 환대를 받고 조의 집 지붕위에 무지개가 피어오르면서 끝난다. 영화에서는 소설에서 드러나는 조의 이상과 현실의 갈등뿐만 아니라 남성적인 이미지가 강한 여성의 조가 사회에서 요구하는 여성에 대한 규제와 억압에 대해 억지로 순응하는 과정에서 드러나는 긴장감이나 전복의 목소리를 보여주지 못한다. 결국 1949년의 영화는 리로이 감독이 주인공 조의 감춰진 여성주의적인 사상의 구현보다는 보수주의적인 관점에서 남녀의 사랑에 더 앵글의 초점을 맞추었다는 것을 알 수 있다. 이것은 올콧의 원작 소설 『작은 아씨들』의 전복적이고 다층적인 서사와 각색된 영화의 단선적인 서사에서 드러나는 근본적인 차이라고 할 수 있다.

III. 1994년 영화: 시대의 변화와 새로운 시대정신 구현

『작은 아씨들』의 가장 최근의 버전인 1994년 영화는 호주출신의 대표적인 여성 감독인 질리언 암스트롱Gillian Armstrong이 감독을 맡고 로빈 스위코드Robin Swicord가 각본을 쓴 영화이다. 1979년에 결혼을 거부하고 독립여성으로 성장해가는 여성주인공을 다룬 영화 <나의 화려한 인생> *My Brilliant Career*으로 데뷔한 질리언 암스트롱은 그녀가 감독한 많은 영화에서 여성 주인공들이 성차별적인 사회에서 겪는 내면의 갈등을 잘 그려냄으로써 여성주의 성향의 감독으로 인정받고 있다. 특히 작가이자 감독인 니콜라스 카잔Nicholas Kazan의 아내로 한때 배우이기도 했던 로빈 스위코드는 <게이사의 추억> *Memoirs of a Geisha*을 비롯한 수많은 걸작 영화의 각본작가로 유명하고 2007년에 파울러Karen Joy Fowler의 소설인 『제인 오스틴의 북클럽』 *The Jane Austen Book Club*을 직접 각색하고 감독한 동명의 영화를 선보임으로써 감독으로서도 탁월한 능력을 보여주었다. 최근에 스위코드는 피츠제럴드F. Scott Fitzgerald의 단편소설의 동명영화인 <벤자민 버튼의 이상한 사건>[3] *The Curious Case of Benjamin Button*을 각색하여 많은 영화제의 수상후보에 선정되기도 하였다.

1994년 영화 『작은 아씨들』은 우연히 여성 감독과 여성 각색자가 호흡을 맞춤으로써 여성이 주인공인 원작소설의 주제를 더 잘 구현하고 여성의 심리를 더 세밀하게 표현하는데 있어서 훨씬 유리하게 작용하였다고 볼 수 있다. 청순한 이미지의 위노나 라이더Winona Ryder가 조의 역을 그리고 <스파이더맨>에 출연하여 인기를 끌었던 던스트Kirsten Dunst가 어린 시절의 에이미의 역을 맡았다. 나이가 든 에이미의 역은 마티스Samantha Mathis가, 로리 역에는 베일Christian Bale이, 메그 역에는 알바라도Trini Alvarado가, 베스 역에는 데인즈Claire Danes가, 그리고 연기파 배우인 수잔 서랜던Susan Sarandon이 온후하고 자상한 어머니의 역을 맡아 열연하였다. 지금도 왕성하게 활동하고 있는 위노나 라이더는 1992년 <드라큘라> *Dracula*에서 좋은 연기를 보여주었고 1993년에 개봉된 <순수의 시대> *The Age of Innocence*의 호연으로 1994년 골든 글러브 여우조연상을 수상한다. 1994년 <작은 아씨들>의 영화에서 조의 역을 맡았던 위노나 라이더는 23살의 어린 나이에 출연하여 32세에 1949년 <작은 아씨들>의 영화에서 조의

3) 미국에서는 2008년 12월에 개봉되었지만 우리나라에서는 영화 원제인 *The Curious Case of Benjamin Button*과는 달리 <벤자민 버튼의 시간은 거꾸로 간다>의 제목으로 2009년 2월에 개봉된 후 많은 인기를 얻었다. 이 영화는 2009년 아카데미 영화상 최다인 68개 부문에 노미네이트되어 3개의 오스카상과 24개의 각종 영화상을 수상하였다. 주인공 벤저민의 역을 맡은 브래드 피트Brad Pitt는 남우주연상 후보에 올랐으며 그 외에도 작품상, 감독상, 각색상, 음향상, 의상상 등 주요 부문 수상 후보에 선정되었다. 줄거리는 80세 노인의 모습으로 태어나 어머니는 죽고 아버지에 의해 버려져 양로원에서 성장하며 나이를 거꾸로 먹는 한 남자의 비극적이고 로맨틱한 사랑 이야기를 다룬 작품이다.

역을 연기한 앨리슨보다 더 귀엽고 활달한 말괄량이로 등장한다. 조의 역을 잘 소화한 라이더는 1994년 영화 <작은 아씨들>로 1995년 아카데미 영화상에서 여우주연상에 후보로 지명되었지만 수상하지는 못하고 대신에 작품이 의상디자인상과 음악상에 후보로 선정되어 최고 의상 디자인상과 음악상을 수상하였고 그 외에도 오스카 영화상을 비롯한 다양한 영화상의 후보에 올라 많은 상을 수상하였다. 작품 전체에 흐르는 조용하고 감미로운 선율은 작품의 분위기를 살려주었고 특히 다양한 의상은 철저한 고증을 통하여 19세기 당시의 의상을 그대로 재현했다고 한다.

『작은 아씨들』의 영화각색에서 조와 에이미의 관계설정과 각 인물들의 성격창조가 중심적인 축을 형성하고 있으며 이것이 영화의 주제표현에서 중요한 부분이라고 할 수 있다. 조와 에이미의 성격창조는 감독의 여성주의에 대한 태도의 차이와 변화를 보여주며 1933년과 1949년의 버전에서 나타난 여성주의에 대한 보수주의적인 관점의 강조가 가장 최근의 버전인 1994년 작품에서는 사라지고 대신에 완전히 여성주의에 대한 긍정적인 시각으로 바뀜으로써 조와 에이미의 성격창조에도 변화가 일어난다. 원작 『작은 아씨들』을 영화화할 때 가장 어려운 점은 조의 복잡한 성격을 영상 언어를 통해서 표출해내는 작업이고, 또한 원작소설에서 존재하는 표층적 서사와 심층적인 서사의 긴장관계를 조명하는 것이 힘든 부분이라고 할 수 있다.

따라서 시나리오 작가나 감독들은 소설 『작은 아씨들』에서 여성의 정체성에 대한 저자의 애매한 태도와 비평의 어려움 때문에 여성주의에 대한 긍정적 또는 부정적 시각 중에서 어느 한쪽을 취할 수 밖에 없다. 이것은 영화가 변화하는 시대의 이데올로기를 민감하게 반영하고 있다는 것과 같은 맥락에서 이해할 수 있으며 1933년과

1949년 영화들은 원작에서 드러나는 여성주의에 대해서 보수주의적인 태도를 보이고 있다. 그러나 1994년 영화는 여성주의 운동을 긍정적인 시각으로 보고 있으며 특히 조와 마미를 적극적인 여권운동을 지지하는 인물로 성격창조를 하고 있다. 1994년 영화 버전은 원작에서 인물들의 애매모호한 성격창조나 이데올로기 사이의 갈등이나 긴장감이 사라지고 여성주의에 대한 옹호적인 입장을 분명히 하고 있다.

1994년 영화의 여성주의에 대한 옹호적인 주제는 영화가 만들어진 시대정신의 직접적인 반영이다. 각색자인 로빈 스위코드Robin Swicord는 한 인터뷰에서 원작 텍스트 안에 감춰진 작가의 전통적인 여성의 성 코드에 대한 전복적인 목소리를 찾으려고 노력했으며 따라서 소설 속의 등장인물들의 성격을 변형시켰다고 말한다(Hollinger, Karen & Teresa Winterhalter 173). 일반적으로 원작 소설 『작은 아씨들』은 19세기의 성 이데올로기에 대한 비판과 함께 동시에 가부장제적인 질서에 대한 옹호적인 태도가 중첩되어 있다고 평가된다. 원작 『작은 아씨들』에 대한 부정적인 비평가들은 때때로 작가의 애매모호한 또는 일관성이 결여된 사상적인 관점을 지적하기도 한다. 이러한 모호한 텍스트를 1994년 영화는 완전히 여성주의 옹호의 작품으로 개작했다고 볼 수 있으며 여성의 개혁과 여성평등을 주장하는 영화로 만들었다.

영화의 여성주의적인 해석은 원작에서는 억압되어 잘 드러나지 않는 여성의 목소리를 적극적으로 부각시키고 강조하게 된다. 원작에서는 딸들이 '마음속의 적'을 용감히 물리치고 올바르게 성장하기를 바라는 아버지의 당부가 편지의 내용에서 드러나고 있는데 영화의 장면에서는 편지의 내용이 애매하고 간단하게 처리되고 있다. 특

사진 4 1994년 영화: 어머니와 함께 아버지의 편지를 읽는 네 자매 (왼쪽부터: Jo역의 Winona Ryder, 가운데에 어린 시절 Amy역의 Kirsten Dunst, 맨 뒤에 Meg역의 Trini Alvarado, Marmee역의 Susan Sarandon, Beth역의 Claire Danes)

히 아버지 편지에 대한 똑같은 장면을 1949년 영화는 심각하고 우울한 분위기로 영상처리하고 있지만 1994년 영화는 더 즐거운 모습으로 묘사함으로써 차이를 보이고 있다. 또한 1949년 영화에서는 처음부터 어머니가 편지를 읽지만 1994년 영화에서는 처음에는 에이미가 편지를 읽음으로써 더 밝은 분위기로 처리한다. | 사진 4 | 즉 1949의 영화는 아버지의 영향력을 강하게 부각시키고 있는 반면에 1994년 영화는 아버지의 영향력을 축소시키고 있다는 인상을 주고 있다. 물론 마미에 의해 주도되는 것 같은 마치가의 겉모습은 여성이 집안에서의 파워게임에서 승리한 것처럼 보이게 하지만 실상 아버지의 존재는 보이지 않는 신처럼 항상 마음속에 존경과 때로는 부담감으로 존재한다. 베델Madelon Bedell은 『작은 아씨들』을 착함 또는 성장에 관한 책이 아니라 여성권력의 복잡성과 남성 지배사회에서 여성이 권력을 유지하기 위한 투쟁에 관한 책이라고 규정함으로써 『작은 아씨들』을 여성주의 옹호의 소설로 재해석하였다(Karen Hollinger & Teresa Winterhalter 175, 재인용). 이러한 작품 해석은 원작 소설 속에 다양한 목소리들이 잠복해 있다는 증거라고 볼 수 있으며 1994년 영화는 이러한 감춰진 여성주의의 목소리를 밖으로 드러낸 것이다.

표면적으로 드러나는 반여성주의적인 원작의 주제와는 달리 1994년 영화는 감춰진 여성주의 주제를 구현하기 위해서 인물들의 성격을 원작과 상당한 차이가 나도록 개작했으며 조는 물론 특히 마미와 에이미 그리고 아버지 마치씨까지도 변화된 성격을 보여준다. 소설에서 에이미는 남성적인 성격의 조와는 대조되는 여성스러움과 여성적인 애교 등 순종적인 태도로 보상을 받는 전통적인 여성상으로 등장하며 소설 마지막에서 결혼생활을 위해서 미술가가 되려는 꿈을 포기한다. 그러나 영화에서 에이미는 예술가의 꿈도 포기하지 않으며 독자적인 결정력과 자신감이 충만한 현대적인 여성으로 창조되어 예술과 아름다움을 모두 추구하는 여성해방의 모델로 제시되고 있다. 영화에서 에이미는 질투심 많고 애교가 많은 여성스런 성격으로 마치 숙모Aunt March의 도움으로 유럽으로 건너가서 미술공부를 계속하며 아름다운 숙녀로 성장하고 로리의 마음을 사로잡아 결혼함으로써 부자와 결혼하려는 자신의 꿈을 이루는 성취욕이 강한 여성으로 형상화된다.

에이미의 변신보다도 1994년도 영화에서 더 두드러진 변화가 어머니인 마미의 변신인데 마미는 확실한 여성주의자로서 남편이 없는 동안에도 아이들을 잘 이끌어가는 강한 여성으로 등장한다. 그러나 소설에서 마미는 아버지의 추억과 그늘에서 벗어나지 못함으로써 여성의 독립적인 힘을 보여주지 못하는 여성으로 단지 남편의 지침을 전달하는 전달자에 불과하다. 어머니는 항상 아이들의 모범이며 표상이고 성장모델로서 전통적인 여인의 순종적인 가치를 중시하고 아이들에게 보수주의적인 사상을 주입시킨다. 그러나 영화에서는 남자의 지원이나 충고에 의존하지 않고 도덕적 또는 실질적인 삶의 모든 면을 책임지는 강한 1990년대의 여성상을 대변한다. 마미는 의사가 포기했던 성홍열에 걸린 베스를 살려낸 모성성이 강한 어머니로 부각되며 소설에서 보이는 다소 애매모호한 성격이 없어지

사진 5 학교에서 손바닥에 매를 맞고 온 Amy를 보고 모든 가족이 화가 난 모습

고 여성주의 옹호자로 변신했다. 마미는 에이미가 학교에서 매를 맞고 온 것에 대단히 분개하며 학교를 당장 그만두게 하고 집에서 베스처럼 공부시킨다. 사진 5는 학교에서 라임을 가지고 놀다가 선생님한테서 손바닥에 매를 맞고 온 에이미를 보고 모든 가족이 화가 난 모습이고 특히 평소에 온화한 이미지의 어머니 마미가 화를 참지 못하고 안절부절 못하는 모습을 잘 드러내고 있다. | 사진 5 |

1994년의 영화는 여성주의 옹호의 주장을 표현하기 위하여 빅토리아 시대의 전통적인 여성적 가치의 소유자이며 타고난 순종적인 성격의 베스조차도 변신시킨다. 소설 속의 베스는 집안의 성스러운 천사처럼 자기주장을 내세우지 않고 인내심이 강한 자기희생적인 성격의 작은 아씨의 전형적인 여성상이다. 소설 속 화자는 베스의 죽음을 통하여 집을 떠난 조에게 가정의 가치와 자기희생적인 여성의 삶에 대한 가르침을 주려고 한다. 영화에서는 가정의 천사 같은 베스의 죽음이나 자기희생적인 태도를 너무 부각시킬 경우 감상주의로 흐를 수 있기 때문에 소설과는 달리 베스의 죽음과 이별의 장면을 간결하게 처리한다. 그리고 소설에서 베스가 죽어가면서 조에게 가족을 떠나야하는 아쉬움을 표현한 말을 영화에서는 큰 꿈도 없이 집에 항상 남아서 헛되이 보낸 자신의 삶에 대한 슬픔을 더 강조

하는 대사와 장면으로 변형시킨다. 영화에서 죽음에 임박한 베스는 조에게 "집에 있는 것이 좋지만 뒤에 남겨지는 것은 싫어. 나는 이제 앞서가는 사람이야. 나는 두렵지 않아. 언니처럼 용감할 수 있어"라고 말한다. 원작에서는 임종의 순간에 베스가 조에게 자기를 대신하여 부모님을 부탁하고 작가가 되는 것보다 가족의 사랑을 강조함으로써 조는 위대한 작가가 되려는 자신의 오랜 야망을 마음속으로 포기하는데 영화에서는 그러한 내용을 삭제하고 있다.

네 명의 자매 중에서 중심인물인 조는 성장기의 복잡한 성격의 소유자로 작가가 되려는 이상과 가난한 현실 사이에서 항상 갈등을 겪고 있는 불안한 인물이다. 조는 여성 차별적이고 억압적인 사회에 대해 불만을 가지고 있으며, 특히 여성스럽지 못한 거친 행동 때문에 부모님으로부터 온순하고 참을성 있는 인내를 기르도록 충고를 받지만 잘 고쳐지지 않는다. 조의 성급하고 과감한 남성적인 성격을 잘 보여주는 장면이 부상당한 아버지를 간호하러 가야할 어머니의 기차표 값을 마련하기 위해 소중하게 간직해온 자신의 머리털을 잘라서 판 장면이다. 조가 머리를 깍은 것은 여성의 머리를 소중하게 간직하던 당시 빅토리아조의 보수적인 사회에 대한 반항이 내포되어 있다고 볼 수 있으며 이것은 조의 성격을 잘 보여준 행위이다. 사진 6은 영화에서 조가 머리털을 자르고 집안으로 들어왔을 때 온 가족이 놀라는 장면으로 조의 머리털이 화면 앞에 클로즈업으로 처리되고 조를 바라보는 가족들의 놀라는 반응의 표정이 강조된다.

소설에서 조는 어머니의 충고를 따르고 지킴으로써 겉으로는 여성 차별적인 보수적인 이데올로기를 수용한 성숙한 여인으로 성장한 것처럼 보인다. 보수주의적인 사회에서 여성에게 요구하는 것은 결혼이며 여성은 직업보다 결혼을 선택해야 한다. 소설에서 조는 현

사진 6 Jo가 어머니의 기차표 값을 마련하기 위하여 머리털을 자르고 집에 돌아오자 온 가족이 놀라는 모습이다.

실과 이상의 사이에서 많은 갈등을 겪고 힘들어 하지만 결국 작가의 길을 포기하고 자신이 항상 경멸하던 결혼을 받아들이고 평범하게 살아간다. 그러나 1994년 영화에서 조는 화자의 역할까지 수행하며 끝까지 글쓰기를 포기하지 않는 모습을 보여줌으로써 감독은 조의 글쓰기를 강조하고 있다고 볼 수 있다. 소설에서 조는 로리의 강력한 청혼을 거절한 이유로써 자신은 남편에게 헌신적으로 이기심 없는 사랑을 바칠 여성적인 성격도 아니고 "어머니가 말씀 하셨듯이 우리는 서로에게 어울리지 않는 것 같아. 왜냐하면 우리의 급한 성격과 강한 의지가 아마도 우리를 매우 불행하게 할지도 모르니까. . . ."(350)라고 말한다. 영화에서도 조는 "말도 안 돼! 우리는 서로를 죽일 거야"라고 말하며 서로 화를 못 참고 고집이 세기 때문에 항상 다툴 거라는 이유를 대지만 근본적으로 조는 평소에 결혼을 하지 않겠다는 공언과 글을 써서 먹고 살겠다는 자신의 결심 때문에 로리의 청혼을 거절하게 된다.

소설에서 조는 로리의 청혼을 거절하고 뉴욕으로 가서 자신만의 자유를 누리려고 하지만 고향에 대한 향수와 뉴욕 삶에 대한 실망으로 집으로 돌아오게 된다. 뉴욕에서 집으로의 회귀는 자유와 해방에서 구속과 억압으로의 회귀라고 볼 수 있으며 조는 어머니의 예언대로 자유를 만끽하지 못하고 고향으로 돌아오는데 이러한 과정은 작가가 당시의 보수주의적인 사회의 이데올로기에 맞추려는 의도에 의한 것이라고 볼 수 있다. 이러한 다층적인 서사의 작품을 영화로 각색하는데 가장 어려운 점은 소설 원작에서 드러난 조의 복잡하고 불안한 성격을 표현하는 것이고 조의 성격에서 드러난 현실과 이상 사이에서의 갈등하는 모습이나 19세기의 전통적인 성규범을 억지로 따르려는 내면의 고통과 긴장감을 화면으로 표현하기가 쉽지 않다는 것이다. 그러나 1994년 영화는 저자 올콧의 여성주의적인 숨겨진 목소리를 찾아 조의 애매모호한 성격을 바꾸고 조를 독립심이 강하고 글쓰기와 여성의 권리를 주장하는 사회개혁자로 변모시킨다.

1994년 영화에서 조는 뉴욕에서 자신의 글쓰기를 통한 독립적인 직업여성으로 살아가고, 베어교수는 그녀의 글쓰기에 대한 진실한 조언자로서의 역할을 하고 조가 뉴욕의 남성 중심적인 사회에서 여성의 평등과 참정권에 대한 의견을 토로할 수 있도록 도와준다. 즉 조와 베어교수는 조건 없이 평등한 관계로 만나서 서로 사랑하고 베어교수는 조의 문학수업을 통한 진정한 자아찾기의 과정을 도와준다. 뉴욕생활에서의 조의 모습은 남성들의 여성에 대한 편견과 비하하는 태도에 맞서서 여성의 평등과 참정권을 주장하는 강력한 사회 개혁자의 면모를 보여준다. 사진 7은 조가 자유로운 삶을 위하여 뉴욕에서 지낼 때 베어교수가 여성참정권을 반대하는 남성들과의 토론에서 조로 하여금 반론을 제시하도록 돕고 있는 장면으로 조가 중앙에 앉아있고 남성들이 조의 말을 경청하는 모습을 조를 중심으로 카메라를 이동시켜가면서 보여주고 있다. 이 장면에서 감독의 여성주의에 대한 옹호의 의지가 치밀한 화면구도와 촬영기법을 통하여 잘 반영되었다고 볼 수 있다. | 사진 7 |

조의 여성주의자로서의 모습은 저자 올콧의 실제 삶의 모습을 투영하고 있으며, 특히 여성 참정권에 대해 조가 토론하는 장면은 영

사진 7 Jo가 뉴욕에서 지낼 때 Bhaer교수가 여성참정권을 반대하는 남성들과의 토론에서 Jo로 하여금 반론을 제시하도록 돕고 있다.

화감독의 다분히 여성참정권 획득을 위해 노력했던 작가의 생애에 대한 의식적인 반영이라고 볼 수 있다. 그러나 1994년 영화는 소설 원작에서 드러나는 다층적인 서사와 전복적인 요소들을 여성주의 옹호의 시각으로 각색해서 영상처리하고 있지만 일관성 유지에 상당한 어려움을 겪었을 것이다. 특히 소설말미에서 나타나는 여성주의적인 조가 급격하게 보수주의적인 태도로 돌변하는 부분에 대한 영상처리가 어려움을 주고 있다. 소설 원작의 결말부분에서 조는 평소 좋아하던 글쓰기를 포기하고 고향에 돌아와 베스의 유언대로 부모님을 모시고 살면서 뉴욕에서 만난 베어 교수와 결혼하고 숙모가 물려준 플럼 필드에서 소규모 학교를 개설하고 몇몇 아이들을 가르치며 아이를 낳고 소박한 삶을 산다. 이러한 평범한 결말은 여성주의와는 상당한 거리가 있으며 조의 성격창조에 많은 문제점을 야기하고 있다.

조가 베어교수와 결혼해서 아이까지 낳는 소설의 결말부분과는 달리 영화의 결말은 베어교수가 조의 인쇄된 "작은 아씨들"Little Women이라는 제목의 원고를 조의 집에 직접 가져오고 비오는 우산 속에서 조와 베어교수가 포옹하며 키스하는 장면으로 끝냄으로써 조와 베어교수의 앞으로의 관계를 암시적으로 보여줄 뿐이다. 영화에서는 조와 베어교수는 대등한 관계로 만나고 조가 뉴욕에서 글쓰기에 빠져있을 때 베어교수는 조에게 돈을 벌기 위한 감상조의 글쓰기에 대해 비판하고 진실한 이야기를 쓰라고 충고한다. 영화에서 조와 베어교수의 만남은 조가 글쓰기를 통하여 정체성을 찾는데 도움을 주는 관계라는 것을 강조하고 있으며 조는 베어교수의 도움으로 작가로서 인정받고 당당히 성공한다. 영화에서 베어교수는 조의 성공을 도와주는 조언자이며 조는 마지막에 자신의 플럼필드에 세워질 소규모의 학교의 성공을 위해서 베어교수를 서부로 떠나지 못하게 붙잡는다. 영화는 소설과는 달리 베어교수와의 관계에서 조가 주도권을 갖고 있다는 것을 부각시킴으로써 친여성주의적인 성향을 일관되게 완성하고 있다. 영화는 특히 남성들의 역할을 축소시킴으로써 자연스럽게 여성들의 역할을 소설보다도 더 강하게 표현하고 있다.

소설을 원작으로 한 영화는 각색자와 감독이 어떤 시각을 가지고 있느냐에 따라서 원작의 주제 구현에 상당한 차이를 드러낸다고 할 수 있다. 올콧의 소설 『작은 아씨들』은 보통 따뜻한 가족의 사랑이라는 주제와 소녀들의 성장소설로 읽혀지지만 복잡한 서사구조 때문에 다양한 의미로 해석되어지며 그만큼 많은 주제를 내포하고 있다. 작품의 표층적인 서사는 보수주의적인 이데올로기를 드러내고 있지만 심층적인 서사에는 전복적이고 해체적인 이데올로기가 감춰져 있어서 작품에는 긴장감이 흐른다. 그러나 1933년과 1949년의 영화는 그러한 작품 내에 잠복되어 있는 긴장감을 무시하고 전통적이고 보수주의적인 시각에서 각색되었고 젊은 남녀의 이성적인 사랑과 갈등을 더 부각시키고 있다. 1994년의 영화도 소설 원작에 내포된 미묘한 긴장감을 완전히 드러내는 데에는 한계를 보였지만 원작을 현대적인 시각으로 재해석하여 소설 속에 감춰진 작가의 여성주의적인 목소리를 찾아내어 강조함으로써 여성주의적인 사상을 성공적으로 잘 구현하고 있다. 보통 소설 원작의 주제는 영화로 만들어질 때 각각 다른 시대의 감독의 관점과 카메라 앵글의 각도에 따라 새롭게 표현되고 재현될 수 있는 것이다. 점차로 다양한 영화적 장치와 촬영기법의 발달로 인하여 주인공들의 내밀한 심리묘사까지도 가능해짐에 따라 원작의 주제를 더 완벽하게 재현하는 것이 가능해지고 있다.

참고문헌

민경택. 「『작은 아씨들』: 여성 성장소설에 나타난 여성 억합의 문제」. 『미국소설』 14. 2 (2007): 51-73.

Alcott, Louisa May. *Little Women*. Ed. Anne K. Phillips and Gregory Eiselein. New York: Norton, 1998.

______. *Little Women*. Ed. Valerie Alderson, Oxford: Oxford UP, 1998.

Alderson, Valerie. *Introduction. Little Women*. By Louisa May Alcott. Oxford: Oxford UP, 1998. vii-xxvii.

Dalke, Anne. "The House-Band: The Education of Men in *Little Women*." *College English* 47.6 (Oct., 1985): 571-78.

Estes, Angela M. and Kathleen Margaret Lant. "Dismembering the Text: The Horror of Louisa May Alcott's *Little Women*." *Little Women*. New York: Norton, 1998. 564-83.

Hollinger, Karen & Teresa Winterhalter. "A Feminist Romance: Adapting *Little Women* to the Screen." *Tulsa Studies in Women's Literature*, 18. 2. (Autumn, 1999): 173-92.

McCallum Robyn. "The Present Reshaping the Past Reshaping the Present: Film Versions of *Little Women*." *The Lion and the Unicorn* 24.1 (2000): 81-96.

Murphy, Ann B. "The Brothers of Ethical, Erotic, and Artistic Possibilities in *Little Women*." *Sign* 15.3. *The Ideology of Mothering: Disruption and Reproduction of Patriarchy*. (Spring, 1990): 562-85.

Phillips, Anne K., and Gregory Eiselein. Preface. *Little Women*. By Louisa May Alcott. New York: Norton, 1998. ix-x.

Reynolds, David S. *Beneath the American Renaissance: The Subversive Imagination in the Age of Emerson and Melville*. Cambridge: Harvard UP, 1999.

Stern, Madeleine B. *Louisa May Alcott*. Boston: Northeastern UP, 1999.

Little Women. Dir. George Cukor. RKO Radio Pictures, 1933.

Little Women. Dir. Mervyn LeRoy. Metro-Goldwyn-Mayer (MGM), 1949.

Little Women. Dir. Gillian Armstrong. Columbia Pictures Corporation, 1994.

여인의 초상 *The Portrait of a Lady*

영화 <여인의 초상> 소고

신양숙_인천대학교

1. 원작소설과 영화: 비교 및 대조

헨리 제임스Henry James는, 소재 면에서는 신·구 양 대륙을 무대로 한 국제소설이라는 장르를 개척했다는 점, 기법 면에서는 특정한 관점에 의하여 소설을 전개하는 방식을 확립했을 뿐만 아니라 등장인물의 의식의 흐름을 정교하게 포착하는 차원 높은 서술기법을 이룩하였다는 평가를 받는 현대소설사의 거물이다.[1] 그가 1881년에 출판한 『여인의 초상』*The Portrait of a Lady*은 소재 면이나 기법 면에서 제임스의 특질을 잘 나타내는 소설로서 그의 대작 중의 하나이다. 심리의 흐름의 포착에 역점을 둔 이 소설의 기법의 문제가 이 작품을 흥행에 성공할 수 있는 영화로 만들기 위해 극복해야 할 대상이라면, 국제소설이라는 점은 오히려 도움이 되는 면모라고 할 수 있다. 신대륙은 영화에는 실제로 등장하지 않지만 그 곳에서 온 인물들의 눈에 비추어진 아름답고 세련된 문화를 이룬 구대륙의 여러 미학적 면모는, 이 영화에 적어도 찬란하게 아름다운 지리적 배경을 선사하는 효과

사진 1

1) 헨리 제임스Henry James의 작품세계에 대한 언급은 주로, 최경도, 「Henry James의 소설이론」『영어영문학』 Vol. 37 No. 2 (Summer 1991), 411-27 ; Leon Edel, “Introduction,” *The Portrait of a Lady* (Boston: Houghton Mifflin Company, 1963), v–xx를 참조한 결과임

사진 2

를 지닌다. 풍성하면서도 정교하게 손질된 푸른 녹음의 영국의 정원과 절묘한 하모니를 이루는 오랜 역사의 가든코트Gardencourt 저택의 아름다움에서 시작하여, 찬란한 햇빛을 반사하는 플로렌스의 빛나는 저택과 정원들, 그리고 여주인공 이사벨 아처Isabel Archer가 결혼 후 정착한 로마의 유서 깊은 건물 및 예술품들, 최고의 취향을 지녔다는 남편 길벗 오즈몬드Gilbert Osmond에 의해 꾸며진 로마에 위치한 여주인공의 저택, 그리고 다시 눈 내리는 겨울풍경의 가든코트 저택은, 색과, 선과, 부피와, 비율, 그리고 재질의 아름다움이 만들어내는 미학의 극치로서, 그 자체만으로도 관객에게 즐거움을 선사하기에 충분하다. 원작 소설에도 이러한 유럽의 문화물들 특히 가든코트 저택의 역사와 아름다움에 대한 상세한 언급이 나오는데, 최초 출판 후 약 100년 만에 이 소설을 영화로 만든 제인 캠피언Jane Campion 감독 역시 이 점을 소홀히 하지 않았다. 오히려 영상예술의 장점을 살려 일반관객들까지 구대륙 문화의 감각적 아름다움을 선명히 느낄 수 있게끔 배경선정은 물론 카메라각도 처리의 문제에 이르기까지 특별히 신경 썼음을 느낄 수 있다.

그러나 제임스의 국제주제는 단순히 화려한 배경의 문제로 끝나는 것은 아니다. 그의 소설은 늘 삶의 실체를 규명하고자 하는 노력에 집중되어 있다고 하는 바, 국제주의 역시 그러한 노력과 무관하지 않다. 제임스는 인간의 삶이란 "현실인식에 있어서의 계속적인 변화과정"이라고 파악하였고, 개인과 그를 둘러싼 세계의 관계에서 개인의 인식의 변화의 문제를 통해 삶의 실체를 규명하고자 하였다(최경도, 418). 특히, 제임스의 "국제주제는 대서양 양편의 세계에 존재하는 가치나 관습의 비교"를 넘어 "삶의 특정한 양상을 상대적 관점에서 관찰함으로써 삶의 실체를 보다 명확히 밝히려는 제임스 자신의 문학적 계책"이 되고 있다고 한다(최경도, 420). 그리하여 제임스는 궁극적으로 "삶에 대한 관계를 부단히 조정해 나가는 인물들"을 다루고 있다고 하는데(최경도, 418), 바로 이점이 본 영화를 보며 제임스의 국제주제와 관련하여 우리 관객이 느끼는 또 다른 즐거움이라고 할 수 있다. 즉, 신·구 양 대륙 혹은 그 사이에서 키워진 서로 다른 생각과 인식의 틀을 가진 다양한 인물들이 그 상호작용을 통해 변화하는 과정을 지켜보며, 등장인물과 함께 즐거워하고 때로는 고통스러워하면서 인생을 배우는 즐거움이다.

신대륙과 구세계 유럽이라는 전혀 다른 두 세계를 배경으로 등장하는 제임스의 인물들은 개성미 넘치는 인물들로서 서로에게 신선한 자극이며 충격이고 때로는 고통이다. 영화버전에는 그저 함축되어 있을 뿐이지만 "영국의 귀족이라는 존재에 대해 아무것도 모른다"고 하는 신대륙의 아름다운 여인 이사벨의 행보가 만들어내는 긴장은, 구대륙의 삶의 스타일을 고수하는 인물들에게는 이해하기 어렵고 심지어 고통스러울지 모르지만 비교적 객관적인 관객 혹은 랄프같은 객관적인 인물에게는 신선한 자극으로 다가온다.

사진 3

런던으로 가는 마차 안에서의 이사벨과 그녀의 사촌 랄프 터쳇Ralph Touchett의 대화로 인해 우리 관객들은 더욱 개성 있는 신대륙의 또 다른 여성의 등장을 기대하게 된다. "당신의 리포터 친구를 좋아해야 하나요? 싫어해야 하나요? Should I like your reporter friend? Should I hate her?" 라는 랄프의 장난기 어린 질문에 대해 이사벨은 즉각적으로 답한다. "어느 쪽이든 헨리에타는 거의 신경 쓰지 않을 거예요. 그 애는 남자가 자신에 대해 뭐라고 생각하든 전혀 관심이 없거든요. Whichever you do will matter very little to Henrietta. She does not give a straw to what men think of her." 가부장제의 전형이라고 할 수 있는 빅토리아조의 영국사회에서 자신에 대한 남성의 견해에 전혀 신경 쓰지 않는다는 신대륙의 신 전문여성 헨리에타 스택폴Henrietta Stackpole은, 구대륙에 와서도 미국적 가치와 행동양식을 100퍼센트 고수하는 개성파이다. 런던에 도착하여 그녀의 이름을 외치는 이사벨을 향해 한 손을 뻗은 채 마차로 다가오는 헨리에타의 외양과 표정은 방금 진행된 대화의 진정성을 증명하고도 남음이 있다. 그 생김새와, 표정, 제스츄어, 그리고 말투는 독립적이고 고집스러우며 충성스럽고 오지랖 넓은 서민출신 전문가 헨리에타의 인물됨을 입체적으로 전달하기에 부족함이 없다. 탁월한 배역선정(메리 루이스 파커 Mary-Loise Parker)이며 의상 및 소품도 일품이다. 정교한 행동양식을 갖춘 세련된 매너의 유럽인들에게는 물론이겠지만, 미국에서도 교육받은 바 있는 비교적 중도적인 입장의 랄프에게 조차도 그녀는 이질감 그 자체이다.

그러나 이 영화에서·진정으로 탁월한 배역을 얘기하라고 한다면, 그것은 단연코 바바라 허쉬Barbara Hershey가 열연한 마담 멀Madame Merle의 역이다. 이 영화로 인해 바바라 허쉬가 아카데미 여우조연상을 받은 사실로도 알 수 있지만, 그녀의 연기는 참으로 인상적이다. 여주인공 이사벨의 이모부 터쳇씨Mr. Touchett의 임종을 앞둔 가든코트저택에 터쳇부인Mrs. Touchett의 친구의 자격으로 나타난 마담 멀은 처음 등장하는 순간부터 다방면의 재능을 지닌 범상치 않은 인물임을 느끼게 한다. 뛰어난 피아노 연주실력, "슈베르트도 어쩌지 못하는 순간이 있다"는 삶에 대한 적시의 성찰, 미국과 유럽문화라고 하는 등장인물들에게 당면한 사회적 이슈 그리고 "영국의 비English rain"와 같은 자연의 이슈에 이르기까지 세련된 대화와 매너로 일관하는 마담 멀은 순진한 여주인공을 단숨에 사로잡고도 남음이 있다. 그러나 캠피언 감독은 마담 멀이 등장하자마자 그녀에게 매료된 이사벨을 상대로 한 랄프의 시니시즘cynicism과 다음 순간 이어지는 랄프에 대한 마담 멀의 시니시즘을 통해, 마담 멀에게는 순진한 여주인공이 보고 느끼는 것 이상의 무엇이 있음을 그리고 그것이 좋지 않은 것일 수 있음을 시사한다. 마담 멀이 한 때는 큰 꿈을 지닌 여인이었고 이제는 그 꿈을

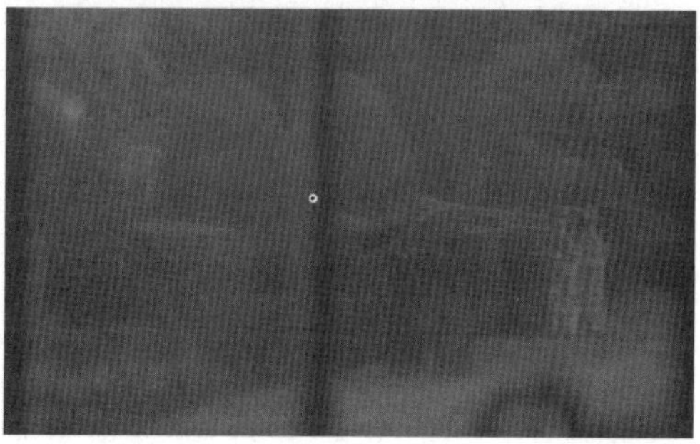

사진 4

사진 5

이루지 못한 채 남편도 자식도 집도 없이 유럽귀족사회를 부초처럼 떠도는 중년여인이라는 사실도 본인의 입을 통해 드러난다. 마담 멀이 피아노를 연주하며 등장한 이후 이어지는 불과 서너 장면을 통해 이 모든 것이 빠른 속도로 전달되는 만큼, 캠피언 감독의 자료선정의 우수성과 영상재현의 효율성을 주목하지 않을 수 없다. 그러나 그 출발점에는 마담 멀이라고 하는 참으로 복합적이며 리얼한 제임스의 창작인물이 존재한다. 사실상 인물창조의 관점에서 본다면, 유럽상류사회의 떠도는 식객으로서의 마담 멀의 사회적 지위, 그녀의 복잡한 심리와 정교한 행동양식, 과거와 현재의 숨겨진 사생활에 이르기까지, 참으로 리얼한 입체적 인물이다. 여기에 바바라 허쉬의 탁월한 연기가 더해져 헐리웃 영화사에 영원히 빛날 마담 멀이라는 흥미로운 여성인물이 탄생한 것이다. 바바라 허쉬가 이로 인해 아카데미 여우조연상을 받은 것은 너무도 당연한 결과라고 느껴진다.

이 영화의 초반부가 유럽의 눈에 비친 이사벨이나 헨리에타와 같은 신대륙의 여인들에게 초점을 맞추고 있다고 한다면, 후반부는 이사벨이라는 신대륙의 여인의 의식의 틈에서 여과되고 파악되는 각종 유럽인들 혹은 유럽화된 미국인들에게 맞추어져 있다고 할 수 있다. 복합적인 동기와 이해관계 그리고 정교한 행동패턴을 지닌 유럽인들에게 이사벨과 헨리에타와 같은 단순하고 직선적인 미국여인들이 신선한 충격으로 다가왔다면, 이사벨을 둘러싼 각종 유럽인들 혹은 유럽화된 미국인들은 정확히 그 정신구조와 행동양식의 차이로 인해 여주인공 이사벨의 매 행보에 긴장감을 제공한다. 그녀와 결혼을 원했지만 실패했고 그러나 아직도 그녀와 함께 할 수 있는 길을 모색하는 워버튼 경Lord Warburton, 그녀에게 깊은 관심과 애정을 가지고 있지만 지켜보는 것으로 만족하겠다는 랄프, 그녀와의 결혼에 성공했지만 그것으로 만족하지 못하고 그녀를 이용하여 더 큰 부와 영향력을 얻고자 하는 오즈몬드... 이처럼 모두 복잡한 동기 혹은 이해관계를 지니지만 이를 세련된 유럽의 언어와 매너로 은폐하고 있는 인물들로서, 구세계를 배워 동화되고 싶다는 마음을 지닌 여주인공으로서도 이해하거나 순응하기가 쉽지 않은 대상들이다. 그럼에도 불구하고 이들은 모두 여주인공 이사벨이 풀어야 할 난제이며 그녀의 의식의 변화를 촉구하는 촉매제이다.

그러나 그 누구보다도, 자신의 모든 이해관계를 이사벨에게 걸음으로써 그녀의 운명을 주관해 온 마담 멀의 실체를 깨닫고 인식하는 것이 이사벨에게 주어진 중요한 과제이다. 소설원작에서는 밤새도록 진행되는 이사벨의 그 유명한 의식의 탐색을 통해 여주인공 스스로 그 비밀의 단초를 찾게 되지만, 영화는 제미니 백작부인Countess Gemini이라는 수다스러운 여인의 입을 빌어 이 중요한 깨달음(여주인공의 현실인식에 크나 큰 변화를 가져오는 결정적 계기가 되는 이 깨달음)의 문제를 쉽게 처리하고 만다. 이를 두고 영화의 장르상의 한계라고 말하며 쉽게 넘어갈 수도 있겠지만, 이것은 사실상 관객의 수준을 과소평가한 캠피언 감독의 대중화의 성향이 낳은 결과라는 점과 이것이 이 영화 전체를 통해 가장 아쉬운 부분임을 지적할 수 있다. 원작소설이 주변 상황 혹은 인물들에 대한 여주인공의 심리변화 혹은 현실인식상의 변화에 역점을 두어 그의 의식의 흐름을 면밀히 추적하고 있느니 만큼, 감독은 그 중요한 인식의 변화의 순간을 보다 원숙하게 그러나 영상예술에 걸맞게 처리하기 위해 좀 더 철저히 고민했어야 했다. 영화만이 제공할 수 있는 화려한 영상, 리얼하게 살아 움직이는 인물들, 압축된 스토리 전개, 그리고 길지도 짧지도 않은 적시적소의 의미심장한 대화들에도 불구하고, 그리고 무엇보다도 삶에 대한 탁월한 통찰력을 지닌 헨리 제임스의 거작을 영화화했음에도 불구하고, 이 영화가 다른 영화의 수준을 크게 능가하지 못하고 마는 것은 이처럼 원작의 백미에 해당하는 부분마저도 가볍게 삭제하고 대신 쉬운 스토리 진행방식만으로 일관한 감독의 잘못된 판단으로 인한 것이다.

1996년에 니콜 키드먼Nicole Kidman과 존 맬코비치John Malkovich를 주인공으로 캐스팅하여 헨리 제임스의 『여인의 초상』을 영화로 제작한 제인 캠피언 감독은 원작에서는 찾아보기 힘든 몇몇 창조적 장면을 연출한다. 소설의 스토리가 본격적으로 시작되기 전 들려오는 여인들의 목소리와 이어 등장하여 서클을 이루며 누었던 여인들을 한 명씩 비추어주는 장면이 그러하고, 여주인공 이사벨 아처가 그녀를 사랑하여 구혼하거나 지켜보는 세 명의 남자들과 관련하여 선정적인 꿈을 꾸는 장면, 길버 오즈몬드가 이사벨에 대한 구혼의 과정에서 그녀와의 신체적 접촉을 시도하는 장면과, 이후 "My Journey 1873"라는 제목의 앨범으로 처리되어 흑백 동영상으로 펼쳐지는 이사벨의 세계유람의 장면이 그러하다. 이러한 장면들은 20세기 후반에 이 영화를 만든 캠피언 감독의 원작에 대한 나름의 해석을 담고 있는 장면으로서 자세히 살펴볼 필요가 있다고 판단된다.

여주인공의 스토리를 본격적으로 전개하기 전, 캠피언 감독은 흥미로운 “서막”을 연출한다. 영화가 시작되었지만 화면은 열리지 않고, 대신 여인들의 목소리가 들려온다.

Voice 1 : “키스의 백미는 상대의 머리가 나에게 다가오며 그 사람이 나에게 키스할 것이라는 것을 알게 되는 순간인 것 같아. 직전의 바로 그 순간이 정말 절묘해.”

Voice 2 : “다른 사람의 감촉이 그렇게 좋은 줄은 정말, 정말 몰랐어.”

Voice 3 : “나도 그래. 난 정말 키스가 좋아."

Voice 4 : “처음처럼 적극적이건, 소극적이건, 서로 엉켜있는 건 정말 좋아. 난 그 느낌에 중독되었어.”

Voice 5 : “난 운명을 믿어. 그래서 그 사람이 날 찾아낼 것이라는 것... 우리가 어떤 식으로든 서로를 찾아낼 것이라는 것을 믿어.”

Voice 6 : “그건 거울을 찾는 것을 의미해. 핵심적인 거울, 가장 충성스러운 거울을 찾는 것... 내가 그 사람을 사랑하고 그 거울이 나를 향해 그 사랑을 다시 비춰줄 것이라는 걸 알아”

화면이 펼쳐지기 전 들려오는 여인들의 이 목소리는 앞으로 전개될 여주인공 이사벨 아처의 배우자 선택의 문제와 그 동인과 관련한 제인 캠피언 감독의 메시지를 담고 있는 것으로 볼 수 있다. 여인들은 이성과의 사랑의 접촉에 민감하고 약한 특성을 지니며 어느 여인이건, 의식적이건 무의식적이건, 사랑하는 남자를 운명적으로 만날 것이라는 생각을 하고 있다는 것이다. 여인의 본성에 대한 캠피언 감독의 이러한 해석은 그가 감독한 바 있는 다른 작품(예로, <피아노>를 들 수 있다)에서도 드러난 바 있지만, 제임스의 원작에서는 찾아볼 수 없는 내용의 새로운 장면들을 연출하는 감독의 의사결정에서 보다 명료하게 드러난다. 여인의 본성에 대한 이러한 생각은 이사벨에게도 적용되는 것으로서 앞으로 펼쳐질 그녀의 인생여정과 무관하지 않다.

이사벨의 인생일정은 으레 그렇듯이 그녀를 둘러싼 세상의 일정과 맞아떨어지지 않는다. 먼저 "인생이 제공하는 평범한 기회와 위험들from life... the usual chances and dangers"을 접해보고자 하는 혹은 "인생에 대한 전반적 경험 general impression of life" 을 해보고 싶다고 하는 이사벨에게, 이제 막 세상유람을 시작한 초입부터 결혼과 관련한 선택의 문제가 들이닥친다. 모든 것을 갖추었다고 할 수 있는 영국의 귀족 워버튼경의 구혼과 함께 시작된 이 영화는 곧 이어 미국에서 건너 온 또 한 명의 건실한 결혼후보 카스퍼 굿우드Caper Goodwood를 등장시키며 여주인공 이사벨에게 선택을 강요한다. 게다가 이사벨의 사촌 랄프 터쳇 또한 "앞으로 몇 년 밖에 살지 못할 것이다"는 건강상의 문제만 아니라면 이사벨을 사랑했을 것이라는 사실이 드러나며, 결혼보다는 세상구경에 관심을 두고 있는 이사벨을 둘러 싼 상황은 흥미에 흥미를 더한다.

방금 워버튼 경의 구혼을 거절한 이사벨이 미국에서 온 친구 헨리에타 스택폴 그리고 사촌 랄프와 함께 런던 및 프랑스 투어에 나섰을 때 굿우드가 밤에 이사벨의 숙소에 나타난다. 이사벨로부터 "날 생각하든 말든 맘대로 하고 날 가만히 내버려두라"는 말을 듣고, 그 기한은 2년이며 "그 동안 절대로 다른 사람과 결혼하는 일은 없을 것이다"는 단언적인 말을 듣고 돌아간다. 캠피언 감독은 이 때 굿우드가 이사벨의 턱을 만지는 장면을 끼워 넣으며, 굿우드가 사라진 후 이사벨이 그 감촉을 느껴보다가 적어도 19세기 빅토리아조(이 영화의 시간적 배경)의 기준으로는 대단히 선정적인 꿈을 꾸는 장면을 창조적으로 연출한다. 굿우드는 이사벨의 머리맡에서 그녀에게 키스하며 동시에 아래쪽에서는 워버튼경이 이사벨의 다리를 애무하고 있고, 랄프는 이사벨의 옆에 누워 그녀를 지켜보고 있는 꿈의 장면이다. 랄프가 일어나 사라짐과 동시에 굿우드와 워버튼경이 침대에서 벗어나며 서로 멱살을 잡는 장면과 함께 이사벨은 꿈에서 깨어나고, 우리 관객들도 소위 현대의 multi-sex scene의 19세기형 변형이라고 할 수 있는 이 선정적인 꿈의 장면에서 벗어난다.

분명한 사실은 이러한 장면이 제임스의 원작소설에는 없다는 것이다. 제임스의 원작소설은 워버튼경과 굿우드의 경우는 물론이고 결국 결혼에 성공하는 오즈몬드의 경우에도 이사벨과의 관계에 있어서 신체적 접촉의 문제에 대해서는 고집스럽게 함구한다. 그러나 캠피언 감독은 자신이 창조적으로 연출한 몇몇 장면을 통해 이 문제에 대해 명확한 입장을 드러낸다. 사실상 완벽한 결혼후보임에도 불구하고 이사벨의 마음을 얻지 못하는 워버튼경과는 달리, 오즈몬드는 이사벨의 거부반응에도 불구하고 그녀에게 사랑을 고백할 뿐 아니라 그녀와의 신체적 접촉을 시도한다.

플로렌스에서 마담 멀을 따라 오즈몬드의 거처를 방문한 이후 이사벨은 오즈몬드의 전략적 접근에 노출되고 그의 계산대로 오즈몬드에게 조금씩 끌려간다. 그러나 그럼에도 불구하고 세계유람을 계획할 뿐 결혼하여 정착한다는 생각을 하려하지 않는 이사벨에게, 오즈몬드는 미묘하면서도 의미심장한 접근을 시도한다. 플로렌스의 한 성채에서 파라솔을 찾아 헤매는 이사벨 앞에 바로 그 파라솔을 핑핑 돌리며 나타난 오즈몬드는 "어디든지 가세요. 모든 것을 하세요. 행복하세요. 승리하세요" 라는 말과 함께 이사벨의 자유로운 여정을 지지하는 척 하지만, 동시에 "내가 말하고 싶은 것은 당신을 사랑한다는 것입니다. 나는 완전히 사랑에 빠져 있어요" 라는 전략적 고백을 통해 이사벨을 정신적으로 잡아두고자 한다. 사랑의 고백에 이어 그녀와의 신체적 접촉을 시도하고 결국은 키스에 성공함으로써 오즈몬드는, 적어도 캠피언 감독의 관점에서 본다면, 도망가는 이사벨에게 마의 덫을 걸어 놓는 작업에 성공하게 된다.

문제의 이 파라솔 장면은 사실상 이 영화전체를 통해 가장 상징적인 장면이라고 할 수 있다. 플로렌스의 성채건축의 예술적 정교함에 감탄하는 헨리에타와 랄프를 벗어나 홀로 파라솔을 찾아 헤매는 이사벨 앞에 오즈몬드는 이사벨이 찾아 헤매던 바로 그 파라솔을 손에 쥐고 핑핑 회전시키며 나타난다. 영화 초기부터 이사벨이 찾아 헤매는 인생에 대한 전반적인 경험이라고 하는 것은 구태여 지칭한다면 마담 멀의 경험과 같은 것인지도 모른다. 세상을 두루 경험한 마담 멀이, 세상물정을 모른 채 같은 종류의 경험을 추구한다고 생각하는 이사벨에게는 "생생한 성공의 이미지 the vivid image of success"로 보일지 모르지만, 작가 제임스도 감독 캠피언도 심지어는 독자 혹은 관객들조차도 이것이 얼마나 무서운 착각인지를 안다. 순수함과 무지함이 교차하는 이사벨의 정신세계를 꿰뚫어 보는 오즈몬드는 또한 인생에 대한 위험한 플랜을 두고 매번 "두렵지 않다"는 말로 마감하는 이사벨의 당돌함과 아집도 모두 이해하는 인물이다. 그리고 무엇보다도, 캠피언 감독이 제시하는 성적 터치에 민감한 여인의 본성을 이해하는 인물이다. 이사벨이 잃어버렸다고 생각하며 찾아 헤매는 파라솔은 캠피언 감독이 창조적으로 연출한 이사벨의 여인의 본성을 상징하는 물건으로 보여진다. 누구보다도 먼저 이 물건을 찾아낸 후 전리품을 과시하듯 핑핑 돌리며 나타난 오즈몬드는 또한 그것을 무기로 이사벨과의 키스를 강행한다. 상징의 이 물건을 확보한 상태에서 이사벨의 성정을 염두에 둔 전략적 멘트를 천천히 내뱉는 오즈몬드를 이해하고자 하는 이사벨은 얼핏 영리해 보이는 그녀의 언어적 대응verbal response에도 불구하고 깊이 혼란스러워 하는 모습을 노정시킨다. 이사벨의 무의식과 의식의 이해의 갭이 드러나는 순간으로 볼 수 있다. 이 장면을 통해 이사벨의 무의식이 이해한 성의 메시지가 그녀의 의식의 표면으로 오르기까지는 시간이 필요한 것이고, 캠피언 감독의 영화버전에서는 이사벨의 계획된 세계유람이 그 시간의 갭을 채우고 있음을 알 수 있다.

사진 6

제임스는 그의 원작소설에서 성의 메시지를 최대한 억누르고 있고 이 점은 이사벨의 세계유람부분에서도 마찬가지이다. 반면 캠피언 감독은, 이미 주장된 내용을 통해서도 짐작할 수 있겠지만, 이 작품의 억눌린 성의 메시지를 최대한 표면화한다. 제임스가 이 작품을 소설로 발표한 것이 1881년인 반면 캠피언 감독이 이 작품을 영화한 것은 1996년이다. 빅토리아조의 관습을 존중하여 작품을 기획했을 작가의 입장과 100여년의 세월의 갭을 십분 이해하고 의식한 캠피언 감독의 의사결정의 결과라고 볼 수 있다. 특히, 위에 언급된 파라솔 장면에 이어진 이사벨의 세계유람은 "My Journey 1873" 라는 제목의 흑백앨범으로 처리되어 아련한 향수, 그리움 같은 것을 환기시

사진 7

키지만, 그 내용은 사실상 "여인의 성적 자아 발견"이라고 제목을 바꿔도 좋을 만큼 명백한 성의 영상물로 채워진다. 오즈몬드의 속삭임("나는 완전히 사랑에 빠졌어요"), 목으로 다가오는 오즈몬드의 입김, 배로 뻗어오는 그의 손길은 세계 곳곳을 누비는 이사벨을 줄기차게 쫓아오는 강력한 영상이다. 물론 캠피언 감독은, 그것들이 그토록 강력한 힘을 발휘하는 데에는 마담 멀의 영향력도 작용했음을 잊지 않고 짚어준다. 이사벨의 세계유람 사진의 배경에는 오즈몬드와 함께 마담 멀이 검은 그림자처럼 예외 없이 따라다니기 때문이다. 배 위에 위치한 오즈몬드의 손과 "나는 완전히 사랑에 빠졌어요"라고 반복적으로 울려 퍼지는 그의 속삭임에 의해 마침내 무너지는 이사벨의 나체 영상은, 이사벨이 오즈몬드를 선택한 이유로 제시하는 미화된 이유의 근간에는 사실상 성적인 끌림이 있었음을 명백히 드러내주는 디테일이다.

제임스의 원작소설과 관련해서 여주인공 이사벨의 배우자 선택의 문제는 어쩌면 필요이상으로 빈번하게 거론된 문제인지도 모른다. 사실상 제임스의 원작 소설은 신데렐라 스토리에 길들여진 독자들에게는 실망스러운, 심지어는 이해하기 어려운 작품으로 다가오기 때문일 것이다. 작품이 시작되자마자 등장하는 워버튼경은 남성으로서도 신랑감으로서도 흠잡기 어려운 19세기 영국판 왕자님Prince Charming으로서, 나름의 결점이 없는 것은 아니지만 아름답고 착한 여주인공 이사벨의 천생배필감이다. 진보적이며 심지어는 급진적인 귀족이라고 하는 워버튼경은 프라이드가 높고 신분의식이 강한 『오만과 편견』의 다시경Mr. Darcy과는 다르게, 영국귀족이 어떤 존재인지 전혀 아는 바가 없다고 하는 무계급의 미국여성 이사벨이 등장하자마자 단번에 그녀가 특별한 여성임을 알아보고 구혼한다. 많은 어려움을 거친 후에야 비로소 결혼에 이르는 기존의 신데렐라류 스토리와 다르게 이사벨은 원하기만 한다면 당장에 고귀한 레이디가 될 수 있는 기회가 처음부터 주어지는 것이다. 문제는 그녀가 그걸 원하지 않는다는 것이고, 더욱 한심한 것은 핸섬하며 예의바른데다 낭만적이기까지 한 영국 최고의 부자귀족 워버튼경을 마다한 이사벨이 얼마 지나지도 않아 랄프의 표현대로 "비생산적인 딜레탕트a sterile dilletant" 혹은 결혼을 통해 일확천금을 노리는 극도로 게으르고 이기적인 데다 계산적이며 오만하기까지 한 오즈몬드와의 결혼을 결심한다는 것이다.

이러한 스토리가 많은 독자들에게 사실성 있게 다가오지 않는다는 것이 제임스 원작의 문제점이다. 특히 소설원작과 영화가 모두 전지적 관점에서 처리되고 있는 만큼 독자와 관객은 여주인공 이사벨이 알지 못하는 내용까지도 알고 있다. 마담 멀과 오즈몬드의 언행과 그 의도를 백일하에 보고 있는 독자 혹은 관객들로서는 총명하다는 이사벨의 선택이 도저히 이해하기 어려운 미친 짓에 다름 아니다. 캠피언 감독은 이런 점을 의식하여 자신의 영화버전에서는 성sexuality의 요소를 보다 명료하고 과감하게 도입한 것이라고 판단된다. 그러나 비록 깊이 억눌려 있기는 하나 무게 있는 심리소설답게 이사벨의 내면으로의 여행을 기록한 42장에 이르렀을 때에는 그들의 구애과정에서 이사벨이 오즈몬드에게 느꼈던 성적 매력이 충분히 감지되는 만큼, 캠피언 감독의 결정은 자의적인 변경이 아니라 원작의 의도를 고려하여 영화라는 장르에 맞게 그리고 시대에 맞게 편집한 것이라고 할 수 있다. 이런 점을 이해하고 본다면, 이사벨에게 청혼하는 세 남성의 접근패턴이 무심하게 지나쳐서는 안 될 중요한 요소임을 짐작할 수 있다. 특히, 영화의 첫 장면을 채우는 워버트경의 청혼은 주로 결혼하여 살 집에 관한 이야기이고 워버튼 경 자신에 관한 이야기일 뿐이다. 문명이나 관습적 혹은 상식적 사고보다는 자연의 충동에 보다 충실하다고 할 수 있는 백지의 미국 여인 이사벨을 사로잡기에는 핀트가 어긋나는 접근인 것이 명백하다.

이 이야기의 중심 흥밋거리는 랄프의 말대로 "워버튼 경을 거절한 (대단한) 여인이 앞으로 무엇을 할 것인가?" 라는 것이다. 영화에서는 명문화되지 않았지만 원작소설에서는 이 당시의 대부분의 여성들에게는 이런 질문 자체가 이례적이라는 사실이 지적된다. 대부분의 여성들은 사실상 아무 일도 하지 않으며 우아하게 수동적인 자세로 누군가 멋진 남성이 나타나 자신의 운명을 제공해 주기를 기다릴 뿐이라는 것이다. 이사벨이라는 여인이 흥미로운 것은 "자신만의 의도(의지)를 지닌 듯한 작으나마 열정적인 힘"의 소유자이기 때문이고 "그 힘이 움직이는 모습을 구경하는 것이 지상에서 가장 재미있는 일"이기 때문이라는 것이다. 애석하게도 이사벨은 워버튼경을 거절한 여인은 더 높은 운명을 개척할 것이라는 랄프의 기대와는 달리, 그 어느 여인보다 철저하게 본성에 충실한 나머지 던져진 성의 미끼에 걸려 견디기 힘든 새장에 갇히는 불행한 신세가 되고 만다. 괄목할만한 생의 아이러니이다.

일단 결혼이 성사된 후에는, 이 영화는 이사벨과 오즈몬드의 저택이 위치한 로마를 배경으로 예정된 코스를 신속히 밟으며 이사벨의 선택의 결과가 어떤 것인지를 가감없이 적나라하게 보여준다. 이사벨이 재산을 노리는 모리배를 신사로 오인하여 결혼한 만큼 또 하나의 결혼을 두고 이루어지는 해프닝을 통해 가려진 모리배의 모습을 드러내는 과정이다. 아직도 강력한 힘을 발휘하는 워버튼 경에 대한 이사벨의 영향력을 이용해 팬지를 레이디 워버튼으로 만들려는 마담 멀과 오즈몬드를 의식하며 두려워하는 한편 순수하고 강력한 사랑을 호소하는 로우지에Mr. Rosier와 사랑하지만 자신의 뜻대로 로우지에에게 가지 못하는 팬지Pansy 사이에서 이사벨은 역력히 고민하고 괴로워한다. 그 누구보다도 명예로운 신사인 척, 초연한 척 하면서도 사실상 돈과 신분만을 추구하는 위선적 힘과 개인의 느낌과 소망을 소중히 여기는 본질적인 힘 사이의 갈등이라고 할 수 있는 이 사건이, 일회적 사건이 아니고 이사벨의 결혼생활의 전형적 딜레마라고 하는 것을 쉽게 알 수 있다. 청교도문화에서 온 자존심 높고 책임감 강한 19세기 여인 이사벨로서는, 그것이 아무리 잘못된 것이라 할지라도 자신이 선택한 이상 쉽게 벗어날 수 없음을 알기에 그 고민은 깊을 수밖에 없다. 화려한 파티의 준비로 바쁘게 돌아가는 집안의 상황에서, 아직 의상도 차려입지 않은 채 비블랏biblot을 어루만지며 홀로 내실에 앉아 있는 이사벨의 모습은 그녀가 이룬 화려한 결혼생활의 이면이 얼마나 외롭고 고뇌에 찬 삶인지를 한 눈에 보여준다.

결혼 전에 5-6년 동안 계속되었다고 하는 오즈몬드와 마담 멀의 불륜의 애정행각 그리고 팬지의 생모가 마담 멀이라고 하는 제미니 백작부인의 사실폭로와 자신의 결혼과 관련한 두 사람의 계산적 동기에 대한 이사벨의 뒤늦은 깨달음은, 당장은 죽어가는 랄프를 마지막으로 보고자하는 이사벨의 소원을 이룰 수 있게 하는 것이다. 그러나, 보다 중요한 것은, 그녀를 둘러싼 세상에 대한 이사벨의 인식의 변화를 초래하여 이사벨로 하여금 새로운 출발을 심각하게 고려할 수 있게 하는 동인을 제공하는 것이기도 하다.

이사벨이 다시 찾은 가든코트는 처음 워버튼경에게 청혼받던 싱그러운 녹색의 생명의 세계가 아니다. 창밖은 쉴 새 없이 눈이 내리는 하얀 겨울이고 아름다운 저택 안에서는 랄프가 이승에서의 마지막 숨을 쉬고 있다. 죽어가는 랄프 옆에서 그녀에게 가장 가깝고 소중했던 사람이 바로 그였음을 깨닫고 표출하는 이사벨에게 랄프는 "당신이 증오의 대상이었다면 당신이 사랑받았다는 것, 아니 숭배의 대상이었다는 것을 기억하라"는 말로 자신의 사랑을 말하고 이사벨을 위로한다. 생의 마지막 순간에도 유머와 재치를 잃지 않는 랄프는 또한 낮고 빠른 그의 특유의 말투로 "고통은 깊다. 그러나 그것도 결국은 지나간다. Pain's deep. But it passes after all" 라는 위안의 명대사를 남기기도 한다.

랄프는 갔지만 이사벨의 삶의 문제는 남는다. 랄프의 장례식을 마치고 워버튼경에게 청혼을 받았던 가든코트의 옛 나무에 걸터앉아 보는 이사벨에게 캠피언 감독은, "그렇지만 전 해자를 좋아하는 걸요. But I adore a moat" 라고 했던 그녀의 옛 대사를 중얼거리게 한다. 이 역시 원작에는 없는 디테일이지만 결혼과 관련하여 자신이 저지른 일생일대의 실수를 반추할 수밖에 없는 이사벨의 심리 상태를 잘 표현해 주는 섬세한 디테일로 보여진다. 이 때, 이사벨 앞에 굿우드가 나타난다. 이제 이사벨에게 남은 카드는 아직도 변함없이 그녀를 사랑하는 굿우드임을 알 수 있다. 그러나 이사벨은, "이제 모든 것을 알았다" "너의 사촌 랄프가 모든 것을 얘기해 주었고 나에게 당신을 위해 할 수 있는 일을 하라고 했다" "그 유령 같은 형식을 버리고 나에게 오라" "우리는 함께 행복할 수 있다"고 말하며 열정적으로 키스하는 굿우드를 뿌리치고 가든코트 저택을 향해 달려간다. 저택의 문 앞까지 달려간 이사벨이 몸을 돌려 관객을 향하는 것을 마지막 영상으로 영화는 종결된다.

이사벨이 오즈몬드를 떠나 굿우드에게 갈 것인가? 사실상 이 질문은 제임스의 원작소설과 관련해 가장 집요하게 제기되어 온 질문 중의 하나이다.[2)] 그러나 제임스는 이사벨이 다음 날 아침에 "로마로 떠났다"는 짧은 멘트statement만을 남긴 채 서둘러 작품을 종결한다. 이사벨이 "로마로 떠났다"는 이 사실이 오즈몬드에게로의 귀환의 가능성을 배제하는 것이 아니기 때문에 원작의 이러한 결론은 오늘날까지도 문제로 남으며, 캠피언 감독 역시 이러한 결론이 마음에 들지 않은 듯 영화버전에서는 이를 삭제한다. 그러나 "로마로 떠났다"는 멘트의 유무와 상관없이 이사벨의 미래의 행보와 관련한 질문은 남는다. 필자는 원작의 결론과 관련하여 작가의 의도를 짚어보는 비평논문을 쓴 적이 있지만, 캠피언 감독의 영화버전에 대해서는 조금은 다른 생각을 가지게 되었다.[3)]

그 생산시기를 감안할 때, 그리고 원작보다 훨씬 적나라하게 위선적이고 파렴치하게 표출된 영화에서의 오즈몬드의 인품을 고려할 때, 이사벨이 그에게로 돌아간다고 하는 것은 감성적으로도 도덕적으로도 불가능하다고 여겨진다. 그것은 여성의 감성에 대한 폭력일 뿐 아니라 도덕 자체에 대한 도전이라고 느껴지기 때문이다. 반면, 영화에서 표출하는 죽어가는 랄프와 이사벨의 마지막 재회는 감성

2) 윤조원, 「이자벨은 어디로?: 『여인의 초상』의 행복/불행한 결말에 관하여」 『미국학논문집』Vol. 37. No. 2 (가을 2005), 105-26 참조.

3) 신양숙, 「헨리 제임스의 『여인의 초상』에 대한 기독교적 해석: 미국독자와 서술의 틈 사이의 역학관계에 주목하여」 『근대영미소설』 Vol. 15 No. 2 (Fall, 2008), 245-67 참조.

적으로 깊은 만족을 주는 것이다. “당신이 증오의 대상이었다면, 당신은 또한 사랑받았다는 것 아니 숭배의 대상이었다는 것을 기억하라” 그리고 “당신 때문에 살기를 원했다”는 랄프의 말에서 알 수 있듯이, 랄프의 사랑은 그리고 그들의 마지막 교감은 오즈몬드와의 삶에서 이사벨이 받은 고통을 상쇄시키고도 남는 것이라고 감히 말할 수 있다. 캠피언 감독이 랄프의 죽음 그리고 죽어가는 랄프와의 마지막 재회를 이사벨 스토리의 클라이막스로 처리하고 있음을 주목할 필요가 있다. 그리고 이 클라이막스의 클라이막스는 바로 랄프의 사랑에 대한 이사벨의 깊은 감성의 화답으로 이루어져 있다. 이사벨에 대한 랄프의 관심과 애정은 영화초기부터 명시화된 것이기 때문에 관객으로서는 새삼스러울 것도 없는 익숙한 사실이겠지만, 중요한 것은 그에 대한 이사벨의 반응이다. 작품 전체에 걸쳐 처음으로, 사촌을 넘어선 한 인간의, 한 남성의 사랑으로 인식하고 받아들인 것이다.

삶의 실체는 독자나 관객의 기대와는 상관없는 것인지도 모른다. 적어도 작가 제임스나 캠피언 감독이 제시하는 삶의 실체는 아니러닉하다. 대다수의 여인들이 그러하듯이 이사벨 역시 남편 오즈몬드와 깊고 아름다운 사랑을 나누고 싶었겠지만, 그녀가 실제 그것을 찾은 곳은 전혀 다른 곳이다. 꺼져가는 생명의 불을 간신히 붙들고 지탱하다 이제 마지막 숨을 거두는 사라지는 생명 속에서 그것을 발견한 것이다. 비록 아이러닉한 현실이긴 하지만 그것이 인생인 것이기 때문에, 그로써 한 여인의 혹은 한 인간의 초상은 충분히 완성되었다고 느껴진다. 이사벨은 아직 살아있는 생명이기에 삶의 새로운 챕터가 펼쳐질 것이고 그것 역시 이사벨이 이사벨인 만큼 굿우드류의 남성들이 등장할 수밖에 없을 것이다. 랄프의 죽음 이후 펼쳐지는 서너 장면은 앤티클라이막스로서, 생명이 있는 한 삶은 계속된다 (Life must go on, no matter what)는 당연한 사실을 시사하는 것일 뿐 그 이상도 이하도 아니라고 느껴진다. "이사벨은 이제 어디로 가는가" 라는 질문은 이제 막 그녀의 초상화를 마친 캠피언 감독의 입장에서는 구태여 답하지 않아도 되는 질문인 것이다. 감독이 관객에게 약속한 것은 어느 "여인의 (젊은 날의) 초상화"이지 그녀의 일대기가 아니기 때문이다.

II. 결언

헨리 제임스의 소설『여인의 초상』을 영화화하는 일은 쉬우면서도 어렵고 어려우면서도 쉬운 전형적인 두 얼굴의 작업이라는 생각이 든다. 신·구 양 대륙을 오가는 제임스의 국제적 소재를 화려하고 품격 있는 지리적 배경으로 십분 활용한 점, 메리 루이스 파커, 바바라 허쉬 등을 캐스팅함으로써 미국과 유럽의 행동양식과 문화의 차이를 극명하게 대조시키는가 하면 니콜 키드먼과 바바라 허쉬를 여주인공 이사벨과 그녀의 운명의 천적 마담 멀로 캐스팅함으로써 순수와 경험을 효과적으로 대조시킨 점, 대화의 깔끔한 처리, 등은 모두 원작에 부응하는 탁월한 선택이라고 여겨진다. 원작의 많은 디테일 중에서도 비교적 핵심적인 부분을 골라 처리한 압축된 전개방식이나 그로 인한 등장인물들의 행동상의 사소한 변경도 큰 무리는 없다고 본다. 다만, 전개의 속도와 극적인 효과를 지나치게 의식한 나머지 원작의 백미라고 할 수 있는 여주인공 이사벨의 인식의 변화과정을 지나칠 정도로 외적인 사건을 중심으로 하여 처리한 점이 아쉽다.

이처럼 영화가 아닌 원작소설에서만 느낄 수 있는 면이 존재하는 것은 사실이지만, 그럼에도 불구하고 캠피언 감독의 영화는 제임스의 소설원작을 보다 직접적이고 감각적인 방식으로 즐기게 해 줌으로써 원작소설에 대한 이해의 폭을 넓혀줄 뿐만 아니라, 긴 소설을 읽고 난 후 느긋이 뒤로 기대 앉아 작품에 대한 다른 사람의 해석을 화려한 영상과 함께 즐기는 깊은 문화적 즐거움을 우리에게 선사한다.

참고문헌

신양숙, 「헨리 제임스의 『여인의 초상』에 대한 기독교적 해석: 미국독자와 서술의 틈 사이의 역학관계에 주목하여」 『근대영미소설』 Vol. 15 No. 2 (Fall, 2008), 245-67.

윤조원, 「이자벨은 어디로?: 『여인의 초상』의 행복/불행한 결말에 관하여」 『미국학논문집』 Vol. 37. No. 2 (가을 2005), 105-26.

최경도, 「Henry James의 소설 이론」 『영어영문학』 Vol. 37 No. 2 (Summer 1991), 411-27.

Edel, Leon. "Introduction." *The Portrait of a Lady*. Boston: Houghton Mifflin Company, 1963. v-xx.

James, Henry. *The Portrait of a Lady*. Boston: Houghton Mifflin Company, 1963

사로잡힘 *Possession*

라뷰트 Neil LaBute의 영화 <포제션>과 바이어트 A. S. Byatt의 소설 『사로잡힘』*Possession*

박시영_이화여대

I. 소설 『사로잡힘』*Possession*[1]: 페미니즘과 혼성모방

바이어트의 소설 『사로잡힘』은 영국 빅토리아 시대의 두 시인, 로제티Christina Rossetti와 브라우닝Robert Browning을 각각 모델로 삼은 라모트Christabel LaMotte와 애쉬Randolph Henry Ash라는 두 시인 사이에서 벌어진 혼외정사의 비밀을 각 작가를 연구하는 젊은 영문학자들인 베일리Maud Bailey와 미쉘Roland Michel의 현재 시각에 따라 추적하는 과정을 그리고 있다.[2] 평생을 독신으로 살면서 선구적인 페미니스트로서 여성공동체 생활을 한 것으로만 알려져 오던 라모트가 애쉬와 혼외정사를 가졌다는 사실이 밝혀지고, 이들의 사랑이 억압적인 빅토리아조 남성성에 대항해서 여성의 정체성을 찾으려는 라모트를 이해하지 못한 애쉬의 한계, 그리고 이들 주변 인물들의 반대 때문에 이루어지지 못했다는 사실이 베일리와 미쉘의 연구를 통해서 드

1) 바이어트에 따르면 이 소설 원래 제목 *Possession*은 대영 도서관British Library에서 낭만시인 코울리지S. Coleridge 전공자인 코번Kathleen Coburn이 연구에 마치 사로잡힌 듯 한 모습을 보고 생각해낸 것이라고 한다. 소설에서는 이 단어가 문맥에 따라서 사랑에 빠져든 상태를 표현할 뿐 만 아니라 가치 있는 물건에 대한 소유, 그리고 빅토리아 시대 신비주의자들이 죽은 혼령과의 대화를 나누는 상태를 포괄한다. 바이어트의 소설은 『소유』라는 제목으로 1993년에 윤희기가 번역, 동아출판사에서 출간했다. 그러나 이글에서는 작가의 원래 의도를 전달하기 위해서 '상대에게 매료된 상태', '소유하려는 욕망', 그리고 '혼령과의 영매' 등의 의미를 완벽하지는 못하지만 포괄할 수 있는 말인 '사로잡힘'이라고 번역하겠다. 바이어트의 소설은 1990년(Chatto & Windus, Random House)과 1991년(Vintage)에 출판되었다. 라뷰트의 영화 <포제션>은 2000년에 개봉되었다. 참고로 본 논문은 본인의 영화비평(「유희와 허구」, 『안과밖』 16권 (2004): 253-65)을 수정, 보완한 것임을 밝히는 바이다.

2) 바이어트는 의도적으로 라모트가 로제티가 아니라는 점을 소설의 초기에서 분명히 한다. 즉, 애쉬의 연애편지를 발견하는 미쉘의 추정을 통해서 수취인이 실제인물인 로제티가 아니라는 점을 밝힌다. 여기서 역사와 허구가 뒤섞이게 된다. Byatt, *Possession: A Romance* (London: Vintage 1991) 10쪽 참조. 그러나 바이어트 스스로 쓴 라모트의 시들은 로제티의 시('In an Artist's Studio', 'Winter: My Secret', 'A Birthday')와 유사하며, 작가 스스로 로제티를 염두에 두고 있었다는 사실을 밝히고 있다.(Byatt, 'Choices: On the Writing of Possession', www.asbyatt.com, 2000 3쪽.)

러난다.

이 추적 과정은 독자의 상상력을 자극하기 위해 자주 사용된 탐정 소설의 틀을 빌리지만 소설 『사로잡힘』은 사건 전달에만 그 목적이 있지 않다. 이 소설의 작가 바이어트는 자신이 성장한 1950년대 영국의 지적 풍토를 설명하는 자리에서 그 당시 개인적 갈등의 축을 영국 소설가 보윈Elizabeth Bowen으로 대표되는 자연주의적이고 산문적인 지적 풍토와 테니슨Alfred Tennyson이나 브라우닝Robert Browning으로 대표되는 시적인 언어세계의 충돌로 압축하면서, 자신의 선택은 후자였다고 고백한 적이 있다(Reynolds & Noakes 19). 그 결과 이 작품은 엘리옷George Eliot의 『미들마치』*Middlemarch*의 전통을 이으면서도 작중인물인 라모트와 애쉬라는 두 빅토리아 시대 시인들의 삶을 재현하기 위해서 혼성모방pastiche 기법을 사용한다. 즉, 빅토리아 시대 시인들의 언어를 복원하고 독자들에게 전달하기 위해서 시는 물론 시의 원형인 고대의 전설 및 시가 등 다양한 문학 장르를 작가가 직접 만들어 냄으로써 실험적인 글쓰기가 두드러진 작품이다.

대학교단에서 문학을 가르쳤던 바이어트는 라모트의 시를 디킨슨Emily Dickinson의 시 형식에, 그리고 애쉬의 시는 테니슨Alfred Tennyson의 무운시blank verse 형식에 맞추어서 만들어 낸다. 이런 맥락에서 바이어트가 자신의 책을 빅토리아 시대의 시 연구로 유명한 암스트롱Isobel Armstrong에게 헌정했다는 사실은 『사로잡힘』에서 시적 언어가 중요하다는 사실을 다시 강조해준다.[3] 동시에 이 소설의 부제인 '로

3) 바이어트는 소설을 구상하기 시작한 1960년대에 암스트롱이 편집한 빅토리아 시대 시인 연구서에 테니슨의 「모드」에 대한 논문을 발표했다. 베일리의 이름, 모드는 우연의 일치라기보다는 테니슨의 영향이라고 볼 수 있다.(Byatt, 'The Lyric Structure of Tennyson 'Maud', *The Major Victorian Poets Reconsidered* ed. Isobel Armstrong, Lonodn: Routledge & Kegan Paul, 1969, 69-93쪽 참고.)

맨스'란 말은 바이어트가 자신의 소설 서두에서 인용한 호손Nathaniel Hawthorne의 로맨스 론에 근거해서 소설이라는 문학 장르를 재규정하려는 의도를 드러낸다고 볼 수 있겠다. 이런 배경에는 바이어트가 이 소설을 구상했던 1960년대를 지배한 문학조류, '누보 로망'nouveau roman의 영향을 들 수가 있다(Byatt "Choices" 1).

소설을 '텍스트'라고 정의하고 글쓰기란 즐거움을 주는 '유희'라고 정의함으로써 인간의 상상력을 문학의 본질로 규정하는 극단적인 태도가 반영되어 있는 것이다. 이런 맥락에서 이 소설 속에 혼성모방을 통해서 도입된 언어가 소설의 장식물이 아니라 소설이라는 장르에 대한 반성을 드러낸다는 사실을 알 수 있다. 즉, 바이어트는 혼성모방이 본질적으로 제시하는 원작과의 관계라는 문제를 독자들에게 들이대면서 '텍스트'의 허구성이라는 문제에 내재한 과거와 현재 사이의 대화에 대해 반추하도록 만들고 있는 것이다.

바이어트의 소설이 출간된 1990년 이래 십여 년 동안 이 소설을 영화화하려는 시도가 여러 번 있었지만 그때마다 주류 할리우드 영화계를 대표하는 워너 브라더즈는 각색의 문제를 들어 번번이 거부를 해왔다. 여기서 우리는 이런 워너 브라더즈를 설득할 정도의 힘이 라뷰트의 영화 어디에 있는가를 질문해볼 수 있겠다. 그런데 그 힘이 꼭 긍정적이지만 않다는 암시는 바이어트가 자신의 원작과 영화 사이에 존재하는 내용상의 괴리가 할리우드적 사고 때문에 발생했다고 이 영화를 비판하는 데서 드러난다(Byatt "Choices" 13-14). 빅토리아 시대 문학과 시적 언어를 상징하는 두 시인의 이야기가 영화에서는 베일리와 미쉘의 사랑 이야기로 변하는 과정이 일반 독자 수준에도 못 미치는 몰이해라는 바이어트의 비판은 역설적으로 그 몰이해야말로 라뷰트가 표현하고 싶은 의식적인 해석이 아닐까라는 생각을 가지게 만든다. 이런 맥락에서 영화 <포제션>이 원작과 어떻게 다른지, 또 그렇게 다른 부분이 어떻게 영화로 처리되고 있는지를 살피는 작업은 영화를 이해하기 위한 기초 작업이라고 할 수 있겠다.

II. 영화 <포제션>*Possession*: 낭만적 스릴러의 실패와 성공

<간호사 베티>*Nurse Betty*등의 영화로 미국문화의 폭력성과 대중매체의 영향에 대해 관중의 심기를 불편하게 만들 정도로 비판적이고 도전적인 시각을 영화에 담아왔던 미국출신 영화감독인 라뷰트가 현존하는 영국작가 바이어트의 소설『사로잡힘』을 영화로 만든다는 보도는 몇 가지 점에서 호기심을 불러일으키기에 충분했다. 우선 이 영화는 라뷰트가 데뷔 이래 만들어온 영화와는 다른 '시대극'period film의 성격이 강한데, 이는 빅토리아 시대의 재구성이 이 소설의 중요한 부분으로 자리한다는 사실에서 확인할 수 있다. 라뷰트 자신도 이 영화의 DVD에 추가된 감독 영화해설에서 실제로 영화를 만드는 데 드는 상당한 역량이 빅토리아 시대를 시각적으로 재현하는 것에 투자되었다고 한다고 밝히고 있다. 빅토리아 시대와 현재 시점을 오가는 낭만적 스릴러 형식을 취하는 이 영화는 기존의 소설구조에 대한 작가의 이런 고민을 반영하는 소설은 영화를 만드는 과정을 더욱 어렵게 할 수가 있다. 물론 어떤 영화를 평가할 때 원작과의 관계만을 유일한 잣대로 삼는 일은 영화라는, 문학과는 다른 허구구조에 대해 공평하지 않은 일임에 분명하다. 그러나 영화 <포제션>의 경우에는 주류 할리우드 영화계의 상업적인 고려가 제작 준비 과정에서

부터 결정적인 영향을 미쳤다는 사실이 중요하다. 여기서 독립예술영화arthouse 제작이었다면 더 쉽게 가능했을 실험적 해석이 애초부터 봉쇄당하지나 않았을까하는 의심이 들게 된다. 그 다음으로는 500여 쪽이 넘는 방대한 원작을 두 시간이 채 되지 못하는 영화로 만들어야 하는 원작과 영화 사이의 '고전적인 갈등'을 라뷰트가 어떻게 해소할 것인가라는 문제였다. 『사로잡힘』의 경우에는 이 갈등이 더 증폭되어 나타난다. 왜냐하면 원작의 길이는 물론 영화라는 장르로는 쉽게 소화해낼 수 없는, 문학작품으로서도 독특한 형식 때문이다.

여기서 영화의 도입부부터 살펴보자.

영화 <포제션>은 빅토리아 시대 시인인 애쉬가 벌판을 걸어가면서 여성은 남성에게 적대적인 존재라는 시를 읊는 장면으로 시작된다. 이 시의 의미를 관객에게 의문으로 남겨 놓은 채 이 장면은 곧 시점이 현재로 바뀌면서 런던 소더비Sotheby의 경매장으로 이어진다. 앞 장면에서 애쉬가 낭송한 바로 그 시의 유고를 경매하는 이 도입부는 짧은 시간 내에 한 장소에서 대부분의 주요등장 인물들을 관객들에게 소개하고, 이 영화의 줄거리가 애쉬의 유고를 둘러싼 경쟁이라는 사실을 압축해서 보여줌으로써 영화라는 매체의 특성과 한계를 동시에 보여주고 있다.

우선 이 첫 도입부에서는 시각적 효과에 주로 의존하는 영화의 특성을 최대한 사용하여 등장인물과 앞으로 펼쳐질 이 영화의 줄거리를 효과적으로 소개하고 있다. 관객들에게 제일 먼저 눈에 띄는 인물은 주류영화에서도 널리 알려진 팰트로Gwyneth Paltrow가 연기하는, 이 영화의 여주인공인 금발미녀 영문학교수이자 페미니즘연구자인 베일리이며, 이어서 이 영화에서 악의 세력을 대표하는 미국출신의 애쉬 전공학자 크라퍼Mortimer Cropper가 소개 된다.

크라퍼는 애쉬의 유고나 소지품은 물론 그와 관계있는 유품이라면 모두 미국으로 사가기 위해서 뭐라도 하려하는 맹목적인 학자로서 미국의 문화제국주의를 대표하는 인물이다. 그리고 이에 맞서는 영국의 애쉬 연구자 블랙애더James Blackadder가 이 경매 장면에서 등장한다. 대영박물관에서 애쉬 연구소를 총괄하는 블랙애더는 이 영화에서 거대한 자본을 앞세운 미국의 문화제국주의로부터 영국의 문화유산을 구해야할 임무를 맡게 된다. 그러나 세련되고 자신감에 넘치는 크라퍼와는 대조적으로 늙고 현실감각이 부족해 보이는 그의 모습은 이 싸움이 순탄하지 않을 것이라는 예감을 가지게 만든다.

이 도입부는 원본인 소설 각색의 기준이 되었을 라뷰트의 의도를 뚜렷하게 드러내고 있기 때문에 원작의 해당 부분과 꼼꼼하게 비교할 필요가 있다. 우선 눈에 띄는 것은 원작과는 달리 애쉬가 빅토리아 여왕의 계관시인으로 소개되고, 소더비 경매장이 초반에 도입부의 주요 배경이 됨으로써 화려하고 고급스런 문화를 영국의 전통적인 문화로 소개한다는 점이다. 이런 설정은 영국 문화의 특정 부분이 강조된 것이기는 하지만 이 영화의 시대극적인 특징을 시작부터 관객들에게 잘 전달하는데 도움이 된다. 배우 선정에서도 라뷰트의 이런 의도는 잘 들어난다. 영국인들이 셰익스피어보다 더 선호한다는 오스틴Jane Austen의 소설 『오만과 편견』*Pride and Prejudice*을 영국 공영방송(BBC)이 각색한 동명 텔레비전 연속물에서 여주인공 역을 맡은 영국 여배우 엘Jennifer Ehle이 라모트로 나온다는 사실은 물론이고, 이 영화의 여주인공인 베일리로 분한 팰트로도 오스틴의 또 다른 소설 『에마』*Emma*의 동명 영화에서 여주인공 역을 맡았다는 점은 이 영화가 강조하는 '영국성'에 무게를 실어주고 있다.[4)]

그런데 라뷰트가 자신을 '친영국적'anglophile이라고 밝혔듯이, 이 영화는 일부 미국인이 갖는 영국에 대한 동경을 바탕 시각으로 삼고 있다. 타문화에 대한 개방적인 접근에도 불구하고 이런 시각의 문제점은 그것이 상투적일 수 있다는 사실이다. 즉, 영화로 재현된 빅토리아 시대뿐만이 아니라 오늘날에도 숨 쉬고 있는 영국의 현재까지도 시대극이라는 잣대로 재단함으로써 역설적으로 역사의 현재성을 부정한다고 볼 수 있겠다. 이런 예의 극단적인 형태는 라뷰트의 영화가 영국 문화의 깊이를 강조하기 위해서 대영박물관의 내부를 보여주는 데서도 찾아볼 수 있다. 자신의 영화 해설에서 라뷰트는 대영박물관에 전시된 고대 그리스 조각들을 영화의 문화적 깊이를 강조하기 위해서 사용했다고 말하는데, 공교롭게도 그 조각 중에는 우리에게 '엘긴의 대리석 조각'이라고 알려진 고대 그리스 파르테논 신전의 장식이 카메라에 잡힌다. 이 조각들은 그리스 정부의 끊이지 않는 반환요구가 아니더라도 오늘날 양식을 가진 영국인이라면 누구라도 부끄럽게 여기는 영국 제국주의 과거를 상징한다. 이런 맥락을 무시하는 라뷰트의 태도는 영화 <포제션>의 주요한 틀인 미국 문화제국주의 비판을 재고하게 만든다. 즉, 과거 제국주의의 영광이 악몽이 되어버린 현재를 살아가야 하는 영국인들의 고민에 대한 성찰이 없이 관광 안내서에 나옴직한 영국문화의 지표들에서 '영국성'을 찾는 라뷰트의 태도는 영국문화뿐만 아니라 문화제국주의에 대해도 너무 단순하게 인식하고 있지 않은가 의심하게 만든다. 그 결과 라뷰트가 미국 문화제국주의를 현실의 여러 층위에서 동시다발적으로 벌어지는 일이라기보다는 한 개인인 크라퍼의 공격적인 태

4) 영국에서는 'period'(전통)이란 말이 오스틴의 작품세계인 18세기와 관련되어 자주 사용된다. 예를 들어, 18세기 섭정Regency시기에 지어진 집을 'period house'라고 부른다.

아론 에카드 Aran Eckhart

도에 국한된 상징으로만 이해되고 있다는 느낌을 떨칠 수 없다. 이런 맥락에서 우리는 애쉬와 라모트의 비극적인 사랑의 흔적을 추적하는 베일리의 상대역로 등장하는 미첼이라는 인물이 원작과는 달리 미국인이라는 점에 주목할 필요가 있겠다.

라뷰트는 미첼의 국적이 바뀌어야 했던 이유가 미국출신 배우 에카트Aaron Eckhart를 미첼 역으로 발탁했기 때문이라고 주장한다(에카트는 라뷰트의 2000년작 <간호사 베티>에서 주인공 베티의 망나니 남편으로 나온다). 발음 교습을 통해서 영국 상류층의 어투를 구사하는 팰트로와는 대조적으로 에카트의 경우에는 국적이 미국일 뿐만 아니라 런던으로 옮겨온 '미국의 아담'American Adam이라는 인상을 이 영화는 준다. 그 결과 영화에서 미첼이란 인물의 존재는 '돈'과 '명예'에 사로잡힌 미국학자 크라퍼와는 대조를 이루며, 순수하고 열정적인 미국인의 모습을 부각시킨다. 여기서 우리는 제임스Henry James 이래 미국인들이 영국에 대한 '향수'를 그리는 작품에서 특징적으로 나타나는 주제 — 순수한 미국인이 영국을 비롯한 유럽의 문화에 실망하고 그 오랜 전통을 대신할 미래의 주인공이 된다는 — 를 발견하게 된다.

그러나 이런 상이한 인물설정에도 불구하고 원작과 영화 모두에서 미첼은 애쉬가 라모트에게 쓴 것으로 추정되는 편지를 발견함으로써 두 빅토리아 시인 간의 관계에 대한 실마리를 제공한다. 미첼은 이 두 사람의 관계를 추적하는 동안 베일리와 사랑에 빠지게 되는데, 영화 속의 미첼은 자신의 연구를 사랑보다 앞세우는 책임감과 야심을 가진 인물이다. 이와는 대조적으로 소설 속의 영국인 미첼은 애쉬 전공자로서 블랙애더의 지도 아래 박사과정을 밟으면서 연구원으로 근무하지만 집세를 낼 수 없어서 동거하는 여자 친구에게 의지해야하고 노동계급 출신인 자신의 가정배경에 대해서도 자의식이 강한 편이다. 이렇게 가난에 찌든 모습이 밴 영국인 미첼과는 달리 미국인 미첼에게서 나타나는 가난의 모습이란 남의 차를 얻어 탈 정도이고 그것도 미국과는 차 달리는 방향이 반대인 영국 교통체제에 익숙하지 못해서이지 않을까라는 생각이 들 정도로 희미하다. 그리고 영화 속에서는 순수한 미국인 미첼은 성적인 매력까지도 가지고 있어 같은 연구소의 여직원이나 심지어 원작에서는 남성에게 차가운 페미니스트로 등장하는 베일리마저도 그를 만나자마자 사랑의 청신호를 보낸다.

미첼은 등장장면부터 독특한 영국문화를 상징하는 빨간색의 이층버스에서 애쉬에 대한 비평서적을 읽고 있으며, 그가 방문하는 장소는 대영도서관과 함께 연구자들에게 소중한 보고인 오랜 역사의 런던도서관London Library이다. 이런 설정은 처음부터 미첼이 애쉬 연구자라는 사실과 함께 런던이라는 영화의 배경을 잘 전달하고 있다. 그리고 도서관 사서와 미첼 사이의 대화에서 드러나는 영국인과 미국인들 사이의 묘한 갈등 — 미국을 식민지로 경영했던 영국인들의 자존심과 세계를 재패한 미국인들의 자존심이 빚어내는 — 에서

미첼의 국적이 미국임이 드러나게 된다. 이 도서관에서 미첼은 애쉬가 평소에 읽었던 서적들을 조사하던 중 책갈피 속에서 이제껏 발견되지 않았던 애쉬의 연애편지를 발견하게 된다.

수취인이 아내가 아닌 이름이 밝혀지지 않은 여성에게 쓰인 애쉬의 미공개 연애편지에 집착한 미첼은 이 편지를 몰래 도서관 밖으로 반출하게 되며, 이 익명의 상대를 밝히려고 노력한다. 애쉬와 그의 부인 엘렌에 대한 자료를 조사하던 미첼은 애쉬와는 직접적인 교류가 없었다고 믿어왔던 빅토리아 시대의 여성시인 라모트가 바로 그 수취인이라고 추정하게 된다. 이런 추정은 애쉬 연구는 물론 라모트 연구에도 혁신적인 방향을 줄 수 있는데 우선 애쉬가 쓴 사랑 시의 대상이 자신의 아내가 아닌 라모트일 수 있다는 점, 그리고 평생을 독신으로 살면서 선구적인 페미니스트로서 레즈비언의 삶을 살았던 것으로만 알려져 오던 라모트가 애쉬와 혼외정사를 가졌다는 사실이 밝혀지면 남성에 적대적이라고 알려진 라모트를 연구하는 베일리 같은 페미니스트들의 신념이 재해석되어야 하기 때문이다.

미첼은 자신의 가설을 증명하기 위해 라모트 전공자의 조언을 얻고자 영국 링컨 대학의 여성학 교수인 베일리를 찾아간다. 미첼의 호감에도 불구하고 남성에 적대적인 페미니스트로 그려진 원작의 베일리와는 대조적으로 영화에서 베일리로 분한 팰트로는 그녀 특

유의 태도로 수줍은 듯이 눈을 내리깔다가 방긋 웃으면서 자료 읽기에 몰두해있는 미첼에게 말을 건다.

이 장면에서 우리는 앞서 살펴본 이 영화에 대한 바이어트의 지적이 사실이라는 것을 알게 된다. 비록 그 이유가 남녀 간의 낭만적인 사랑을 간판으로 내거는 주류 할리우드의 영향만이라는 주장에 쉽게 공감할 수는 없지만 라뷰트가 미첼과 베일리가 처음 만나는 순간부터 두 사람 사이의 사랑이 영화의 결정적인 축으로 삼고 있다는 분명하다. 그 결과로 영화 <포제션>의 성공여부는 미첼과 베일리의 '사랑'이야기가 얼마만큼 설득력이 있는가에 달려있게 된다. 이 과정에서 미첼이라는 인물 설정이 변함에 따라 베일리라는 인물의 설정도 불가피하게 영향을 받게 되는 것이다.

원작에서는 베일리가 20세기 판 라모트로 다루어지고 있다. 라모트는 시인으로서 빅토리아 시대의 가부장적인 질서에 편입되기를 거부하고 '노처녀'spinster라는 사회적으로 소외된 계층의 삶을 오히려 여성들만의 독립된 세계로 변화시켜 살아가는 인물이다. 베일리가 존경하는 라모트는 바로 이 빅토리아 시대의 전투적인 페미니스트이다. 그런데 전투적인 페미니스트만로 알려졌던 라모트가 유부

남인 애쉬와 연애를 했고 그 충격으로 그녀의 레즈비언 동반자 글로버Blanche Glover가 자살했다는 사실뿐만 아니라 라모트가 애쉬의 아이까지 낳은 사실이 소설에서 밝혀진다. 영화에서도 원작의 사건전개에 충실하여 이런 과정이 스릴러의 형식으로 실제 사건이 벌어진 과거와 이를 추적하는 사람들의 현재가 반복되어 전개되고 있다. 특히 이 영화의 포스터로 집약되어 보이듯이 이 20세기 남녀 간의 사랑과 19세기의 애쉬와 라모트의 사랑을 오버랩기법과 장면전환을 통해서 시대의 변화 속에서도 여전히 존재하는 남녀 간의 쉽지만 않은 관계라는 문제를 제기하고 있다. 그리고 관객들은 이 영화가 19세기에 이루어지지 않은 두 남녀의 사랑에서 20세기의 남녀가 무엇을 배울 수 있는가라는 모두를 제시하면서 주요 초점을 성장에 두고 있음을 알게 된다.

그런데 바이어트의 소설에서는 라모트를 연구하면서 그녀의 삶을 전형으로 삼고 살아가던 페미니스트인 베일리가 이런 충격적인 발견을 하는 과정이 단순한 스릴러가 아니라 페미니스트로서의 자신의 삶과 나아가 이데올로기로서의 페미니즘에 대한 비판적인 성찰을 통해서 그려진다. 그리고 베일리의 자기성찰 과정에서 미첼은 빅토리아조 시인들인 애쉬와 라모트의 관계를 탐구할 계기를 마련해주는 도구적 존재이다(Tayler 153). 이런 설정을 통해서 바이어트가 제시하는 가장 큰 주제는 '몸body'과 '지성mind'을 서로 섞일 수 없는 이중의 축으로 보는 여성들의 비극이다. 이 설정 아래서는 빅토리아 여성시인 라모트가 남성의 시각이 바라보는 여성의 '몸'을 거부하고, '지성'의 동반자를 애초에 여성에서 찾는 것이 20세기 여성학자 베일리가 여성학을 전공하는 것과 같은 차원인 것이다.[5] 즉, 동반자인 글로버의 자살과 애쉬와의 이루어지지 못한 사랑 때문에 세상을 등지고 은거한 자신의 거처를 '첨탑turret'이라고 규정하는 라모트의 모습은 상아탑의 세계에서 여성학을 전공하는 베일리가 여성학이라는 '지성'세계 속에 살면서도 안주하지 못하는 모습에 반영되어있다. 바이어트는 여기서 한걸음 더나가서 여성의 존재를 위태롭게 만드는 '적'이 바로 같은 세계에 속한 여성이라는 자신의 입장을 라모트와 그녀의 페미니스트 동반자의 관계에 투영시키며, 동시에 베일리도 이런 운명에서 벗어날 수 없다고 그리고 있다.

마찬가지로 페미니스트로만 알려져 있던 라모트를 전공하는 베일리가 여성학 교수로 소설에 등장하는데, 이런 인물 설정은 페미니즘과 여성학을 남성 중심의 질서에 대조시키려는 바이어트의 의도를 그려낸다. 바이어트가 페미니즘을 바라보는 시각은 한층 더 정밀한 분석이 필요하지만 이 글에서는 이런 내용들이 영화에서는 어떻게 수용이 되는지 살피는 것에 초점을 두고자 한다. 라뷰트는 바이어트가 왜 라모트와 베일리 사이에 자신이 이해하는 페미니즘을 중심으로 밀접한 관계로 그리려고 하는지에 대해 오해의 정도를 지나 무관심하다고 볼 수 있다. 그 결과로 영화 <포제션>에서는 원작과는 달리 베일리라는 인물에게 중요한 페미니스트라는 설정이 별로 의미가 없다.

5) 바이어트가 영국의 일간지 「가디언」*The Guardian* 2004년 2월 14일호에 기고한 평론 4쪽을 참조하시오.

베일리의 삶이 그녀의 사회적 계급적 위치에 대한 미첼의 열등감과 더불어 두 사람이 관계를 맺는 데 방해물이 되면서 바이어트 소설의 독자들은 페미니즘을 성찰하는 시각에 관심을 기울이게 된다. 이와는 대조적으로 영화 <포제션>에서는 페미니즘과 남녀관계를 성찰할 능력을 상실한 베일리에게 남은 것이라고는 미녀배우 팰트로가 수줍게 드러내는 성적인 매력뿐이다. 그 결과는 남녀관계에 대한 비판적인 시각과는 전혀 상관없이 미첼을 기회만 있으면 '꼬시려는' 금발의 젊은 영국 여교수와 이 유혹을 물리치고 연구를 계속하려는 순수하고 야심에 찬 미국인 젊은이 사이의 사랑 이야기만 남게 된다. 그런데 바로 이점이 라뷰트의 영화에 치명적인 결함을 초래한다. 그 결함은 원작을 충실하게 반영하지 못한다는 점에 있는 것이 아니라 영화 자체로 보더라도 베일리라는 인물이 전혀 설득력이 없다는 사실이다.

그러나 원작과의 괴리에서 발생하는 이런 단점에도 불구하고 영화는 미첼과 베일리의 관계를 중심으로 한 로맨틱 스릴러로 전개되기 때문에 관객들의 흥미를 유발한다. 특히 라모트가 마지막 여생을 보낸 요크셔지방의 한 저택에서 그녀가 인형의 침대 밑바닥에 감추

어둔 애쉬에게 쓴 편지 뭉치를 미첼과 베일리가 찾아내는 장면은 마치 셜록 홈즈 이야기의 한 부분처럼 흥미진진하다. 이들이 라모트의 시에서 실마리를 얻어 편지 뭉치를 발견하는데, 이로써 라모트와 애쉬 사이에 어떤 일이 발생했는지, 그리고 이들의 관계가 왜 이루어지지 못했는지가 밝혀지게 된다.

이 편지 뭉치 발견으로 미첼과 베일리는 애쉬가 라모트와 함께 사랑의 도피를 했다고 추정되는 영국의 북동부인 요크지방으로 찾아가는데 여기서 감독인 라뷰트는 다른 시대에 속한 이 두 쌍의 행적을 장면전환의 기법을 통해 그리고 있다. 그 결과로 관객들은 감독이 의도하고자 하는 바, 즉 현대 남녀 사이의 문제와 빅토리아 시대 남녀 사이의 문제가 근본적으로는 동일하다는 메시지를 전달 받는다. 이런 장면 전환의 정점은 미첼과 베일가가 애쉬와 라모트가 머물렀던 곳으로 추정된 한 호텔에서 묵게 되는 장면이다. 영화는 우선 애쉬와 라모트가 방문한 호텔의 전경과 내부를 보여주고 곧 이어 장면전환을 통해서 시간이 지나 벽지가 바뀌었지만 기본구조와 전망을 그대로인 같은 방에 등장한 미첼과 베일리를 보여준다. 감독은 라모트와 애쉬가 사랑의 도피처로 찾아 하룻밤의 사랑을 나눈 이 호텔에서 미첼과 베일리가 사랑을 나누는 장면을 보여주는데 그 궁극적인 목적은 사랑은 무엇인가, 또는 남녀관계는 무엇인가라는 질문을

관객들에게 던지기 위함이다.

이어서 미첼과 베일리의 추적을 통해서 밝혀지는 사실은 라모트와 애쉬 사이의 사랑으로 아이가 태어나지만, 이런 결실에도 불구하고 두 사람이 결정적으로 헤어지는 이유는 바로 라모트의 동반자 글로버의 죽음을 둘러싼 오해였다는 것이다. 라모트의 레즈비언 동반자인 글로버가 라모트를 잃지 않기 위해 애쉬의 부인을 찾아가 불륜을 암시하는 편지들을 전달하지만 애쉬의 부인은 거들떠보지도 않는다. 좌절한 글로버와 라모트는 결별하게 되고 글로버는 라모트를 상실한 슬픔에 강에서 투신자살을 하게 된다. 글로버의 자살에 대한 죄책감으로 라모트는 아이를 낳은 후에 그 사실을 애쉬에게 알리지도 않고 그와 거리를 유지한다. 애쉬는 라모트가 아이를 낳았다는 것을 알고서 그녀를 찾아가지만, 그녀는 충분한 설명도 없이 그가 자신을 '살인자'로 만들었다는 말만 한다. 글로브가 죽은 책임이 자신에게 있다는 라모트의 말을 애쉬는 자신의 아이를 죽였다는 말로 오해하게 되며, 그 결과로 그녀와 헤어진다. 즉, 글로버의 죽음이 라모트와 애쉬가 헤어지는 결정적인 이유를 제공하는 것이다. 이런 설정은 온전한 사랑을 방해하는 페미니스트의 존재를 통해 페미니즘에 대한 재고를 원하는 원작자 바이어트의 의도를 그대로 수용한 것이다.

앞서 언급했지만 이와는 대조적으로 라뷰트의 영화에서는 베일리가 라모트의 이데올로기는 물론 혈통도 공유한다는, 원작에서는 중요한 발견이 그 의미를 상실하고, 단순히 줄거리의 한 부분이 된다. 영화에서는 이 고리가 베일리가 이 영화의 첫 시작 장면에 등장할 때 옷깃에 단 흑옥 브로치가 사실은 애쉬가 라모트에게 준 선물이라는 설정으로 제시된다.

미첼과 베일리가 요크셔지방에서 애쉬와 라모트의 흔적을 추적하던 중 위트비라는 흑옥 장식물로 유명한 한 도시를 방문하게 되는데 여기서 한 보석상의 도움으로 베일리의 브로치가 애쉬와 라모트가 방문한 시기에 유행했던 다자인으로 만들어졌다는 사실, 그리고 라모트의 편지뭉치가 발견된 집이 바로 라모트의 여동생이 시집을 간 베일리 가문의 저택이었다는 사실, 그리고 라모트가 최후를 보낸 곳이 바로 여동생의 집이었다는 사실, 그리고 성에서 나타나듯이 베일리가 베일리 가문의 본가 출신은 아니지만 한 일원이라는 사실 등 모든 정황이 베일리의 브로치가 바로 라모트의 브로치라는 사실을 증명하게 된다. 그러나 영화에서는 미첼과 베일리의 이런 발견에도 불구하고 베일리와 라모트가 어떻게 혈연적으로 직접 연결되었는가라는 수수께끼를 푸는 것은 관객들의 몫으로 남겨진다.

영화의 끝에서 애쉬는 라모트가 살고 있는 베일리 가문의 저택을 방문하려고 가다가 한 소녀를 만나게 되는데 이 소녀를 보고 애쉬는 자신의 딸임을 확인하게 된다. 애쉬가 병에 걸려 죽는 줄 알았을 때 라모트는 애쉬에게 그들의 딸이 살아있다는 사실을 알린다. 그리고 비록 병상의 애쉬가 이 편지를 바로 확인은 하지 못했지만 우여곡절

끝에 이 사실을 알게 되어 병이 나은 후 라모트를 방문하게 되는 것이다. 그리고 이 소녀가 바로 자기 사촌과의 결혼으로 베일리의 고조할머니가 되며, 라모트의 브로치는 이 모계혈통을 통해서 베일리에게 전달된 것이 된다. 이런 설정은 베일리와 라모트 사이의 더 직접적인 관계를 통해서 여성의 문제를 부각시키려는 바이어트의 의도를 반영한 것이기는 하지만 여성의 문제보다는 현대 남녀의 사랑에 강조를 둔 라뷰트의 영화에서는 앞서 지적한대로 오히려 미첼의 중요성이 부각되면서 베일리의 주된 갈등은 사라져버린다. 이 결과로 영화 속에서는 베일리가 왜 라모트를 전공하는지, 그리고 왜 여성학 교수여야 하는지 그 이유가 흐려질 뿐만 아니라 오히려 그런 지적인 배경이 전혀 필요 없는, 아니 짐만 되는 '쉬운' 여성으로 남을 뿐이다. 베일리의 성격 상실은 영화 <포제션>이 전형적인 할리우드 영화에서 보여주는 금발 미녀와 야성적이고 순수한 사나이 사이의 도식적인 사랑을 반복하는데 결정적으로 기여한다. 이런 측면에서는 크라퍼로 상징되는 미국의 문화제국주의에 대한 비판에도 불구하고, 라뷰트가 영국에서 전개되는 현실적인 문제를 무시하면서 역설적으로 주류 할리우드의 틀이라는 강력한 문화제국주의를 재생산해버린 꼴이라고 할 수 있겠다.

III. 결론: 원작소설과 영화의 대화

혼성모방에 기초해서 소설쓰기에 대한 고민을 여성의 문제에 결부시킨 바이어트의 소설을 영화화하려는 라뷰트와 워너 브라더즈의 시도는 높이 사주어야 하겠다. 영화에 삽입된 섬세하게 고증 재생된 빅토리아 시대 두 시인의 사랑 이야기는 강력한 시각적 효과를 유감없이 거두고 있다. 특히나 원작에서 상당한 부분이 '유희적인' 글쓰기를 통한 허구 만들기를 주장하면서 문학의 성격을 재규정하려는 노력에 쏟아졌다는 사실을 감안한다면 라뷰트의 시도는 대담하다고 볼 수 있다. 그리고 영화에서도 바이어트가 주장하는 창작의 즐거움에 대한 강조는 분명히 수용되어있다. 라뷰트가 자신의 딸 이름을 냉장고에 자석 글자로 써놓은 것이라든지 또는 자신의 아들 생일을 편지의 날짜로 사용한 것은 지나치는 배경 장면으로 처리되었지만 '유희로서의 창작'이라는 주장에 공감한 결과로 볼 수가 있겠다. 그러나 라뷰트가 이 영화에서 극복하지 못한 주류 할리우드란 틀은 안타깝게도 영화의 실패를 초래한다. 그럼에도 불구하고 영화 <포제션>은 우리에게 문학 작품과 영화 사이에 존재할 수 있는 갈등의 여러 측면을 어떤 영화보다도 잘 보여준다. 이 갈등에 대한 연구는 오늘날 우리 일상의 주요한 부분인 인터넷을 지배하는 '시각'문화가 무엇이 결여되었는지를 이해하는데 도움을 줄 것이다. 이런 의미에서 필자는 영화 <포제션>을 보기를 권유하고 싶다.

참고문헌

Byatt, A. S. "The Lyric Structure of Tennyson's Maud." *The Major Victorian Poets Reconsidered.* Ed. Isobel Armstrong. London: Routledge & Kegan Paul, 1969.

____, *Possession: A Romance.* London: Vintage, 1991.

____. "Choices: On the Writing of *Possession.*" www.asbyatt.com (2000) 3쪽.

____. "Soul Searching." *The Guardian.* http://www.guardian.co.uk/books/2004/feb/14/fiction.philosophy.

Reynolds, Margaret & Jonathan Noakes, *A. S. Byatt: The Essential Guide*. London: Vintage, 2004.

Taylor, Helen, "Villainy and the Life of Mind." in A. S. Byatt and Dorothy L. Sayers *The Devil Himself: Villainy in Detective Film and Fiction.* Ed. Stacy Gillis and Phillippa Gates. Westport. CT: Greenwood, 2000.

Possession. Dir. Neil LaBute, Warner Brothers, 2002.

영화로 읽는 영미소설 1 **사랑이야기**

오만과 편견	*Pride and Prejudice*
지성과 감성	*Sense and Sensibility*
제인 에어	*Jane Eyre*
폭풍의 언덕	*Wuthering Heights*
테스	*Tess of the d'Urbervilles*
모히칸의 최후	*The Last of the Mohicans*
작은 아씨들	*Little Women*
여인의 초상	*A Portrait of a Lady*
포제션	*Possession*

| 지은이 | 고영란

서울대학교 사대 영어과를 졸업하고 충남대 대학원 영어영문학과에서 박사학위를 취득하였으며 현재 수원대학교 영어영문학과 부교수로 재직 중이다. 저서로『영미소설의 서술방법과 구조』,『에밀리 브론테의 <폭풍의 언덕>』,『페미니즘 시각에서 영미소설 읽기』(공저)등이 있고, 역서로『영국소설사』(공역),『미국소설사』(공역)가 있다. 주요 논문으로는「비전의 극적 형상화의 성과와 한계:『연애하는 여인들』연구」,「고전비극 형식과 멜로드라마 내용의 불협화:『귀향』연구」등이 있다. | 19세기 영소설, 영국문학사 담당 |

| 지은이 | 김봉은

서강대학교 영문학과를 졸업하고 미국 The University of Tennessee, Knoxville에서 영문학 박사 학위를 받았으며 현재 고신대학교 영어영문학과 교수로 재직 중이다. 저서로는『소수 인종의 문학으로 본 미국의 문화』,『노튼 포스트모던 미국 소설』(공저),『미국 소설 명장면 모음집』(공저),『마트 트웨인의 모험』등이, 역서로는『허클베리 핀의 모험』이 있다. 마크 트웨인과 미국 인디언 문학에 대한 다수의 논문을 국내외에 발표했다. | 19세기 미국소설, 20세기 영미소설, 미국 인디언 문학 담당|

| 지은이 | 김순원

이화여대 영어영문학과를 졸업하고 동대학원에서 영문학 박사학위를 취득하였으며 현재 경원대 영어영문학과 부교수로 재직 중이다. 저서로『대중문학: 주변부의 반란』(공저), 역서로『한 권으로 읽는 현대 영미 단편선』(공역)이 있으며, 주요논문으로「TV 영상물로 문학 가르치기: 한 사례」가 있다. | 18세기 영소설, 영상과 영소설, 여성과 영소설 담당 |

| 지은이 | 민경택

충남대학교 영어영문학과를 졸업하고 동대학원에서 박사학위를 취득하였으며 현재 충남대학교 영어영문학과에서 부교수로 재직 중이다. 저서로 『비극적 세계에서 희망 찾기』, 『모비딕 다시 읽기』(공저), 『미국소설 명장면 모음집』(공저), 역서로 『알파 미국문학사』(공역) 등이 있으며 주요논문으로 Uncle Tom's Cabin: The Apocalyptic Vision of Christian Tragedy 등 다수가 있다. | 19세기 미국소설, 미국문학사 담당 |

| 지은이 | 박시영

서울대학교 영문학과를 졸업하고 영국 University of East Anglia 대학에서 영문학으로 박사학위를 취득하고 현재 이화여대 사범대학 영어교육과 조교수로 재직 중이다. 저서로 『영미명작, 좋은 번역을 찾아서 2』(공저), *Writing the Body in D. H. Lawrence*(공저), *D. H. Lawrence: Literature, History, Culture*(공저), 역서로 『시계태엽 오렌지』가 있으며 주요논문으로 Lev Shestov's Influence on D. H. Lawrence, Katherine Mansfield, and John Middleton Murry가 있다. | 20세기 영소설, 영미문학과 교육 담당 |

| 지은이 | 성경준

서울대학교 영문학과를 졸업하고 미국 State University of New York (Buffalo)에서 박사학위를 취득하였으며 현재 한국외국어대학교 영어대학 영문학과 교수로 재직 중이다. 저서로는 『마크 트웨인의 유머, 인생 그리고 사회』, 『영화속 문학이야기』(공저), 『종교로 본 세계문화』(공저), 『미국소설 명장면 모음집』(공저)이 있고 다수의 영미문학 및 문화 관련 논문을 썼다. | 미국소설, 미국문학 및 문화 담당 |

| 지은이 | 신양숙

한국외국어대학교 영어과를 졸업하고 미주리 주립대학교(The University of Missouri at Columbia)에서 영문학박사를 취득하였으며 현재 인천대학교 영문학과 교수로 재직 중이다. 저서로 『영국소설 명장면 모음집』(공저) 등, 역서로 『자유를 향한 머나먼 여정』(공역), 『영국소설사』(공역), 주요논문으로 「'머리채 강간' : 히스테리구조?」, 「공포의 미학 : '우돌포성의 미스테리'의 경우」 등이 있다. | 영미시 및 영국소설 담당 |

| 지은이 | 이소영

이화여대 영어영문학과를 졸업하고 동대학원에서 영문학 박사학위를 취득하였으며 현재 이화여대 교양영어실 전임강사로 재직 중이다. 저서로『영화 위대한 개츠비 해설』(공저), 역서로『연애소설-영미편』(공역)이 있으며 주요논문으로 The Female Gaze and Multiple Selves in *Jane Eyre*, *Wuthering Heights* and Their Film Adaptations가 있다. | 19세기 영소설, 영화와 문학 담당 |

| 지은이 | 한애경

이화여대 영어영문과를 졸업하고 서울대 대학원 영문과에서 박사학위를 취득하였으며 현재 한국기술교육대학교 교수로 재직 중이다. 저서로『조지 엘리어트와 여성문제』,『19세기 영국 여성작가 읽기』,『19세기 영국소설과 영화』가 있으며『영미문학 영화로 읽기 I』,『영화 속 문학 이야기』, 등을 공동집필하였다. 역서로『플로스 강의 물방앗간』,『육체와 예술』,『여성의 몸, 어떻게 읽을 것인가?』,『문화 코드, 어떻게 읽을 것인가?』,『사일러스 마너』,『미들마치』 등을 공동 번역했다. 이외에 조지 엘리엇과 제인 오스틴, 메리 셸리 등에 대한 다수의 논문이 있다. | 19세기 영소설, 영화와 문학 담당 |

영화로 읽는 영미소설 1
사랑이야기

1판 1쇄 찍음 • 2010년 5월 25일
1판 1쇄 펴냄 • 2010년 5월 30일

지은이 • 한국근대영미소설학회
발행인 • 정 현 걸
발 행 • 신 아 사
인 쇄 • 인덕인쇄

출판등록 • 1956년 1월 5일 (제9-52호)
서울특별시 은평구 녹번동 28-36 2F
전화 02.382.6411 • 팩스 02.382.6401
홈페이지 • www.shinasa.co.kr
이메일 • shinasa@chol.com

ISBN 978-89-8396-673-5

정가 **12,000**원